Tian WEN CHANG

田文昌

田文昌——著　杨大民——编

Tian Wenchang: Talks about Lawyers

谈律师

法律出版社 | LAW PRESS

没有律师就没有法治。

律师既不是天使，也不是魔鬼；律师既不代表正义，也不代表邪恶，而是通过参与司法活动的整体过程去实现并体现正义。

一个无罪的人，通过律师的辩护，可以重获清白；一个罪轻的人，通过律师的辩护，可以免受重罚；一个真正犯有重罪的人，在律师辩护后，仍被处以重刑，也可以通过程序正义彰显出法律的公正性。

——田文昌

田文昌律师

田文昌律师，北京市京都律师事务所创始合伙人、名誉主任。

田文昌少年时期酷爱音乐，却数次与艺术院校擦肩而过，无缘成为音乐人，1968年下乡插队成为高中“老三届”知青；“文革”结束恢复高考时，越过本科直接考取西北政法大学硕士研究生，不经意间成了一名法律人；1983年硕士毕业后到中国政法大学任教，从教十几年，渐入佳境，已将教学与科研视为己任；1995年，又在近天命之年与自己心爱的学生们洒泪而别，半推半就迈进了专职律师行业，由教授兼律师转为律师兼教授。

田文昌现为中华全国律协刑事专业委员会主任，兼任西北政法大学刑事辩护高级研究院院长和刑事法律学院名誉院长，北京大学、清华大学、中国政法大学等多所高校客座教授；曾获评北京市首届十佳律师，“CCTV2013年度十大法治人物”，2013年《亚洲法律评论》年度中国十佳诉讼律师，香港卫视2015全球华人影响力盛典“最具影响力华人大律师”，美国刑事辩护律师协会“终身荣誉会员”。中央电视台“东方之子”“实话实说”“三百六十行”“面对面”“人物”等栏目先后对田文昌进行了多次专访报道。

田文昌以擅长办理各类典型疑难诉讼案件而著称，并坚持不懈从事理论研究，为推动立法、司法改革和律师制度的建设而不断探索，以各种形式提出关于国家法治建设、法学理论研究、法律实务研究及法学教育改革的理论观点和探索性建议。

多年来，田文昌曾出版《刑罚目的论》（专著）、《律师与法治》（专著）、《中国大律师辩护词精选——田文昌专辑》（一、二、三辑，专著）、《与法治同行》（个人论文选集）、《刑事辩护学》（主编）、《刑事诉讼法再修改律师建议稿》（主编）、《律师制度》（主编）、《刑事辩护的中国经验》（合著）、《控辩审三人谈》（合著）、《新控辩审三人谈》（合著）等著作和论文数百万字。

序

杨大民律师为庆祝田文昌70岁寿诞，编辑了一本田文昌谈律师话题的文集，请我为其写序。我心头一惊，怎么，田文昌都70岁了！

文昌是学者型的律师，30多年前他从西北政法大学硕士毕业来到中国政法大学。那时，我是主管教学的副校长，看到年轻人朝气蓬勃，对学校事务很关心，不久就让他担任了法律系的副主任。他思想解放，敢作敢当，与我的性格颇为相似。1989年以后他要离开中国政法大学去做律师，人各有志，不能强留，只是希望他不要忘记是从副教授转去当律师的，不要忘记他应当是一个学者型的律师。现在他已经是一个律师界里大名鼎鼎的律师，也确实是一个优秀的学者型律师！

文昌是学者型的律师，学者型律师的特点是勤于动笔，善于思考，关心中国法治的前途，关心中国律师的使命。他没有辜负时代对他的期望，他的一颗心紧紧地和时代脉搏的跳动联系在一起。时常能看到他的文章，听到他的声音。他为律师的地位，尤其是刑辩律师地位大声呐喊，他为律师的使命感像战士一样，勇敢地捍卫着法律的原则和职业的尊严。我很欣赏他的名言“没有律师就没有法治”,这与我讲的“律师兴则国家兴”是一个道理!

文昌是学者型的律师。学者型律师不仅讲出身、行为,更主要的是看他的气质,从气质的角度来看,可将律师分成两种:学者型律师和市侩型律师,前者代表的是清流,后者代表的是浊流。气质可以从一个人,一个律师的言谈举止,兴趣爱好,交友往来等方面去判断。气质不是短时间能够形成的,它是一个长时间积累形成的,是形象的组成部分。文昌已然是70岁了!他在律师界所形成的形象和气质,就是他们应当努力追求的学者型律师的形象和气质!

中国律师真正说起来只有30多年历史,老一代以张思之为代表的律师给我们树立了“刚正不阿”的形象。中年一代如田文昌律师,今天也成为老年了!我希望每一代的律师能多出一些代表性人物,多一些清流的人物,少一些浊流的人物,这就是律师界的进步,这就是律师界的希望!

是为序!

2017年4月6日

荐言

陈光中｜著名法学家　中国政法大学诉讼法学研究院名誉院长

文昌是一个爱思考的学者型律师，他对律师职业有独特而深刻的理解和思考。本书收录的文章和观点，不仅仅是他律师执业过程中的个人体悟，也是在中国律师制度和律师事业发展完善过程中对一些基本问题和基本理念的思考与总结，对律师业的发展与未来具有现实的导向作用。

陈光中

高铭暄 | 著名法学家　北京师范大学刑事法律科学研究院名誉院长

从教授兼律师转向律师兼教授，文昌是中国最早的一位。转行后，他不但关注着律师事业和律师群体，而且始终关注着法学教育改革并坚持法学理论研究，著述不断，不久前又出版了一本《与法治同行》的个人论文选集。30 多年如一日，在中国也只有文昌了。律师，成为他思考法治问题的一个视角，也是他践行法治的一个舞台。思行合一，有见有识。

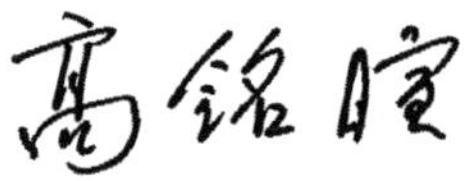

应松年｜著名法学家　中国政法大学法治政府研究院名誉院长

法律是一种方法，也是一种思维。田文昌不仅坚持用法律的方法和思维从事律师事业，思考律师遇到的各种问题，而且还能从理论与实务相结合的视角和法治发展进程的高度去审视、研究中国的律师制度。他关于律师的这些文章，对法学理论界和法律实务界都会有所启发。

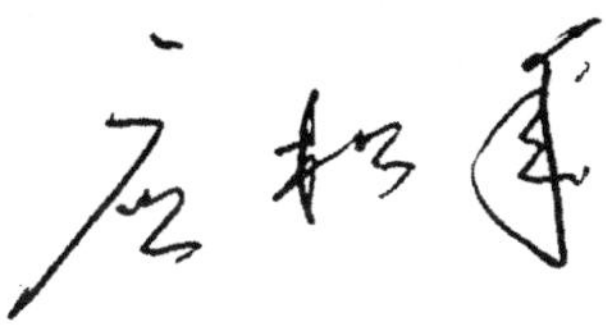

樊崇义｜著名法学家　中国政法大学诉讼法学研究院名誉院长

田文昌律师是一个理性的律师，不仅能最大程度地为当事人的合法权益进行辩护，而且还能坚持为律师群体发声。最重要的是，他总以平和、理性的态度去做深刻而务实的思考。这本书就是一个例证，希望律师界的朋友以及关注律师行业的读者一起来关注这本书。

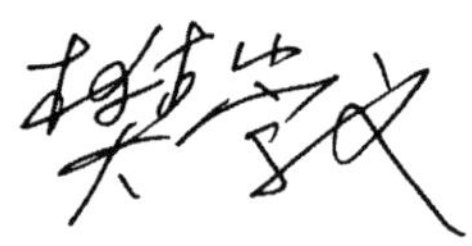

让律师堂堂正正
在法治社会立足

律师是法律职业共同体的必要组成部分，是法治社会中不可或缺的职业群体。没有律师，以法治为基础的市场经济就难以维系；没有律师，以正当程序为保障的法律天平就难以扶正。所以，律师制度与法治社会是不可分割的统一体。没有律师，就没有法治。

然而，迄今为止，在中国社会中律师却处于被边缘化的境地。这种状况，可以反映出中国目前还没有形成一种完备的法治环境。法治建设和律师制度30余年来的发展成就有目共睹，中国的律师群体从无到有，从小到大，律师的概念也逐渐为社会所熟悉和接受。但是，律师的地位却并没有完全与法治化的进程同步提升，某些时段、某些情形下被排斥于法律职业共同体之外，甚至被视为一种异己力量，时常会受到公、检、法部门以及权力机关的打压。这种现象在刑事案件中反映得尤为突出。

前些年，无论是面临以《刑法》第306条为由被追究刑事责任的风险，还是面临会见难、阅卷难、调查难的“三难”障碍，抑或是几年前发生的辩审关系冲突的不断升级，都反映出一些律师被强烈排斥的不良司法环境。在这种环境的影响下，有些律师为了生存而选择了勾兑；有些律师为了抗争而选择了死磕；有些律师为了安全而选择了妥协；更有律师由于失望而选择了放弃……针对这种现状，我们不宜过多去评价律师的选择，而更应当去关注、呼吁环境的改善。在这样的环境下，固然也会有幸存者，但他们或者过于强健，或者已经发生了适者生存的变异。

建设法治社会绝不仅仅是一种抽象的概念，而是实实在在的对法治结构的搭建。一个没有律师的法治结构是残缺的，一个排斥律师的法治环境是扭曲的。如果在一个不良的法治大环境中，法治建设的发展会发生停滞或者偏离。其实，保护法治环境与保护人类生存环境的理由并无二致。排斥律师的结果必然是破坏了法治环境的生态平衡，从根本上则会挖掉法治社会的根基。

今天，中国律师制度已经走过了30多年，我们欣喜地看到，越来越多的律师参与到国家重大的决策活动中，国家也出台了一系列拓展律师业务范围、保障律师执业权利的规范性文件。这些政策、决定能否真正落地，发挥预想的效果，还需要我们每一个法律人共同努力。

请善待律师，重视律师，让律师堂堂正正在法治社会中立足，只有在那时，中国才能称为真正的法治社会。

目录

壹

何为律师

律师是什么？*

近些年，律师职业越来越热，这是社会发展的必然，是社会走向法制化的表现，然而，律师也有不少酸甜苦辣，可以说是苦在其中，也乐在其中。

要谈体会，可以挑几件公众比较熟悉的案子谈谈。

1995 年，当事人朱佩金向为其作了无罪辩护的田文昌赠送“人民好律师”牌匾

* 载于 1994 年 11 月《市场法制导刊》。

20世纪90年代初，我曾担任大邱庄案中第一个被害人亲属的诉讼代理人。当时办起来确实不容易，最重要的不是有多辛苦，而是政治风险和安全风险，而且当时也没有把握能成功。事后人们问我当时为什么能接这个案子？又为什么坚持办了3年不放弃？其实很简单，一是责任感，认为这种事应当管。二是对中国法制建设的信念。中国法制建设起步很晚，进程很艰难，但这条路必须要走，规律不可抗拒。只要有人不断地努力抗争，就一定会推动法制建设的进程。三是个人性格，我这个人天生死心眼儿，撞了南墙都不愿回头。所以，一旦认准就不愿放弃。后来禹作敏“垮台”了，我也没想到那么快。其实，并不是我告倒了禹作敏，而是他自己搞垮了自己。我的工作只不过是起了添加剂的作用。有一次在人民大学举办讲座，学生们问我：“您当初有没有想到会有今天的荣誉？”我说，“想得到的往往得不到，而得到的又往往想不到。当初我只是想别把命丢了，哪里顾得上想那么多。”学生们还问我：“假如今后再有这种事您能不能再站出来？”我说：“只有当我已经站出来的时候，我才可以说我能够站出来。”学生们对我的回答报以两次热烈的掌声，我想主要因为我讲的是实话。“禹作敏案”办得虽然很辛苦很累，但是也有很多的欣慰与感慨。直到今天，我还不断收到公众的来信。这种现象既反映了正义的舆论，也反映了人民群众对法律强烈的呼唤。禹作敏被绳之以法，增强了人们对法律的信赖，也增加了人们对法律和律师的期望。

河北承德企业家、中国北方塑料编织工业集团总经理商禄一案，与禹作敏恰好相反，一个好端端的改革者被无端指控，定了4个罪名错判18年。这个案子我也是办了3年，打得更苦更累。一审、二审发回重审、再二审、申诉后省法院再审,几乎所有程序都走遍了,终于得到了公正的无罪判决。商禄如今已经东山再起,在有关部门支持下在北京办起了新公司,北塑集团也重整旗鼓,承德市的许多企业家增强了改革信念。有许多企业家请我去作客,要同我交朋友。这平添了一种欣慰感。

律师求什么? 有人认为律师只为赚钱。这实在是一种偏见,至少不够全面。在商品社会里,律师当然也要赚钱。我是兼职律师,不是专吃律师饭的,不以收取律师费为生活主要来源。但是专职律师就不同,他们总不能饿着肚皮替别人去打官司。但是,也不能说律师办案就只为了赚钱,多数律师是有正义感、有事业心的。我有一个很突出的感觉,就是把每一个承办的案件都当成一个好作品,办得不圆满就深感遗憾,总觉得心中不安,总想把它修补完好。而一旦办好了一件疑难案件,就好像又完成了一件得意之作,事后还余味无穷。

其实,律师的真正难处并不在于苦和累,而是在于人们对律师缺乏理解以及律师地位太低。许多人对律师缺乏了解,对法律更缺乏了解,认为只要请了律师就得满足他的一切意愿,一旦满足不了就认为律师无能,甚至对律师横加指责,殊不知律师并不是万能的,也只能依法办事。遇到这种事时,做律师真是有苦难言。更难的是,律师办案中常常不能受到平等待遇和必要的尊重,在办理刑事案件中,有的公、检、法人员将律师视为被告同伙;在办理民事、经济案件中,有些承办人也会粗暴地剥夺律师的发言权。甚至直到今天,逮捕、绑架、拘禁律师的事件还时有发生,这种不正常的现象亟待解决。

1994 年 7 月 20 日,在北京海淀区法院审理的一件行政诉讼案，就是贵州遵义公安局非法拘禁中国政法大学教师、华联经济律师事务所律师李强而引起的。这件事发生在 1993 年上半年，几经周折，折腾一年多才开庭。被告拒不出庭，缺席审判并当庭宣告被告败诉。这个案件引起了全社会和新闻界的广泛关注。有 14 家新闻单位出庭，各地新闻媒介广泛报道。为什么会如此？这说明人们关注律师的命运，关注法治的胜利。法庭上，作为原告的李强律师哭了。面对法官、记者和众多听众，他泣不成声地倾诉了自己的委屈和对法庭、对关注他的公众的感激之情。而作为原告李强律师的诉讼代理人，又作为李强老师的我，更是思绪万千。我想，李强律师以自己精神和肉体的双重痛苦为代价，唤起了全社会对律师地位的关注、对律师工作的理解。这个代价太大了，但又是值得的。国家法制化的进程不就是这样一步一步地向前迈进吗？没有艰难坎坷哪里会有辉煌的前景？

说到法制化进程，就会联想到 81 名乘客状告西北民用航空公司的首例误机索赔案。有人开玩笑说，该着西北民航倒霉，偏偏在误机时遇上我这个多事的律师。其实，这个玩笑只说对了一小部分，我曾对记者说，这个案件的发生是必然性和偶然性的结合。如果再早几年，人们的法律意识还没有达到今天这种程度，就是遇上 10 个律师，这场官司也提不起来。现在之所以能提起来正是水到渠成。即使这次提不起来，早晚也避免不了。所以，关键的原因并非是某一个人，而是社会发展对法治化的客观要求。有人担心这场官司难打，主要是考虑到法律没有具体规定。这种疑虑恰好道出了打这场官司的重要意义；为什么法律没有具体规定？这种状况恰恰反映了法制不健全。那么，法制如何才能健全起来呢？健全法制的基础和内容不正是来自现实生活中的典型案例吗？可以说，公正处理好这场官司，正是健全法制的一个重要步骤。反之，如果以缺乏具体规定来回避现实，就意味着法制永远也不会健全。所以，我认为"首例"的意义正在于此，律师的职责也正在于此。事实上，"民航案"虽然至今尚未正式开庭，但其意义已经充分显现出来：一是启发了社会公众的法律意识。我接到不少表示支持的电函就是证明。二是促进了民航工作。经记者采访调查，民航总局的改革方案频频出台，服务质量也有许多改进。

社会改革的步伐越快，引出的法律新问题就会越多，律师的任务也就更繁重。20 世纪 90 年代初，"炒三鲜"成了一大热门话题，也随之炒出了一大堆法律问题。其中，作为"三鲜"之一的期货热在 1994 年热到了顶点。1994 年以来，期货纠纷案连连发生，在各地此起彼伏，仅我个人就遇到了两件标的巨大的期货交易纠纷案。其中一件很典型的是代理 100 多名客户状告广西玉林地区农业银行的集团诉讼案。1993 年年底，玉林农行无视中央和自治区三令五申的禁令，与加拿大外籍华人合作，擅自非法开办外汇金融期货业务。他们在开办前动用官方宣传机构诱客上钩；经营过程中又实施了大量违约和欺诈客户的违法行为。更为严重的是，他们欺骗客户说有两部直通加拿大外汇期货市场的热线电话，现已查明根本没有此事。直到 1994 年 6 月被依法取缔为止，他们共骗取客户保证金达 2000 多万元。不仅如此，当地法院受理此案并已裁定冻结农行账户 1100 万元资金后，农行行长以防止客户骚乱和避免惊动外商为理由，以许诺账上资金只进不出为保证，有意拖延冻款时间，致使在此后不到一周的时间内，账面上原有的 1500 万元资金被提走了 1000 多万元，只剩下 300 多万元。

待法院查封时，两名外商已经携款出境。这桩案件有两大典型特征：一是被告不是一般的期货经纪公司而是作为国家金融机构的农业银行，对顾客具有更大的欺骗性。二是被告与外商配合默契、案中有案，各种隐情不得而知。目前，此案已引起新闻界密切关注，《中国青年报》《中国贸易报》《工商时报》《经济日报》《光明日报》等许多报刊作跟踪报道。有意思的是，被告也以经济合同纠纷为由向外商提起民事诉讼。据悉，外商只是聘请律师代为应诉，自己却再不敢入境。

期货纠纷案又再一次提出了立法新课题，亟待相应法规尽快出台，同时也向律师提出了新的挑战。律师要做的事太多了。

律师是维护司法公正的重要力量*

作为律师，贯彻实施新《刑法》①面临着一个同司法人员一样的考验，即如何把握立法原意，吃透法律条文。这迫切需要我们加强业务学习。就我个人的理解而言，新刑法的两点变化值得重视：一是罪刑法定原则的确立，为严格执法奠定了立法立法基础；二是叙明罪状的增多，为把握罪与非罪的界限，维护司法公正提供了法律依据。这也是今后律师依法开展刑事诉讼活动的有力保障。

* 载于1997年9月23日《检察日报》。

① 1997年3月14日第八届全国人民代表大会第五次会议修定。

律师要做的工作当然很多，但这里我要强调的是律师的地位、作用和形象的问题，或者说人们观念中对律师的认识问题。由于我国律师制度恢复较晚，以致许多人对律师的职能和作用一直缺乏正确认识，有人甚至将律师视为社会的异己力量认为律师，“专门替坏人说话”。在司法活动中，公、检、法三家被视为同一战壕的战友，律师不仅被排斥在外，甚至被置于对立地位。这种观念严重妨碍了法治建设的发展。律师的职业决定了他应当维护犯罪嫌疑人、被告人的合法权益，但这只能在法律范围内进行，绝不允许逾越法律规定来实现这种目的。从我国的刑事司法实践来说，检察官负有追究犯罪的责任，律师则有保障无罪、罪轻的人不受有罪、罪重判决的责任，两个环节互相制约、互相配合，通过制约实现配合以共同达到司法公正的目的。缺乏任何一个方面的制约，都可能造成缺憾。

当前，我国的法治建设已开始由初步发展转向纵深发展，我们有必要吸收人类法治发展史上一些成功的经验，重视发挥律师在法治建设中的地位和作用。在新刑法实施的工程中，各界要进一步转变观念，端正认识，善待律师。把律师看作维护司法公正的一支重要力量，以发挥律师在建设社会主义法治国家中的积极作用。

关于律师职责定位的深层思考*

律师职责的定位，是律师制度存在和发展中一个最基本的问题，同时也是最重要的问题。然而，在我国律师制度恢复二十多年来，这个问题却一直困扰着全社会和律师群体自身，致使律师的执业活动举步维艰，在茫然中跌跌撞撞地摸索前进。

田文昌接受央视《第一线》栏目采访

* 载于2002年10月《法制日报》。本文中的引用为2002年的数据。

为了律师事业的发展、为了法治，对于这个问题的深入研究与广泛争鸣已经不容忽视。

一、律师的职责定位：一个至今尚未解决的问题

我国律师制度已经恢复了20多年，律师队伍的数量迅猛发展，至今已达12万人之多。然而，令人深感遗憾的是：关于律师职责的定位问题至今尚未解决；更令人遗憾的是：对于这个尚未解决的问题至今为止尚未引起我们的足够重视。

从表面上看，关于律师职责的定位似乎并无探讨的必要，“律师就是律师，律师就是替人打官司，就是为人们提供法律服务”，然而，事情却绝非如此简单！

律师站在何种角度去提供法律服务？律师服务的宗旨是什么？律师为什么要替犯罪嫌疑人和明知有罪的人辩护？律师与侦查机关、公诉机关是一种什么样的关系？律师与政府是一种什么样的关系？律师与公平、正义又是一种什么样的关系？律师在社会经济发展和民主与法治建设中应当充当何种角色？……这一系列问题都涉及对律师的职责如何定位。在我们对律师职责的定位缺乏共识的情况下，对于这些问题的理解会各不相同，甚至截然相反。但是，迄今为止，社会各界乃至律师自身对于这些问题并未进行过深刻的思考，更未展开过广泛的争鸣。这种状况所导致的结果是表面上看律师的事业在蓬勃发展，在一定意义上律师似乎已成为一种令人羡慕的职业，实际上律师却常常无所适从，不知道自己在做什么和应该做什么，社会各界对律师的评价众说纷纭，褒贬不一。人们羡慕律师，又排斥律师，需要律师，又防范律师；政府发展律师，又不信任律师，企业需要律师的帮助，

同时又怕律师帮倒忙；外国人说中国律师只是政府的摆设，而律师在政府中却并无摆放的位置；法院开庭需要律师出庭，而出庭律师却得不到起码的重视，律师在法官、检察官眼中地位低下，而许多法官、检察官却纷纷加入律师行列……这种种令人费解的现象，使律师成了一种难以捉摸的"怪物"。这种状况可以说是中国律师现状的真实写照。而导致这种状况的深层原因，正是出于对律师职责定位的困惑。

或许有人认为，问题并非如此严重，中国律师发展的势头很好，何必杞人忧天？但是，当我们结合上述问题来分析律师境遇的时候，就会发现，律师的发展之所以步履蹒跚，无不与其职责定位的问题具有直接的联系。

任何一种职业都是应社会的需要而产生，而在其自身发展的进程中，都要经历一种由盲目到自觉的演变过程，逐步走向自己的合理位置，律师的职业也不例外。

在西方国家，律师制度发展的历史很长，自古罗马时期就出现了律师制度的雏形。在中世纪的封建时代，律师制度曾受到挫折，但在资本主义社会形成后，与市场经济和资本主义民主制度同步，律师制度得以高度发展，其职责定位也在长期的发展过程中逐步成熟并趋于合理。

与西方国家相比，我国律师制度的历史则过于短暂。在中国古代漫长的奴隶社会和封建社会，从未存在过律师制度。封建社会的"讼师"与律师并不相同，由于"讼师"没有出庭地位而不具备律师的基本特征。辛亥革命后的民国时期，曾经有过律师制度，但自 1911 ~ 1949 年短短的 30 多年中，在内忧外患的特定历史环境中，律师制度并未得到正常发展。中华人民共和国成立后也曾经建立了新的律师制度，但这个极其稚嫩的律师制度仅仅发展了七年就随着反右派斗争的开始而夭折。此后，直至1979年改革开放以来才有了发展至今天的真正的律师制度。因此，从严格意义上说，在中国社会漫长的历史长河中，得以正常发展的真正意义上的律师制度至今才只有20几年的历史。在如此短暂的过程中，律师的职责定位处于困惑之中完全不足为怪。

但是，我们必须认识到，社会历史是以加速度的方式发展的。在与国际社会处于同一时代层面的今天，在民主政治和法治经济处于高度发展的国际大环境中，中国社会的法治建设和律师制度，不仅不可能再缓步发展，而且有条件大大缩短其发展进程而取得快速发展，这个条件就是抓住时代脉搏和借鉴国外的成熟经验。

因此，我们必须借助这些条件去健全和发展中国的律师制度，而走出这一步的首要问题，就是在律师自身和更广泛的社会层面上解决律师职责定位问题。因为，当一种职业连定位都不清楚的时候，就不会有立足之地。

中国律师目前的处境不正是如此吗？

二、关于律师职责定位的误区

排除对律师职责定位问题的困扰，首先要解决对律师制度的理念问题。因为，在中国社会的特定历史条件下，作为一种新生事物的律师制度，虽然随着法治的建立和市场经济的发展应运而生，却缺乏得以迅速发育成熟的外部大环境。在体制转型与观念滞后性的冲突之中，人们在思想深处对律师制度的重要性还缺乏普遍的认同感。在此情况下，对于律师职责定位乃至律师制度本身在认识上出现各种误区乃至尖锐的分歧,具有一定的必然性。因此,探讨这种现象的深层原因则是走出误区的前提。

1. 出现误区的原因。律师制度是法治社会和市场经济的产物。以前,以“人治”为基础的政治体制下,律师制度基本上不具备得以发展的条件,因为律师的作用无从发挥因而也不为社会所需求。1957 年律师制度的夭折即是明证。改革开放以后律师制度恢复以来,虽然律师业务和律师队伍均得到迅猛发展,但原体制下所形成的观念尚未完全转变,人们对于律师介入社会政治生活和经济生活还缺乏思想准备和适应性。在某种意义上讲,律师似乎成了一种多余的、碍手碍脚的群体,在有些人的潜意识中,律师甚至成了主流社会的异己力量。因此,确切地讲,迄今为止,律师行业尚在中国主流社会的边缘徘徊。

与改革开放前的政治体制相适应,在计划经济体制下,以计划经济为轴心,以国家为本位的思想已经深入人心,个人服从集体、集体服从国家的利益分配关系已经成为既定的原则。在此框架下,等价交换、公平交易、保障个人权益等观念相对淡漠,调整社会经济生活的主要机制是行政手段,而不是法律手段。目前,虽然经济体制已经转型,但市场经济的发育尚未成熟,与两种体制相联系的两种不同观念则既有交叉,又有冲突。正因如此,法治建设已经进行了 20 多年,观念的滞后性却仍然难以摆脱,致使人们在面对社会经济生活中各种冲突的时候,常常仍然对于行政手段和个人关系寄予更大的希望。在法律的作用未能受到足够重视的情况下,律师的作用就更加无从谈起了。

由此可见,与我国法治建设尚处于初级阶段的状况相适应,在体制转型过程中新、旧观念的交叉与冲突,以及人们对律师制度缺乏普遍的认同感，是对于律师职责定位产生误区的深层原因。

2. 认识误区的具体表现。由于在原体制中形成的固有观念和我国律师制度的历史过于短暂，出于不同角度，在不同的领域和社会群体中对律师的评价和要求既不一致，也不确定，致使律师处于一种尴尬的地位。

在政府部门和司法机关看来，律师只是作为一种私权利的代言人，其所作所为往往会与国家利益发生冲突。所以，律师常常处于被防范和排斥的地位。在诉讼活动中，律师与公、检、法三机关人员从来就无法平等，因为前者是代表国家的，律师只是代表个人的。与此相适应，在立法、司法改革等各项重要活动中，律师也无法取得平等的地位。

在社会公众眼中，对律师的要求和评价更是众说纷纭。

有人对律师的期望过高，将律师当成正义的化身，公正的后盾，他们心目中的律师就是施洋大律师的光辉形象。有这种认识并不奇怪，因为几十年来人们的身边没有律师，只有在电影和课本中见到过施洋大律师。在这些人眼中，律师似乎成了可以起死回生的神医和匡扶正义的勇士。但是，当他们发现身边的律师并非如此时，便大失所望。

我们曾记得关于律师为当事人保密义务的争议，这场争论涉及律师职责定位的基点，然而，当律师对当事人具有保密义务的共识达成后，问题还远远未能解决。例如，有人认为律师首先应对法律和正义负责，所以，在必要时就可以舍弃或出卖当事人的利益。这种观点不仅被很多人赞同，并且在一些影视作品中得到广泛传播。

遗憾的是，在律师群体自身，对这些问题的认识也并不清醒，有的律师自诩为公正的代言人，号称绝不为没理的人打官司；有的律师以回避为亲朋辩护和代理而自豪，以表现出自己的一身正气和原则；有的律师则认为控辩双方明为对抗，实为配合，都是打击犯罪的同壕战友……与此相反，也有人对律师评价过低，他们认为律师除了替坏人辩护，就是靠钻法律空子赚钱，见利忘义，唯利是图。于是，非到万不得已时，绝不与律师为伍。例如，有人认为律师的职责就是得人钱财，与人消灾，为达此目的，可以亵渎法律和违背正义。有人公开声称：在他眼中的律师就是能把活人说死，死人说活，就是能做到颠倒黑白，否则就不叫律师。这种人希望把律师当成任其指使的仆人甚至犯罪的帮凶。在实践中，许多律师都遇到过委托人极其不合理的，甚至是违法犯罪的要求。这种情况在一个成熟的法治国家是极其少见的。可悲的是，在律师群体中也同样存在类似的糊涂认识，明知故犯者除外，也确有一些人由于在自身认识上划不清界限而误入歧途。

还有人认为，在中国社会的现实条件下，律师制度几乎是形同虚设，根本就发挥不了什么作用。于是，托关系、找领导、贿买、私了等各种不正当手段长期以来一直广为流行。

对律师职责定位的误区，也存在于对律师业务范围的认识中，20多年来，中国人对律师作用的理解大致经历过以下几个阶段。

最初阶段多数人认为律师主要作用就是打官司，而打官司的概念主要是充当被告的辩护人，即打刑事官司。

后来，打官司的范围逐渐扩大到包括各种类型的诉讼，但律师的主要作用仍然还是打官司。

再后来，律师服务扩展到非诉讼领域，但若干年后，律师在非诉讼领域服务的范围却仍然十分有限。

这个发展过程和现状表明，律师法律服务的作用正在被人们逐渐认识，但在其服务的业务范围上，仍然没有得到社会的普遍认可。在现代法治社会的经济生活中，律师服务本应遥及经济活动和经济生活的各个角落。但在我们的社会中，却如同自给自足的自然经济那样，经济主体自身担负起了大部分本应由律师提供服务的法律事务。在国外，任何人面对各种法律问题时都可以潇洒地说“去找我的律师”，在中国却没有人这样潇洒并且多数人也不希望如此潇洒。

在国外，社会公众普遍具有强烈的法律意识，却不意味着人人懂法，亲自去处理法律事务，明确而细致的社会分工使人们把一切法律事务都交给律师去处理而更加专心地去做自己的事。在中国，人们对法律讳莫如深的同时却不知不觉地自己动手亲自处理各种法律事务。这正是由于人们虽然表面上承认法律的重要性，但真正的法律意识却并不强烈，他们不知道律师应该为他们做些什么和能够做些什么。正是如此，中国 12 万律师(2002 年的统计)仅占人口的万分之一，而律师的服务市场却相对饱和。

对于律师职责定位的误区，曾经比较集中地反映在律师的辩护活动中。在恢复律师制度二十几年以来，控辩双方关系的变化曾经历了几个不同阶段。

刚刚恢复律师制度的最初几年，控辩双方基本上处于一种形式上的对抗关系，律师由国家公设，只是以辩护人的身份协助司法机关办案。作为身为国家工作人员的法律工作者，律师不可能也没有意识到站在与公诉机关真正对抗的角度去全力维护被告的合法权益,因此也难以取得委托人的信任。

随着律师体制的改革、对国外成熟经验的借鉴和刑事诉讼法的修改,律师群体开始独立化并对自身的职责定位有了新的认识。但是,由于控辩双方对这种认识尚缺乏冷静的思考和深刻的体验,在双方关系实现了实质性对抗的同时,又使这种对抗走向了极端,出现了冲突性对抗的局面,致使双方经常出现一些不正常的敌视情绪。

控辩双方关系的这种变化充分反映出对律师职责定位的误区。这种误区不仅存在于控辩双方之间,也存在于全社会的普遍认识之中。

事实上,在刑事诉讼活动的整个体系中,控辩双方之间的对抗既不应当是形式上的,也不应当是冲突性的,而应当是高度理性化的,是一种在真正对抗基础上形成的理性化的对抗关系,这种关系只有在双方都能够明确自己的职责定位并为此而各尽其职的前提下才能得以实现。

值得欣慰的是,近几年来控辩双方僵持的坚冰已经开始融化,各自都开始认识并切身体会到这种冲突的消极性和幼稚性,并且已付诸行动使双方关系走向理性化。但是,这种转变还仅仅是开始并且不够深刻,这个过程充分反映了转变观念的艰巨性和解决律师职责定位问题的迫切性。

前述对律师职责定位认识的种种误区,使律师行业在社会生活中难以找到合理位置,常常会变得无所适从,这不仅妨碍了律师制度的健康发展,同时也成为法治建设深入发展的严重障碍。

三、关于律师职责定位的思考

律师职责定位的问题看似简单，实际上相当复杂，既有理论上的争议，也有实践中的分歧。但是，尽管如此，在维护国家的根本利益和深入分析法治社会基本结构的基础上，借鉴国外律师制度的成熟经验，我们仍然可以找到律师职责定位的基本理念。这种理念应当是：

律师的作用与法律的功能紧密相连，没有法律便没有律师。在纷繁复杂的社会关系中，各种矛盾与冲突无时不在，法律的功能就是将社会上的各种冲突控制在一定的限度之内，以维系社会的平衡、稳定与发展，而律师制度正是法律功能得以实现的重要组成部分。法律调整社会关系的功能主要体现在两个方面：一是国家与公民个人之间的关系，即公权利与私权利的关系；二是公民个体之间的关系，即私权利与私权利的关系。在这两种关系中，除少量公职律师外，从总体上讲，律师主要是私权利的维护者，即在现行法律规定的框架内，依法最大限度地维护委托人的合法权益。

当公权利与私权利发生冲突时，面对这两种权利的悬殊差别，律师站在私权利一边与公权利抗衡，是防止公权滥用的重要制约手段，而这种制约又正是维护公权利的正当性从而使国家政权得以稳固所必需的。资本主义国家的律师制度发展了几百年并且日臻完善，足以证明律师制度的重要性及与国家利益的高度一致性。

当私权利之间发生冲突时，面对繁杂深奥的法律规范律师站在委托人一边，运用丰富娴熟的法律知识去帮助他们处理法律难题，去帮助他们维护和争取自己的合法权益，同时又是维护司法公正和保障社会经济发展的有效制约手段。从根本上讲，这种作用同样也是使国家政权得以稳固所必需的。

在法治社会中，律师的作用主要体现于维护私权利的基础之上，对个案而言，这种作用体现在最大限度地维护委托人的合法权益，对全社会而言，这种作用只能在律师群体的综合效应中得到体现。在诉讼领域中，律师则是通过参与司法程序的总体运作去实现司法公正并体现司法公正。

与政府和司法机关相比，律师的作用具有自身的特点和不可替代性。一个高效、廉洁的政府虽然也可以体恤民情，造福于百姓，却不可直接代表公民个体去与自身的权力抗衡，有律师才可以起到这种作用。司法机关公正裁判的基础，是兼听则明和权力的制约，而律师制度正是维系这个基础的有效保障。

律师职责与作用的特点表明，律师是维护人权和维护社会公平、正义的不可缺少和不可替代的重要力量，但却不是唯一的力量，也就是说，律师不能包打天下，而只是维护人权与公平、正义的组成部分之一。

因此，律师应当以依法维护委托人的合法权益作为其职业道德的基本准则。当律师的职业道德与社会道德相冲突时，律师首先应当服从职业道德。正是基于此，律师才负有为委托人保密的义务，律师才不能揭发委托人的罪行和提供委托人的有罪证据，也不能在民事诉讼中以主持正义为理由而出卖委托人的利益。律师为被告辩护，并不是为了帮助被告人与法律相抗衡，而是从维护被告合法权益的角度，通过与公诉人相对抗的方式去寻求司法公正。

律师与法治并存，为实现公平、正义而服务，但律师本身并不代表法律的天平，而只是扶正这个天平的砝码。律师既不是天使，也不是魔鬼；既不能代表正义，也不能代表邪恶。

律师维护人权，维护法律和维护公平、正义的作用，只能在其为委托人提供法律服务的具体过程中得到综合体现。其服务的宗旨就是在尊重法律、服从法律的前提下，运用法律手段最大限度地维护委托人的合法权益。

但是，律师的执业活动必须以遵守法律和运用法律为前提；律师不能创制法律，也不可以超越法律，只能够在法律规范的框架内，最大限度地运用法律的具体规定去维护和争取委托人的合法权益。同时，律师在运用法律的过程中也可以为完善法律提出问题和创造条件。

律师既不是天使也不是魔鬼*

律师既不是天使也不是魔鬼，律师既不代表正义也不代表邪恶，而是通过参与司法活动的整体过程去实现并体现正义。简言之，律师就是通过依法维护委托人合法权益的方式去实现维护正义的目标。

人们有时将律师视为正义的化身，似乎律师自身就可以代表正义；有时又将律师视为邪恶的代表，似乎律师天生就是亵渎正义的恶魔。其实，这两种认识都不正确。道理很简单：正义的概念是抽象的，人人都可以自以为代表正义和维护正义，而对于正义的价值观却会因人而异，各不相同。更何况，在不同的时空中评价正义的社会标准也会发生变化。如此，便出现了评价正义的法律标准。

---

* 载于2004年第4期《律师文摘》。

作为法律评价体系中的一个必要环节，律师的职责就是为形成这种最终评价提供必要的事实和法律依据，具体表现为依法最大限度地维护一方当事人的合法权益。律师可以有自己的价值观，但是，由于律师的活动发生于法律评价形成之前，所以，他不能以个人评价取代法律评价，更不能因此而做出损害委托人利益的行为。这就是律师基本的职业道德。

从表面形式上看，律师的职业道德有时会与社会道德发生冲突，但是，从本质上看，两者之间却具有高度的一致性，因为律师的职责正是维护社会公平正义统一评价体系的重要组成部分。一个重要岗位的哨兵不能擅离职守对眼前发生的其他事件去见义勇为，从表面上看，他似乎麻木不仁，违背了社会道德。但是，如若不然，却很可能由于顾此失彼而损害了全社会的更高利益。

所以，严守职业道德，依法最大限度地维护委托人的合法权益，正是律师以法律手段维护社会公平正义的特定方式。

律师的责任是维护委托人的合法权益*

律师的职业伦理是我们律师从业最基本的要求，是我们应当严格遵循的原则。但是，这个问题到今天为止还争论不休，还有很多难点和困惑。

田文昌在京都律师事务所接待德国律师同行参观

---

* 2016 年 12 月 29 日，由京都刑事辩护研究中心和纽约大学法学院亚美法研究中心共同举办的“中美律师职业伦理研讨会”在京都律师事务所举行。中美与会法学学者和律师围绕律师的忠诚和坦诚义务、律师与媒体的关系、律师的调查义务、律师的沟通义务四个方面展开充分的研讨和深入交流。这篇内容根据京都律师事务所名誉主任、全国律协刑事专业委员会主任田文昌律师的观点整理。

所以我希望今天的研讨会,能够对这个问题展开充分、深入的讨论,更希望对一些重大理念能够形成共识。

对于律师有没有查明真相的义务

我觉得这个问题关键要从律师的职责来分析。在我看来,律师的职责是维护被告人的合法权利,所以在庭审当中,律师不负责查明真相,没有查明真相的义务。为什么呢?因为依照审判的规律,只有分工制约,才有利于查明真相,而任何单独一方,都没有能力去查明真相,所以多年来才形成一种两方对抗、一方裁判的机制。只有通过这个机制才能查明真相,实现正义。所以,律师只是作为诉讼活动中单独的一方,没有查明真相的义务。律师不代表正义,也不可能代表正义,正因为没有这个义务,所以按照刑事诉讼法的规定,律师的职责就是依法对被告人做罪轻或者无罪辩护。所以,当律师怀疑甚至律师明知被告人有罪,而拒不认罪的时候,也不能做有罪的辩护,因为律师得尊重被告人的意愿。当然,我认为律师不能颠倒黑白、无中生有,但是可以从证据的角度提出专业的质疑。查明事实的责任在法庭,不在律师;证明犯罪事实的责任在公诉方,不在律师。律师提出了各种质疑,公诉方最后还能证明被告人有罪,那他就有罪。如果不能证明有罪,法庭就不能定罪。

对于律师对委托人忠诚的问题

美国同行提出了律师怀疑委托方证据真实性的难题。这既涉及律师对委托人保密的义务,又涉及律师对法庭的忠诚义务,确实比较难处理。最难的就是委托人告诉律师了,律师明知道这个证据是假的，或者事后知道它是假的，怎么办？我一直认为，此时律师的辩护和举证，存在积极作为和消极不作为的两种形式。积极作为，就是律师帮助委托人做假证。消极不作为，就是不去揭穿和披露他。如果律师披露委托人的隐私，显然违背了律师为委托人保密的义务，而如果律师违背了对委托人保密的义务，就颠覆了律师制度的根基，就没有委托人敢相信、委托律师了。所以，我认为，当律师明知它是假证，或者事后知道它是假证的时候，可以采取拒绝辩护，或者是采取消极的态度，由委托人直接陈述，律师不做补充。无论如何，律师既不能积极帮助委托人做假证，也不应当主动向法庭披露这个事实。

在实践中，我经常也会遇到当事人明确要求要说假话的情况。遇到这个问题，我首先一再劝他，不能这样。再不听，我就要严厉警告，告诉他这样做是很危险的。多数情况下，被告人都会接受这种劝告和警告，但是少数情况下也有固执己见的。这种情况下无非两种选择：一个是退出辩护；另一个是采取消极态度，你可以坚持这样做，但是我不支持你，只能采取这样的办法。

对于律师和媒体交流的问题

当前信息革命对社会发展的影响超过了历史上以往任何一场变革，农业革命、工业革命等所带来的影响都无法与信息革命的影响相比拟。所以，信息时代的到来将打破我们一系列的传统思维模式。现在，面对信息时代，我觉得我们要有全新的思维方式。

我们对传媒有各种各样的担忧，用各种各样的约束来控制舆论，但是总有一天，一切约束的手段都将无法发挥作用。关于案件的消息,任何一种自媒体都可以通过各种手段,通过任何人传播出去。这种态势是不可阻挡的,我们无法控制而只能去积极应对。将来的一切都会在阳光之下,真正的司法公开,彻底的公开,才是我们应该研究的问题。我只想说,未来的十年肯定要发生翻天覆地的变化,我们要主动迎接挑战,迎接未来,任何人都不能阻挡未来。

贰

律师何为

律师，法治社会需要你*

——与田文昌律师的对话

中国律师与律师制度都是“舶来品”。世界上最早的律师制度出现在公元前3世纪的古罗马。那时，社会上出现了一种被称为“保护人”的人，在诉讼中代表被保护人进行诉讼活动。这种“保护人”既可以给被告以法律帮助，又可以在法庭上为保护人进行代理与辩护，后来逐渐发展为一种高尚的“自由职业”。由于这些人懂法而善辩，能够增加被保护者的诉讼优势，所以又称为“辩护士”。经过300年的发展，从事“保护人”的人被要求必须经受若干时间的法律教育、具有良好的品行等。至此，律师受到国家法令的保护，成为社会上高尚的自由职业者，享有权利和履行相应义务，从而形成律师制度。

在我国，保护被告人辩护权向来是我国刑事诉讼的一项重要原则。1996年3月修正后的《刑事诉讼法》对辩护制度作了重大改革和完善。同年5月全国人大常委会审议通过了《中华人民共

* 载于2000年第4期《法制与新闻》。

和国律师法》,以确认和巩固律师工作改革成果,规范和引导律师事业的健康发展,进一步发挥律师在政治、经济和社会生活中的作用。两部法律的颁布与实施,成为我国律师辩护制度进入新时期的里程碑。

刑事辩护是律师主要业务之一,《刑事诉讼法》和《律师法》都在刑事司法程序各个环节规范了律师执业应享有的各种权利。所有这一切都为实现司法公正提供了基础保障。毋庸讳言,司法实践常常与法律规定存在脱节,那么,在刑事司法实践中律师开展活动是否依法律规定的程序进行运作?律师的职能作用是否得到了充分发挥?在当今我国提倡依法治国的背景下,应该怎样看待这个问题?带着法律界和广大群众普遍关注的这一问题,记者走访了我国著名刑事辩护律师:中华全国律师协会刑事业务委员会主任、京都律师事务所主任田文昌律师。

一、律师的角色定位及其作用

王新环:律师既是非官僚化的高尚的自由职业者,也是个特殊的职业群体。在我国,20几年的恢复和发展使律师成为人们向往的热门职业。律师的地位和作用是一个古老而弥新的话题,但是,我们法律界对于这一点似乎未引起足够的重视。社会上对律师的评价呈现两种截然不同的观点:有人认为,律师没有立场,谁聘请就为谁说话,谁出钱就为谁服务;也有人认为,律师是社会的工作者,在推动民主、法治进程中功不可没。在厉行依法治国的今天,律师越来越显示其地位和作用的重要性。您曾对这一问题进行深入思考并有一定的见解和成果。那么,怎么评价律师的作用?

田文昌律师：律师是社会工作者，他所服务的对象应该是全社会中一切需要法律援助的个体、社会团体和政府。律师提供服务的范围也极其广泛，既包括诉讼型的刑事案件、民事案件和行政案件的辩护与代理，也包括非诉讼代理中提供法律咨询、从事帮助起草合同、参与谈判与决策等法律服务。可以说，只要存在社会矛盾的地方都会有律师活动的身影。

二、律师职责及在刑事诉讼中的权利

王新环：那么，律师的职责是什么？律师在实现自我价值的同时，如何实现与社会价值的统一？如何看待律师所享有的权利和承担的义务？

田文昌律师：辩护律师依法履行职务过程中所知悉的尚未公开的本案及其有关事实，拒绝透露而由法律予以保护的职业权利被称为律师免证权。免证权的表现广泛，在诉讼活动中表现为：不得充当证人或有权拒绝作证。在非诉讼活动中表现为：不得泄露知悉的军事秘密、公务秘密和个人隐私等。律师职业秘密及其免证权的享有，既是由法律制度所决定，又是律师执业需要的结果。律师免证权的赋予可减少律师进行辩护的责任风险，是律师执业的需要。律师在社会生活中的地位重要，为确保履行职责，法律赋予其一定的优遇的权利。这表明一方面国家对律师在维护人权、维护法律公正方面的尊重与认可；另一方面也是律师执行职责的需要。

田文昌律师：需要指出的是，律师在侦查中享有的权利不是给予律师个人利益，而在于确保律师在刑事辩护时有效地履行职责。律师以维护基本人权、实现社会正义为使命。律师服务的本质是为当事人提供合法有效的法律帮助。这些权利确保刑事辩护律师在证据和法律论证方面稳妥地处置、利用法律规定的途径和方法，查明提供犯罪嫌疑人无罪、减轻、从轻或免除刑罚责任的材料和意见。刑事诉讼法所规定的这些权利与律师所处的诉讼地位和职责相适应。

律师在职务中享有的权利也是维护社会利益的需要。如法定调查取证权、会见被告人权、阅卷权等，这些既是为了律师个人的权利，更是为了公众和社会的利益，因为，律师以及律师服务成了文明社会中保护公民权利和自由的一个必不可少的因素。社会程序是由一系列重要的社会关系所组成的，法律的任务就是建立并维护这些重要的社会关系的稳定。法律所规定的律师权利能够使律师与被告人之间的委托关系得到促进和改善，从而有助于律师与当事人间有益关系的建立并形成良性循环的氛围。

三、律师参与刑事辩护的现状及原因分析

王新环：修正后的《刑事诉讼法》①和《律师法》②对律师参与刑事辩护做了较大程度的修改和完善，并且规定了刑事法律援助工作。通过广大律师的诉讼工作，把每个公民平等地带到法律面前，刑辩律师做出了许多工作，那么，目前律师参与刑事辩护的现状该作如何评价？

田文昌律师：律师参与刑事辩护的现状不容乐观，甚至可以

---

① 1996年3月17日第八届全国人民代表大会第四次会议《关于修改〈中华人民共和国刑事诉讼法〉的决定》第一次修正。

② 1996年5月15日第八届全国人民代表大会常务委员会第十九次会议通过，1997年1月1日施行。

说刑辩的形势依然很严峻，存在许多亟待解决的问题。修改后的《刑事诉讼法》和《刑法》实施以来，越来越多的律师不再愿意办理刑事法律业务。刑事辩护率急剧下降，到2000年已不足受案总数的30%，且仍呈下降趋势。究其原因，除了因刑事业务难度大，收益小以外，更重要的是因为律师的执业环境差，风险大。

修改后的《刑事诉讼法》规定了律师可以提前介入刑事案件，但在司法实践中律师却很难充分地发挥作用。法律规定，在侦查阶段，律师可以会见在押的犯罪嫌疑人，侦查机关根据案情需要可以派员在场。但事实上，由于侦查部门采取了监控措施，律师很难充分全面地向犯罪嫌疑人了解案情。在审查起诉阶段，按法律规定，律师不能查阅证据材料。律师的阅卷权受到限制。

从事刑事辩护的律师不仅收益低、执业难，而且自身的正当权益也时常遭受侵犯，从事刑事辩护工作承担着较大的执业风险。近几年，在中国大地，拘捕律师现象并不少见，律师执业动辄得咎，频频成为追究对象。1998年，全国各地出现了一批律师受到无端指责、指控甚至被抓的严重局面。修改后的《刑法》①中有关律师妨害司法罪的规定界定不甚清楚，致使律师一不小心便会被指控为妨害司法罪。而今，在一些地区，阻挠律师正当执业似乎成了一股风，而且律师会见犯罪嫌疑人、被告人，除侦查人员在场外，甚至个别地方检察官、法官也在场，大有升级的趋势。在众多的从事法律职业层中，律师显系弱势群体。正如顾律师所言，任这种状态发展，新一轮非理性否定律师作用思潮会抬头，直接负面影响是国家民主法治破坏殆尽。在进行社会主义市场经济

① 1997年3月14日第八届全国人民代表大会第五次会议修订。

建设过程中，国家倡导依法治国，尤其是强调对公权力的制约与限制，要求公权力的行使要受到严格的法律程序的约束。而司法权力正是公权力的重要组成部分。公安机关、检察机关和审判机关行使司法权力时要在合理的架构中运作才不致危及社会公众人权。正是律师所具有的独特诉讼地位及所具备的知识、智慧和经验，才使律师成为维护人权和正常法律秩序的屏障。

四、律师开展刑事辩护的前景愿望

田文昌律师：针对目前存在的这种刑事辩护率低的情况必须首先完善现有机制，从制度上进行制约，以求改善律师的执业环境，降低执业风险。中华全国律师协会刑事业务委员会目前拟向全国人大法工委提交三个议案：一是关于检察机关在庭审质证阶段不能对辩方证据进行重新核实；二是建议取消看守所内对律师会见犯罪嫌疑人、被告人监视、监听设施；三是疾呼出台对辩护律师涉嫌引诱证人改变证言所犯罪行进行限定的有关司法解释。希望法律界和全社会都来理解支持律师依法执业。

央视《面对面》栏目对田文昌的采访

法治离不开律师*

21 世纪要做的事太多，面临的问题也太多，而在诸多问题之中，法治建设面临的问题更多，法治建设发展的速度也会更快，这是一种必然，也是一种必须。

田文昌早年与部分京都所律师合影

* 载于 2004 年第 4 期《西部法苑》。

法是观念的反映，而观念为经济基础所决定。改革开放几十年来，人们的观念实现了一个由计划经济向市场经济的转变，但这种转变仅是开始，远不够彻底，如同经济关系的交叉一样，人们的观念也处于新旧交错的状态中。21 世纪，随着市场经济的发展，人民的观念必将发生进一步的转变，而这种观念的转变，必将促进法治建设的发展。

法治建设的状况，最主要体现在立法与司法两个环节。从我国目前的立法、司法状况及 20 年来的发展轨迹可以看出，立法与司法的发展变化，主要表现在法律调整社会生活的内容、方式和价值取向这三个方面。

从法律调整的内容来看，21 世纪将日益表现出以调整社会经济生活为主线，所涉及的领域会越来越广泛，内容会越来越具体。这种趋势目前已经明显表现出来，只是处于一种无序的状态中，但这种状况是与市场经济发展的无序相联系的，必将随着市场经济的有序化而得到改善。

从法律调整的方式来看，21 世纪将日益表现出法律的规范、保护与制裁作用相结合的综合功能。在计划经济体制下，制裁往往成为法律调整社会生活的主要手段，而与计划经济不同，市场经济的自由化程度高，规律性强，机会多、风险大。这是一种离开法律的综合调整就无法正常发展的经济，所以我们才说，市场经济就是法治经济。在此条件下，法律的规范和保护作用在一定意义上比制裁作用更加重要。这一点，在目前的立法和司法活动中虽然还没有引起足够的重视，但其转变的趋势已经开始显现。

从法律的价值取向来看，将实现一种由保护国家利益为宗旨向兼顾并注重于保护公民个体权利的方向性转变。在近几年的立法和司法中，这种转变已经开始发生，21 世纪，将大大加速这种转变的进程。

法治建设的水平并不仅仅在于立法的周密性和执法的严密性，更主要的是在于法律调整社会生活的内容、方式和价值取向的合乎规律性，在于法律能够最大限度地实现对社会生活的调整和保障作用。所以，以上三个方面的转变，既是一种必然，也是一种必须。但是，这种必然的进程却具有相当的或然性，只有在全社会的共同努力下，才会加快进程。

法治离不开律师，那么，在 21 世纪中律师将面临什么？可以说，律师面临的困惑和挑战比机遇更值得重视。

这种困惑和挑战主要表现为两个方面：提高素质和争取地位。

律师服务的领域本来十分广泛，过去由于人们认识上的原因，大部分领域没有得到开发，随着市场经济的深入发展，律师服务的领域正在急速扩大，“入世”以后，中国律师将遇到更多、更新的业务。在这种形势下，提高素质，规范管理机制和保证服务质量，将是律师生存和发展的基本必要条件。如果说过去的 20 年是中国律师的初创时期，那么，21 世纪才是中国律师开始走向成熟的时期。而这个时期非常重要，因为，一旦发育不好，就会延缓成熟的过程。

在 21 世纪，律师地位问题仍然是个不可忽视的问题。由于中国律师制度恢复较晚，全社会（包括律师自身在内）对于律师作用的定位问题尚缺乏正确认识，所以迄今为止，中国律师仍然处于一种比较尴尬的地位。这个问题不能归咎于某一方面，而是由特定的历史原因所致。有人认为，律师的收入不低所以地位就不低;也有人认为,律师是热门职业所以地位就不低……这些认识都是片面的。律师地位的高低,是取决于律师的整体作用能否得到正常有效的发挥,能否受到重视。如果律师连法定的权利都难以正常行使的情况下,又如何能够成为法治建设的一个重要组成部分呢?历史和现实都证明,没有律师就没有法治。所以,希望全社会都能够重视律师地位问题。这个问题解决的快与慢,将直接影响到中国法治建设的进程。

律师与正义*

——在中国社会科学院法学院研究所的演讲与对话

央视栏目《第一线》对田文昌的采访

我学习法律几乎与我国法治发展是同步的。1980 年读的研究生,1979 年我国开始恢复法治。我的第一本书是《刑罚目的论》,也是我的硕士学位论文,因为我在书中首次提出了刑罚目的当中有惩罚,差点被当成批判的对象。十几年以后,我这本书又成了批判的对象,批判我太保守,因为该书中有些观点太含蓄,没

* 载于 2005 年第 8 期《法律与法制》。

有讲透,而且该书光引证马克思、恩格斯、列宁的语录就上百条。但如果不引,今天我就坐不到这里。在我写这篇论文的时候,被有些人视为离经叛道,过了十几年,又被当成“卫道士”的作品遭批判,这折射出中国20多年法学发展的历史。它反映了我们法学的基础非常薄弱,我们的起步非常之晚,同时也反映了我国法学发展的快速程度。从1979年到现在20多年的时间,中国的法治发展到了今天这样,令人感到振奋。

依法治国离不开律师,律师制度是法治社会不可缺少的重要组成部分。法律以追求社会公正为目标,而律师制度正是为了实现这一目标所设计的社会运行机制的有机组成部分。律师制度和律师职责的最终目标正是为了最充分地实现社会公平与正义。因此,正确认识律师与正义的关系对完善我国民主法治建设具有十分重要的意义。但是在现实生活中人们对这个问题的认识并不一致。律师与正义的问题,这个题目看起来比较抽象、概括,但确实很有研究的必要。

一、律师制度与正义的关系

古希腊“正义”一词,来源于象征正义的女神狄凯(DIKE)。在希腊神话中,狄凯被塑造为手持标尺用来衡量事物和事件是否合适、适当和公平,或用以确定土地的分界的形象。古希腊的正义理念包括两个基本含义:正义是一种最高的美德,而这种美德通过公平、正直体现出来,其实质是给予每一个人以应得的善或按照每个人的功德来给予相应的回报。查士丁尼(Justinus Martyr)皇帝后来在《法学阶梯》中把正义界定为“正义是给予每个人他应得的部分的这种坚定而恒久的愿望”。正义还是一种有效性规则,因而对人们的行为能产生规范作用。按照有效性来定义正义,即把正义理解为社会成员对一种社会合作的有效性规则的服从和遵行,亚里士多德指出:“正义”这个词的意义之一,就是用来指法律所要求的一切,并且宣称“正义是城邦的秩序”。而柏拉图在《理想国》中也把正义看作一种秩序的善。

在现代社会,正义的要求集中反映在一个国家的法律之中。法是由国家制定或认可并由国家强制力保证实施的一系列规范,这些规范形成了对社会正义统一的评价标准与评价体系,而律师制度正是国家法律体系的一个重要组成部分。律师的一切活动最终都必须在法律规定的权限范围内进行活动。从这个意义上讲,律师制度与律师的执业活动本身就是源于正义的要求,在律师与正义之间经由法律的中介产生了一种必然的联系。

在西方的法治发达国家,关于律师与正义的关系问题是个简单的问题,人们都会理解。而在我们中国,到目前为止,还是一个争论不休的问题,争议非常大。所以,就中国而言,我们说律师与正义这个问题在我们国家还没有解决。律师与正义的关系,是一致的、还是冲突对立的,或许是既对立又统一的?我记得国外有一个笑话,某一个活动,有人出来讲话,当轮到律师的时候,律师先问:“今天我代表谁?”他要首先确认他的立场。这个例子很能说明问题,律师的职责应当怎么定位,律师的权利来自哪里?是来自政府、国家、还是当事人的委托?律师行使职责的时候,他所代表的是什么?所忠于的是什么?律师的职业道德和社会道德会不会有冲突?应不应该有冲突?冲突是必然的还是偶然的?是表面的还是实质的?冲突的时候如何处理?交由律师自己选择还是由法律直接做出选择?具体的制度如何设计?这会引发一系列的问题。

我先给大家说几个小故事。

第一个故事：几年前，中央电视台电影频道邀请我做嘉宾，点评一个电影，大体内容是：两个女律师，师生二人，分别给一个案件的原、被告做代理人，原、被告是夫妻俩，因为孩子得了白血病，几经救治，没有了希望，丈夫就不想再花钱救治，主张放弃，而妻子则主张要花净最后一分钱，即使没有希望也得救。夫妻观点无法统一，后来妻子起诉了丈夫，要他继续出钱给孩子治病。老师给妻子代理，学生给丈夫代理。在诉讼过程中，年轻的女律师被原告方高尚的母爱情操所打动，就想方设法让对方胜诉，出卖了她的委托人的利益。电视台希望我在点评中赞扬年轻女律师高尚的道德情操。

第二个故事：北京电视台播放的电视连续剧《被告》，讲述了一个年轻的男律师大义凛然、主持正义的故事。有一个镜头是他给一个拒绝赡养父亲的儿子做代理人，开庭后，法官当庭宣判儿子败诉。儿子当场指责律师，“真是个笨蛋，我白花钱请你了，一点作用都没有。”律师非常蔑视地瞪了一眼，说：“就你这种人，我根本都没想让你赢。”随即从西服兜里抽出一沓钱，甩给被告说：“给你，这是你交的代理费，退给你。”电视剧歌颂这个男律师。

第三个故事：香港一部电影描写师生两个律师共同代理一个多被告的杀人案，几次开庭之后，发现真正的杀人犯是老律师的当事人，证据却不利于小律师的当事人，陪审团几乎要认定小律师的当事人就是真凶。在这样的情况下，师生二人有一个对话，小律师非常抱怨他的老师：“我对您很失望。读书时您教我怎么样做人，怎么样做一个正直的律师。今天，在这种情况下，您手中有证据却不拿出来，让我当事人陷入如此被动的局面，您如何面对您的良心呢？”一场痛苦的谈话之后，老律师最后对他的学生说：“我不会让你失望的。”结果在下一次开庭的时候，在最关键的时刻，老律师在法庭上亮出了他的当事人有罪的证据。此时真相大白，法庭做出了公正的判决。旁听群众起立鼓掌，赞扬老律师高尚的情操，而老律师却当众宣布：“我的律师生涯到此结束。”

第四个故事：美国辛普森案的辩护律师，哈佛大学法学院知名教授艾伦·德肖微茨前几年来北京时，讲述了一个真实而又极端的案例：在一个被认定为杀人犯的被告人已经判了死刑，即将执行之前，另一个犯罪嫌疑人告诉他的律师说：“这个人确实冤枉的，因为这个人是我杀的。”律师经过了痛苦的心理斗争，要不要揭发？如揭发出来，会救无辜的人一命，但是这样做则违背律师的职业道德？经过思索之后，他没有揭发。后来这个人确实被冤杀了。

以上四个例子，也许可以引发更深的思考，我们来思考一下，律师和正义到底是什么样的关系？

学生1：我觉得你刚才说到的几个案例中，涉及职业道德和社会道德的问题。作为一个律师，他首先应该遵守他的职业道德，您曾经说到过一句话：律师既不是天使，也不是魔鬼；律师既不代表正义，也不代表邪恶，而是通过参与司法活动的整体过程去实现并体现正义。

田老师：你认为我这句话是对还是错？

学生1：我认为对。

田老师：我再问一个问题，如果律师的职业道德和社会道德发生冲突了，应该怎么办？

学生1:我会选择职业道德。

田老师:那你把社会道德弃置一旁而不顾?

学生1:我首先要按照法律的程序来做我的事情。

田老师:我在北大给研究生讲座的时候,有一个学生问我:“田老师,当你为那些贪官污吏、黑社会分子辩护的时候,你的良知哪里去了?”碰到这样的问题,你会怎么回答?

学生1:犯人也有人权啊。

学生2:我认为在具体的个案里边,律师和正义是没有什么具体关系的。国家对律师在法律制度中所扮演的角色有着一定的定位。律师只有通过工作,在双方博弈过程中才能才能实现正义。这是我对律师与正义关系的看法。

学生3:我从来不认为律师与正义之间有什么冲突,我认为律师就是代表正义的。就您刚才提到的案例,我是这样看的,在个案中,有时候律师的职业道德与社会道德难以兼顾,这是个体正义与追求最大正义之间的关系问题。我觉得还是应该追求最大正义,而放弃个体正义。因为从逻辑上讲,这是讲得通的。如果律师在具体个案中总是出卖自己的当事人的话,律师和当事人之间的信任基础就被破坏了,人们就会不信任律师,就不会把事实毫无保留地告诉律师,律师就无法为当事人追求到他应有的权利。

学生4:律师既不是检察官,也不是法官,他不能代替法官判断正误,也不能站在国家的角度来指责对方。我认为从程序正义的角度讲,每个人都应该有为自己辩护的权利,如果律师背叛了他的委托人,那么他的委托人在法庭上就失去了发言权,就无法表达自己的声音,站在委托人的角度讲,他本该享有的权利就被剥夺了。

田老师:有人认为,明知道你的委托人有罪,你还给他辩护;明知道你的委托人没理,我还给他找理,难道这也是正义吗?

学生 5:我觉得正义应该是个多层次的概念。不同的机关、不同的主体应该从不同的层次来维护正义,对一个律师而言,他首先应该站在委托人的层次来维护正义。

学生 6:我觉得正义应该分两个层次:一个是实体正义;另一个是程序正义。程序正义是与律师的职业道德相一致的,而实体正义则是与社会道德相一致的。作为律师,我认为应该以维护程序正义为主,以遵守他的职业道德为首位。

学生 7:"正义"这个词,它是一种价值判断。在之前所举的案子里,之所以会发生律师与正义的矛盾,是因为我们在一件事情发生之后、律师介入之前就对它做出一种价值判断,认为这个事情就是怎么怎么样,认为这就是正义。但是在辩题当中,正义应该是指律师介入一个案子以后对当事人的行为做出的价值判断,而不是事先对这个事实的本来面貌进行一种价值判断,因此我认为"正义"这个词应该是一种不含价值判断的价值判断,而不是含有价值判断的价值判断。

学生 8:程序是最好的实现正义的方法,律师只是实现正义的一个方面。律师不应当考虑社会道德与职业道德的问题,而应当由研究诉讼程序的人来解决,用更好的诉讼程序来实现正义。

学生 9:我认为律师的职责就是要通过维护具体的正义实现普遍的正义。在现代法治社会,正义应该是一个平均数,一个律师不能代表正义。律师的整体作为一个职业群体通过努力最终实现社会正义。

学生 10：我认为从社会运行的角度来讲，程序是建立正义的最好方式，而律师制度则只是程序正义的一个方面。实现正义的应该是一个制度，我们不应该单纯围绕律师来讨论正义的实现。不应该由律师来讨论社会道德与职业道德的冲突和矛盾，而应该由诉讼程序、研究诉讼程序的人来解决，通过更好地设置程序来保障正义。律师只是程序制度的一个具体的方面。

学生 11：律师首先是一个人，然后才是一个律师。我会先选择我的社会道德，然后再选择我的职业道德。您刚才提到的老律师，他背叛了他的委托人，然后他宣布了他的职业生涯结束了，但是我是一个年轻的律师，我不知道我这样做了，哪个律所会收留我。

学生 12：我认为正义应该分为法律正义和社会正义，律师的责任是维护法律正义，虽然他不排除社会正义，但他应该先维护法律正义。

学生 13：社会道德是一个普通层面的、以一般性知识为基础的道德，而职业道德则是具有职业理性的、以职业知识为基础的道德。从理性的角度来讲，后者要高于前者，而从大众的角度来讲，前者要高于后者。我还认为职业道德和社会道德在一定条件下可以相互转化。至于正义问题，我认为正义是人心里的一杆秤。至于律师和正义的关系问题，我认为应该首先从律师职业的产生角度入手。律师的产生是因为各个学科不断的知识化、专业化，外界人士很难介入进来，从而要求专业人才的产生。律师的最初产生应该是以满足社会的需要为动因的，或说当事人需要律师为他服务，因此律师从产生之日起就负有为当事人服务、满足当事人需要的职责。所以我的最终结论是当律师的职业道德与社会道德发生冲突的时候,律师应该服从职业道德。

二、个案中律师职责与正义在表面上的冲突

生活中个人正义观的不统一导致社会冲突出现,而社会冲突的难以解决又促使规则和法律的产生。律师的职业道德和社会道德的关系,两者之间究竟是冲突的还是统一的,不是一个简单的问题。从微观上、从形式上讲,有时候会是冲突的;从宏观上、从实质上看,又是统一的。刚才同学们谈到了个别正义和普遍正义的关系,正确理解这种关系需要把一个国家的司法制度作为一个整体来进行全面、深入的思考,否则会出现很多的误区。如果把律师个人的行为和正义等同起来,那么律师和法官还有什么区别?我们认为法官是代表正义的,这是法律赋予的职责,通过各方面程序的运作来作出最后的裁判;而律师的职责和法官是不同的。从这样的角度,我们要分析律师职责和正义的关系,同时要理解律师职责背后的正义观到底是什么。律师和法官不同,法官被认为是法律和正义的化身。法官不但要站在中立的立场上保证当事人之间的利益平衡,而且还要保证国家利益与当事人利益的平衡。在必要的时候,法官甚至依据法律所体现的国家意志剥夺被告人的生命或者自由。然而,同样基于对正义给予制度保障的需要,律师在同样的情形下却承担着完全不同的职责。我国《刑事诉讼法》第35条规定:“辩护人的责任是根据事实和法律,提出证明犯罪嫌疑人、被告人无罪、罪轻或者减轻、免除其刑事责任的材料和意见,维护犯罪嫌疑人、被告人的合法权益。”根据法律制度的安排,律师的职责是依据程序从维护当事人合法权益的角度去阐明正义,而不在于必须代表普遍正义,律师所维护的是

对当事人有利的程序正义和实体正义。

那么,我们应当面对的问题是:律师制度是不是正义制度的有机组成部分呢?能否说律师的职责与正义无关?律师和正义的关系是相悖的还是统一的?如何理解这种关系?现在我再听听大家的意见。

学生 14:从法本身来讲,在它大的运行机制下,“正”和“义”应该是正义的两个方面。“义”应该是社会道德层面上的那种公理和道德认同,从立法的角度来讲,应该是社会公众和立法者所追求的一种理想上的目标,这部分是人们所追求的正义。到了法的运行过程中,尤其是律师参与的过程当中,公众所认同的“义”就成了一种感情层面上的东西,而律师是作为法的系统的一个重要环节来运行的。律师虽然是人,但是因为他成为了律师,就不再是普通的人,而是社会法律机制系统的一部分,他更多的不是强调自己的人性,而是“法性”。我认为这种“法性”就是在法的运行过程中最大限度地保证法的效益性和公正性。对于您所举安全中职业道德与社会道德的冲突,我是否可以理解成为一种社会化的感性的人和法律化的理性的人的冲突?之所以形成两难是因为在一个主体中存在了两个不同的性格,作为社会化的普通的人,他具有一种社会性和感性;而作为律师,作为一个专门的职业者,则具有一种“法性”,这种法性决定了在案件当中律师必然会产生这种冲突。一个人之所以为律师就是因为他的法性,如果律师不具备了“法性”,他就不再是律师,而是一个普通的人,就不能作为法的运行中的一部分而存在。在个案之中,律师与正义之间并不是成为一个一一对应的映射,但整个法的运行却可以如同一个曲线接近于正义,律师的工作如同散落在曲线上的点,只有安全地在曲线的轨迹上运行，才能使得整条曲线最大化地接近于正义的那条直线。律师首先应该遵守职业道德，才符合法的运行轨迹，也才能使法的整体运行实现正义。这是对律师的必然要求。

律师是有偿服务的，收了钱才为他说话，那么没钱的人，谁为他说话呢？金钱和正义是不是冲突？如何理解有钱的人可以得到好律师的帮助，没钱的人得不到律师的帮助，或者是得不到好律师的帮助？

学生15：我认为对律师与正义之间的关系的回答是肯定的。律师的事业是一个正义的事业。但这里有一个问题就是对正义的事业怎么理解。正义的事业应该是一个动态的事业，应该是一个多方参与的过程。哪怕在刑事案件中，辩护人站在被告人的角度追求正义，控诉方站在国家或检察院的角度来追求正义，法院站在国家公平的角度来追求正义，在三方共同参与、互动的过程中推动了正义事业的发展，从而实现或找到社会的正义。律师的工作是正义事业所不可缺少的一部分，是实现社会正义所不可缺少的一部分。

学生16：我有个问题，在您所举的案例中存在无辜的人被剥夺生命的情形。如果我们承认人的生命是最大价值，那么这里存在的就不是律师的职业道德与社会道德之间的冲突，而是职业道德与最大价值的冲突，这时候律师应该怎么处理？极端化一点，如果委托人准备实行一个具有巨大破坏性的行为，而律师又掌握了这个秘密时，律师对在这种情况下职业道德与社会道德之间的冲突如何解决？

田老师：这个问题提得非常好，非常尖锐。罗马法学家保罗曾经说过:“辩护是使被告摆脱惩罚或者减轻对其惩罚的条件。”刑事辩护制度作为国家民主法治建设的国家上层建筑的组成部分,其本身是民主社会追求正义的产物。在国外,有三种人有免作证权,医生、律师、神父,其中神父的例子最典型,每一天都有人去忏悔,但神父如果都揭发了,以后就不会再有人去找他忏悔了。在一个极端的案例出现时,律师应当如何选择自己的行动,这不应是一个制度整体的选择,只能交由律师个人选择。到底选择哪一个价值取向更符合普遍正义的要求,这的确是一个非常艰难的问题。归根结底这应当是一个价值判断问题。现在大家可以接受的观点是:在一般情况下,由于律师履行了为当事人保密的义务而出现了对案件的错判,责任并不在律师,而是在侦查机关、指控机关或者审判机关。至于有些尚未发现的重大的破坏性事件将要发生的时候,应当如何选择,这涉及一个更深层次的问题,即对当事人保密义务的相对性与绝对性问题。相对保密是指有些保密,有些可以不保密;绝对保密是指在任何时候都要保密。前些年,联合国人权委员会任意拘留工作组主任来华访问时,他就给我提过这个问题:律师保密义务的相对性与绝对性问题。关于律师的保密义务在国外早已经成为共识。但是,对于保密义务的相对性与绝对性,在国外也是有争议的,争议的焦点主要在于当发现你的当事人将要去进行某种犯罪行为的时候,要不要保密,即对未然的犯罪应否严守保密的义务问题。我当时回答,就个人的理解,对于已然的犯罪我不应该去报告,而对未然的犯罪我应当以公民的身份去报告,也就是说在能够避免危害后果发生的情况下,我有义务去避免它。所以,从整体上看,律师的保密义务是容易履行的,但是在极端的案例发生的时候,仍然面临着价值判断与选择问题。对于这个问题,我只能回答一半,更深层次的,要每个人自己去做出选择,而不是法律所明确要求的。

学生17:我把我刚才的观点深入一下,觉得我们的问题可不可以用下面的方法理解,我把我的观点定义为“三圈理论”。首先,第一个大圈代表的是正义。其次,正义之下是第二个圈,这个圈是社会道德圈。最后,社会道德圈里包含各种职业道德圈,这其中就包含律师的职业道德。我们现在就用这个理论来解释金钱和律师辩护之间的关系问题。这三个圈中最里边的是律师的职业道德,这个层面的道德应该是要求把金钱和律师的辩护分割开的,不能说拿钱多就好好辩护,拿钱少就不好好辩护。站在这个层面,律师应该公正地按照程序,尽最大努力地为自己的委托人辩护。如果律师不遵守职业道德,那么因为职业道德与社会道德之间是种属关系,社会道德与正义之间又是种属关系,所以律师实际上也就没有遵守社会道德和正义的要求。下面我们来解释律师保密义务涉及当事人已然犯罪和未然犯罪时的问题。我们的第一个大圈是正义,正义之下是社会道德,社会道德之下包括多种的职业道德和主体道德,律师职业道德只是其中的一种。作为一个律师,从自己的职业道德出发,不能泄露自己当事人的秘密,但是作为一个公民,从公民的道德角度出发,律师又是可以揭发自己当事人的秘密的。

田老师:如果你没有给当事人当代理人的话,你只是个公民,当然可以揭发,这无所谓。问题是你现在已经代理了,你已经不再是一个普通的公民了。已经成为律师了,已经受职业道德的约束了。

学生18:律师代理的只是已然的犯罪,法律规定的他的保密义务只是针对当事人已然的犯罪,而不是未然的犯罪。对于未然的犯罪,律师只是承担一个公民的职责。

学生 19:从我个人的观点来说,我觉得律师和正义是统一的关系。职业道德和社会道德是不应该统一的,因为职业道德有自己的标准,社会道德也有自己的标准。而正义则是没有统一标准的,在不同的案件中会有不同的正义标准,它应该是具体的,而不是共同的。在具体的案件中,控辩双方的律师为自己的当事人辩护的时候,应该是都在为各自的当事人寻找各自的正义,所以在任何案件中都应该有一个具体的,专属于自己的正义判断标准,而不能由一个统一的标准来认定正义。

学生 20:我的观点和前面同学的观点类似。我认为律师的职业道德和社会道德之间的冲突,根源于一个人作为自然人的身份和作为一个社会人所扮演的社会角色的身份之间的冲突。但作为一个人,既然他作为自然人的身份与作为社会角色的身份可以在他身上得到统一,那么职业道德与社会道德之间的矛盾是可以最终实现统一的。如果一个职业道德不能服务于社会道德,那么它就不能称为职业道德。但为什么我们会看到律师职业道德与社会道德之间发生冲突的现象呢?我认为是因为律师没有处理好自己的社会角色。他作为一个社会人,尤其又处于追求正义的司法程序之中,他应该以实现正义为自己的目标。但律师并不是实现正义的唯一主体,而是需要整个程序的运行和各方面的配合最终达到正义。如果司法体系中的各个主体都能很好地遵守自己各自的职业道德,使得整个程序运行得很好的话,那么应该是可以达到实现正义的目标的。如果律师因为司法体系的其他环节出现了问题就破坏自己的角色定位,破坏自己的职业道德,这恐怕是不妥的。我认为律师的自然性和“法性”是不矛盾的。律师实现自己的“法性”就是要尽自己的职责,就是按照自己的职业道德来完成他的任务。比如,您刚才提到的哨兵在站岗的情况下遇到公民有紧急情况是否应该出手相助的问题,我认为他不能够去救助,当然如果他下班了,他可以以自然人的身份去做救助的事情。另外,就您刚才提到的金钱与律师辩护之间的关系问题,我觉得律师行业本身也是一种职业,我们也看到《律师法》中规定律师有两项业务:一方面是提供各种有偿法律服务;另一方面则是提供法律援助的义务。所以我认为律师既要为了自己作为自然人的身份满足自身生活而要求服务有偿,又要为了追求正义而承担一部分无偿服务的责任,所以金钱与律师辩护并不矛盾。至于没钱的人得不到法律帮助的问题,我认为没钱的人可以通过其他途径寻求法律帮助,如我国已经规定的法律援助制度,律师也有法律援助的义务。当然,我国可能由于法律援助制度不够健全,导致很多人得不到应有的法律帮助。

学生 21:我想就两个问题谈谈自己的看法。一个是关于律师和正义的关系。我认为正义应该分为程序正义和实体正义两部分,实体正义的内容和含义应该是比较抽象的,而我们在处理一个具体的案件时则要求对一个可以感知的正义进行把握,这个时候对于这个需要被感知的正义我们只能通过法律的方式把它规定为一种程序正义。这个程序正义的完成不应该是律师一方面的责任,而应该是由法官、检察官、律师三方共同完成的。这个程序应该是一个由三个角色共同扮演、共同运行而形成的整体,通过程序的运行来实现正义。为了使这个程序能正常运行,每方主体都应该恪尽自己的职责和权利。作为律师就是要在法律的范围内为自己的当事人追求最大的利益，作为公诉人就是要驳倒律师，而作为法官则是要公正地判断整个事情。这就像一台机器一样，要使它正常地运行，就要使每个部件发挥自己各自的功能，而不能互相代替。如果各个部件互相代替的话，在个案中可能会实现实体上的正义，但就整个机器而言，这个机器可能是要报废的。就我们的法律制度来说，如果律师违背自己的职业道德而去追求实体正义的话，那么当事人就不仅仅会失去对律师的信任，还可能会对整个法律和法律制度失去信任。如果法律和法律制度的权威性被破坏，那么法律虽然会在这个案子上实现了实体正义，但在其他案子上可能就不会实现更多的实体正义了。

我还想谈的另一个问题是对律师保密义务中的已然犯罪和未然犯罪的看法。我比较赞成从一个人的社会角色的角度来谈这个问题，唯一不同的地方是我认为“律师”这两个字既可以是说明一个职业的名词，也可以是说明一个身份和角色的名词。就一个人而言，当他和别人说自己是一个律师的时候，他是在说明自己的职业，这个时候他是不受律师职业道德约束的，他只是一个公民。但当他介入一个具体的案件中的时候，他便有了律师的身份，开始扮演律师的角色，他才是一个真正的需要承担律师职业道德约束的人，只有这个时候他才对当事人负有保密的义务，我想这个就是保密义务的相对性了，而且，这个保密义务的范围应该是以与自己所代理的诉讼相关的当事人的秘密为界限的。用这样的思路我们就可以解释为什么律师可以揭发未然的犯罪了，因为未然的犯罪还没有进入诉讼，没有形成具体的个案，它不在律师职业道德所规定的保密义务之内。

田老师：律师能不能根据自己的正义判断选择当事人？这种

选择与律师的品格有无必然的联系？十几年前，以几个律师为原型拍电视剧，其中讨论到一桩遗产诉讼案剧本时，有这样一个情节：剧中的被告是一位医生，原告是医生的养子，而律师和医生是多年的老朋友，律师的孩子就是医生给接生的。案子发生的时候，医生先找到这位律师，律师接下了案子。隔天，原告也找到这个律师，律师一看，对方有理，于是律师毅然决然地放弃了友情，转而给对方（原告）做了代理人。剧本歌颂律师的大义凛然，不顾私情的情操。这件事应当如何评价？能否体现律师的职业品格？

学生22：律师没有理由放弃为被告代理。正义是一种价值，价值是分层次的。

学生23：我认为，法律应当规定律师不得拒绝为没有正当理由的一方进行辩护，律师做出的对被代理人不利的行为应该是无效的。至于律师与正义的关系，这认为这里涉及一个在哪个层次上考虑的问题。首先，我认为正义是一种价值，而价值是分层次的。我们在制度设计上可以先设定一个优先权，当然这样的判断必须是客观的。我们可以设定职业道德优先，其次，我们就可以把正义的控制权交还给社会，由社会来补充这个机制的内容。至于您前边所举的案例，里边的律师涉及的都是个人选择的问题，这种选择是根源于个人的知识和偏好，就如同忠于职守这个问题，这只是社会规定的一种行为模式，无论它是有效、无效还是违反社会道德的，都只是可以被人做出的选择，前边那个老律师无论怎样选择我认为都是对的。因为他是在这个正义与另一个正义发生冲突的时候所做出的选择，他的选择无论如何都是正义的，只是这些正义的角度和层面有所不同。我的问题是律师职业道德与社会道德的冲突在多大的程度和范围内是基于律师内心真正的原因产生的而不是基于其他原因?

田老师:律师接案可以有选择权。但不能说接有理的案子就是品格高尚,伸张正义;接理亏的案子就是违背正义。前面的剧本中的本意是歌颂律师的正义感。强调律师那样做是为了主持正义而不徇私情。

言外之意,如果律师不那么做,就是不顾正义而徇私情了。这种剧情安排的问题就在于曲解了律师的职责定位,把律师当成了正义的化身。这种宣传显然会形成误导。所以,我当时明确提出了反对意见。指出:不能用这种方式歌颂律师的高尚品格。

学生24:我想谈两个问题。一个是律师的选择权问题。我认为当法律没有为律师设定一种义务的时候,律师就完全可以根据自己的良心和道德判断来选择。这个比较容易,至于律师如何选择那就是律师个人的事情。另一个是律师辩护与钱多、钱少和没钱的问题。我觉得一个律师只要接受了委托,不管钱多钱少,他都应该尽力去做,这是一个律师职业道德的要求。如果没钱怎么办?我认为这个问题不应该仅仅靠律师来解决。在当事人没有钱的情况下,应该靠国家、靠社会来完善这样的一个制度,比如说完善法律援助的制度、完善公益诉讼的制度。我们法学所现在也有一个东方公益的公益诉讼项目,它可以接受社会各方面的捐助。如果让有钱的律师进行捐助,那么也可以说是协调了职业道德与社会道德的关系。就今天的话题,我有一个问题,我们刚才所谈的都是律师与正义之间的关系,那么我们能不能把这个话题引申一下,就是律师如何实现正义?靠什么实现正义?对于这个问题,我认为需要看一个案件的裁决结果,而一个案件的判决结果究竟如何,不同的人有不同的看法。其中有很多的因素左右着案件的判决结果。实际生活中人们认为有三个因素比较重要——法律规则、权力、金钱。我想知道您对这三个因素的看法。

田老师：从正常情况来看，靠事实、法律、正义和法律规则，这是最基本的正常的途径和手段。你提出了非正常的情况这是一种社会现象，靠金钱、权力来歪曲正义，以取得不该取得的结果，这显然是大家都痛恨的一种现状。还有一种情况，是靠金钱靠权力取得应该取得的结果。这是一种无奈，是对法律的无奈。这个问题是一个怪圈。人人都反对案外因素的干预，但是当人们遇到麻烦时，又人人都去寻求干预，用干预来反抗干预。当前在我们国家存在的这种状况，正是我们大家需要努力改变和消除的一种现象。美国辛普森案件发生时，有些人觉得可悲，认为这样的案件发生了，连总统都无可奈何，是法律的一种悲哀。我认为这恰恰反映了法治的成功。树立一种法治化的思维方式不是一蹴而就的事情。解决这个问题需要时间，最基本的问题是要尽快地推进法治化进程。刚才提到的因素都是法律以外的因素，而现在的案件处理过程中，法外因素有时会极大地冲击甚至取代法律的因素，这是现在做律师感到无奈的一个重要方面，希望大家共同来改变它。

学生 25：某人有偷窥的癖好，可能这一次在律师的帮助下胜诉了，但是他今后还会持续这样的行为，请问，这应当是保密呢？还是不保密？我看过一个电影，有一个男人有偷窥非礼的癖好，他的邻居告他用望远镜偷窥，他请了一男一女两位律师，律师在代理的过程中发现他确实是有这样癖好的一个人，出于职业道德，律师没有揭发他，他获得了胜诉。在宣判结束之后，这个男律师故意把同伴女律师的袜子钩破，这个有偷窥癖好的人马上露出马脚，被法官看到，立即被法警拘捕。那么这样的行为，律师是否尽到了他的职业道德呢？

田老师：这个律师做得很高明。在另一部电影中有这样一个情节：一位女律师，当事人是一个女性杀人犯，胜诉了之后，发现她是真凶，她遵守了职业道德，却放过了一个杀人犯。她既矛盾又愤怒，她事后警告那个杀人犯说，你最终是不会逃脱法网的。

在律师执业活动中，遵守职业道德是前提，是原则，否则就会危害整个律师制度，会使人们失去对律师的信任，从而也是破坏了普遍的正义。但是，人同时又是有感情的。我曾经对媒体讲过，我被小偷偷过、被流氓打过、被贪官欺压过，但这并不影响我为这些人辩护。某些经历对个人的好恶会有影响，但是这种好恶不应该影响到律师的执业活动。律师接受案件有选择的权利，有些案子可以不接，但是一旦接受了委托，就应当严守律师的职责，而不应当为个人情感所左右。我曾经举过一个例子，医生有救死扶伤的责任，如果送到他面前一个亟待抢救的病人正是他多年不见的仇人，他不能因为是仇人而不予救治，这就是医生职业道德的要求。

学生 26：在面临你的当事人将要实行的犯罪行为时，您选择了做一个社会的好公民，您同时说，正义是每个人心中的一杆秤，如果有这样一个律师，他选择不去举报他的当事人，为他的当事人保密，而我们的法律又对这个律师进行了惩罚，这个律师选择您为他辩护，您什么怎么做呢？

田老师：没有任何的理由对这个律师进行惩罚，报告或者不报告，都是律师的权利，自古以来不举并不构成犯罪。

学生 27：就我所知，有的律师，因为为当事人保密，没有揭发当事人即将进行的犯罪行为，被有关机关逮捕。

田老师：如果确有其事，这恰恰是我国法治的一种悲哀。

学生 28：那么，作为律师应当怎么对待这种情况？

田老师：这就是我们，特别是你们肩上的重任。我们现在有很多问题还没有解决。比如，除了《刑法》第 306 条规定的辩护人妨害作证罪以外，还有的律师因为给被告人看了卷宗资料被以泄密罪抓起来。这又引出了一个问题：律师能不能把他掌握的卷宗资料给被告人看？其实，这个问题本不应成为问题，因为多年来律师都是这样做的。但是，当我们把它上升到理论层面作为一个问题提出来的时候，才发现这个问题至今并没有解决，而且还有很多人持否定态度。

事实上，这个问题既是个实践问题也是个理论问题。从实践层面来看，律师阅卷和取得相关的证据后，与被告核对相关证据内容是辩护活动的必要程序，否则便无法行使辩护职能。例如，相关证据的签字、笔迹、证人证言内容等证据如不与被告人核对，就不可能辨明真伪。特别是在一些经济犯罪案件中，常常有大量账目、原始凭证等需要与被告人核对。而所有这些证据，如不经被告人亲自辨认和认真回忆、计算，是不可能口头核对清楚的。而如果将这些工作都搬到法庭上去做，开庭的时间就会无限延长，既不现实，也不合理。并且，如果不给被告人充分的时间去核对被指控的证据，就等于剥夺被告人的辩护权。所以，这项工作是维护被告人辩护权和律师行使辩护职能不可缺少的基本内容。

从理论层面来看，首先，必须搞清楚律师辩护权的权利来源。辩护权是一种私权利，其来源于被告人或犯罪嫌疑人的委托。因此，辩护权并非是律师的权利，而是被告人或者犯罪嫌疑人的权利。其次,法庭审理中的一切证据都是必须向被告人公开的,而且法庭审理也是公开进行的。因此,案件证据对于被告不具有保密性。如果用对被告保密的证据去给被告定罪,那就丧失了审判活动的基本意义,就等于不审而判,就不能称为审判。

由此可见,律师向被告出示案件证据并与之核对证据,不仅是一种权利而且是一种义务。因为被告有权了解这些情况。我希望以后能够在立法上予以明确。

2005 年春节期间,我去美国参加“刑事诉讼法改革国际研讨会”,在会上我提出这个问题,得到了印证。与会的专家来自美国、韩国、俄罗斯、我国台湾地区。与会专家和司法实务界的人士都一致认为律师所接触的卷宗材料及相关证据不仅可以给被告看,而且有义务给被告看,否则就是违反了职责。即便给被告的家属看也不应被禁止,更不能追究律师的责任。至于是否给家属看,主要取决于被告的意愿。如果被告因考虑个人隐私问题而不愿让家属知晓,则应当尊重被告人的意愿而为其保密。同时专家们一致认为,除非特别的涉及国家秘密的内容,案卷材料不属于国家秘密。因而,律师就是泄露了这些秘密,也不能定性为泄露国家秘密罪。

学生 29:我亲身经历过一场诉讼,当时对方的辩护律师赚了很多的不义之财。我认为律师之所以成为“师”,就应当有一种师德,充满正义感。在具体的案件中,在事实的基础上,律师应尽可能地维护他的委托人的利益。

田老师:我再举一个例子,在刑事和民事案件中,作为律师,如果对方的证据并不充分,但是你感觉到你的当事人理亏或者有罪的时候,你是做证据不足的辩护或代理?还是放任对方的指控或者承认对方的诉讼请求?

学生 30:就职业道德和社会道德之间到底会不会冲突,这是自然人的身份和他在社会中的社会角色之间的关系,这两种角色应该是统一的。而且职业道德和社会道德最终也应当是统一的,职业道德如果不能服从社会道德,那么它就不应当成为职业道德。之所以发生冲突,是律师没有处理好自己的社会角色。他作为司法体系中的社会人,是以达到正义为目标,通过所有人的配合,最终达到正义的目的。每个人都遵循自己的职业道德,不能因为其他的环节出了问题,律师就破坏自己的定位。替别人实现职业道德。

田老师:有的冲突是属于不同层面的。在有些情况下,冲突不是很明显,律师个人即使依照个人的道德判断做出了与法律制度的要求不相同的选择,也并不能反映出冲突;另一种情况下,比如前面讲到的香港的例子,冲突就比较明显,选择就比较艰难,仍然存在一种普遍正义和个别正义的关系,尽管有人可以作出牺牲,但从普遍正义来讲,还是破坏了律师的整体制度。

学生 31:我觉得我们今天的讨论一直在现实和理想状态下游离。律师作为司法制度的一部分,只要把自己的应尽职责做到了,那么就应该说是实现了自己最终的目的。但是为什么在美国看似 ABC 的问题拿到中国来仍然还有这么大的争议呢?我觉得这是因为中国的现实有很多的问题,而这些问题正是我们自己所解决不了。以刘涌案为例,网上很多人都说律师应该是正义的化身,把律师的位置放得很高,对律师提出了很高的要求。我觉得公众之所以会有这样的认识,是由于我们的司法制度不完善,还有整个律师队伍并没有尽到自身的职责。如果律师能够按照理想化的状态去做，我觉得不会出现这样的问题。整个法律环境也会更好一些。另外，我想提一个问题，我觉得在中国这样的状态下做律师比较痛苦，我们要面对一些选择，而且是可能导致人精神分裂的那种选择。律师要经受外界很多的压力，需要不断地调整自己的状态，寻找一种平衡，那么，您是怎样处理这样的关系的呢？

田老师：这里涉及一个律师职责定位的问题，律师到底是干什么的？目前我们并没有搞清楚。我国目前很多人不知道律师是什么东西，原因很简单，我国的律师制度历史太短。西方从古罗马时代就有律师，中间虽然在中世纪的时候受到过冲击，但历史传统仍然悠久。进入资本主义时期后律师发展速度更快，现在美国总统有一半左右是律师出身。我国虽然在历史上有过讼师，但和现代的律师概念差别很大，讼师并不是现代意义上的律师。由于中国律师制度历史太短，再加上一些误导和破坏，因此人们对它的认识很模糊。我国律师制度的真正出现（严格意义上说是恢复）应该说是从 1979 年以后，到现在仅有 25 年历史。现在，人们对律师缺乏认识和了解，把律师抬得很高，对律师的期望值也很高，一旦发现实际情况与自己的想法不一致，就把律师踩到脚底，说律师是骗子、是坏人。我们对律师缺乏准确定位，所以现在很多学者开会、著书都在讨论律师定位的问题。任何职业群体必须要先有社会定位才能行使职能、发挥作用。我们的律师现在连职责定位都不明确，在社会上又何谈立足之地呢？所以我们今天讨论的这个问题很重要。律师该如何定位？律师到底要做什么？我们只有把这个问题搞清楚了，才能搞清楚律师与正义的关系、律师职业道德与社会道德的关系。律师的定位问题是一个最基本、最重要的问题，遗憾的是我们国家到现在为止还没有解决这个最基本的问题。这是一个很严峻的形势。我们说没有律师就没有法治，可是到目前，我们连律师吃哪碗饭都不知道，律师在司法制度中干什么都没弄清楚，我们如何谈法治？如何发挥律师作用，发展律师制度？所以我们今天的话题看起来似乎很空，但意义非常重大。

三、律师事业是正义事业的有机组成部分

大家的发言说得非常好，我们的讨论越来越深入，已经涉及社会道德和职业道德的关系问题，有没有冲突，如何理解这个冲突等。有同学说正义是每个人心里的一杆秤，这话有道理。我在《刑罚目的论》一书中，就从研究正义出发，研究古代的正义、原始社会的正义。古代的时候从血族复仇到血亲复仇再到同态复仇，又由复仇转化到报应，这都是一种正义。不同的历史时期有不同的正义观，不同阶级、不同人群、不同类型、不同年龄、不同观点的人都会有不同的正义观。在一种社会形态下，有一个普遍的正义观，但即使是在这个普遍的正义观之中，每个人的正义观也不一定和普遍的正义观相一致。即使我们都认同这个正义观，但我们的理解又会不一样。当冲突发生时，法律的功能就是通过国家强制力的保障把社会上的各种冲突控制在一定范围之内，维护社会的稳定。谈到法律必有冲突，有了冲突才需要法律。在冲突之中，每个人的正义观都是不一样的，否则也就没有冲突了，每个人都可以自认为代表正义，那究竟谁是正义的呢？我们不谈社会道德的评价，而是从法律的评价来探讨，那么，法律就成为被社会认可的最终评价标准。当然，如果法律出现了错误，那就只有修改

法律。也许法律的评价是错误的，但是法律是有权威的。在法律生效的时候，就只能服从法律。也就是说，任何一种冲突发生的时候，任何一种争议被提出来的时候，最终要通过一定的程序，走向法律评价。正因如此，作为律师，代理一方当事人，从维护其当事人利益的角度阐述和揭示正义的内涵，并且通过立法机关设计的司法程序将自己认识的正义交给法律进行评价。而法律的评价被默认是符合特定国家和社会正义要求的评价。

所以，律师对于当事人行为的评价和以此为基础对正义所作的阐述，并不是对具体案件中关于正义结论的宣告，而只是依照法律的规定在代表国家行使审判权的司法机关的主持下通过诉讼的方式实现个案正义的过程。当法律的评价还没有最终出现的时候，怎么能断言律师就个案发表的意见是或者不是代表普遍的正义呢？刚才说到的年轻律师的例子，为对方的母爱情操所打动，她个人理解的正义，就是女方原告的正义，她越过了法律的评价去选择自己的行为。在她的行为中，实际上是个人的道德标准，而不是建立在法律标准之上的职业标准。我说过，律师的观点都是在法律评价出现之前提出的，当最终的法律评价出现之后，就没有意义了。律师的观点不能决定也不代表最终的法律评价，任何人不可能用个人的正义观代替法律的评价。这样，能不能说是职业道德和社会道德的冲突呢？从深层次分析，不见得有冲突，只是你个人的道德观取代了法律的评价。职业道德恰恰是要求律师最大限度地维护委托人的合法利益，用这种方式来追求法律评价的公正性，只有这样做，才有利于实现法律评价的公正性，从这个角度来讲，我认为它们本质上并不冲突。律师不能用自己的正义观、道德观去代替法律评价。

我还举过一个简单的例子，一个重要岗位上的哨兵，要求他忠于职守，当他眼前发生了抢劫杀人等暴力犯罪的时候，要不要见义勇为？如果从个人的道德层面理解，他当然应当见义勇为，可是这样，恰恰有可能中了调虎离山计，擅离职守，造成更大的损失。如何理解这样的冲突呢？律师的职责就像哨兵一样，就是忠于当事人，依法维护当事人的合法利益，从这样的角度去体现正义，否则就会违背正义。

律师制度的哲学基础是人是最高的价值；法理基础是人是诉讼主体而不是诉讼的客体。不是由于对同等权利公平保护的需要，不得牺牲人作为最高价值所应当享有的法律上的权利。律师的作用和价值正是在于个人利益与他人的利益或者个人利益与国家利益发生冲突的时候，充分主张当事人个人所应当享有的权益，促使法官的裁判最大化地体现正义的要求。

律师本身既不是天使，也不是魔鬼，不代表正义也不代表邪恶。每个人都有自己的正义，而人与人对正义的看法标准又不同，于是就有了冲突。于是就出现了法律的评价标准。作为律师，只能根据现行的法律最大限度地维护自己委托人的利益，这是律师的工作方式决定的。

正义是个复杂的概念，不能简单认为职业正义与社会正义是相互矛盾的。在最高层次上，职业道德与社会道德是统一的，律师可以有自己对正义的看法，但更多的是帮助法律实现正义。律师不代表正义，但他们所从事的却是正义的事业。律师制度的设计和安排都是围绕着正义展开的，它既是正义的体现，也是实现正义的工具和保障。在法治社会，律师与法官、检察官同时是维护社会正义的法律职业群体，法官和检察官代表国家，而律师则以维护当事人的利益为基本职责，通过执业活动来切实满足社会主体正确维护自己的合法权利的需要。

希望今天的讨论给大家带去的更多是思考，而不是局限于一定要当场解决多少问题，仅仅一个下午不可能解决很多问题。思考是最重要的，而结论反而不是最重要的，许多精深的结论期待你们去做出。以后我们还会把它做得更深刻，这就是我们的收获。

法治与律师:30 年的成就与困惑*

田文昌在 CCTV2013 年度法治人物颁奖典礼上

从改革开放到 2009 年,中国法治建设走过了整整 30 年,也是我走进法律成为法律人的 30 年。

回首往事,可歌、可泣、可喜、可叹的记忆实在太多……

* 载于 2010 年 2 月 11 日《法制周末》,文中引用的是 2009 年数据。

30 年前,当法律的观念在人们的思维中淡化了几十年之后,人们早已不知道法律究竟为何物。当全国范围内掀起了“法治”与“人治”大讨论之后,支持“人治”的观点曾一度居于多数。

在中国政法大学任教时,多次在北京街头普法宣传,曾给我留下了不可忘怀的感慨:围观的群众由少到多,由远及近,有人终于可以鼓起勇气向我们咨询时,却是在趁人不备时拉起衣角将我们拽到胡同里偷偷地讲话,似乎,咨询法律问题的都是见不得人的事情。

第一次普法宣传的内容主要是“八法一例”,即刑法、刑事诉讼法和治安处罚条例等。第二个五年普法宣传时,则出现了更多维权的内容。当时,中国政法大学的学生们敏感地提出了一个口号:普法的内容由公民知法、遵法、守法,转向了依法维护自身的权益。这标志着法治建设的发展进入了新的阶段。

曾几何时,每当面对各种纠纷谈及法律后果时,人们认为是小题大做,故弄玄虚。10 余年过去后,依法维权开始成为时尚。一时间,名誉权、姓名权、肖像权等各种维权的诉讼此起彼伏,甚至有了矫枉过正的苗头。

20 世纪 90 年代初期,81 名乘客诉西北航空公司的误机索赔集团诉讼案,比较典型地反映出公民维权意识的增强,诉讼的提起又急速推动了民航服务与管理的大幅度改进与完善。一系列事件与现象表明,随着法治建设的推进和市场经济的快速兴起,中国人民的观念在发生着日新月异的改变。在历史的长河中,30 年似乎胜过了 300 年。

而 30 年中最不能忽视的,还是中国的律师制度。没有律师就没有法治,律师的地位与作用是一个社会法治与民主化程度的显著标志。

由于中国历史上律师制度出现太晚,致使律师在中国竟成为一种新生事物。概言之,自清末引进西方律师制度时至 2009 年刚刚 100 年。然而,历经辛亥革命、军阀混战、外敌入侵,直至新中国成立前律师制度未能得到发展。而新中国成立后刚刚兴起的律师制度仅仅几年后又因反“右派”斗争而被取消,直到 1979 年才得到恢复。由此可以说,在中国几千年历史上,引进律师制度的概念才一百年,而律师制度真正得以发展的则只有 30 年。

30 年来,人们尚不知为何物的律师群体已发展为 16 万之众,律师的作用和影响已经渗透到社会生活的各种领域。

然而,当我们欢呼中国律师迅猛发展的辉煌成就时,却不能轻视律师制度所面临的困惑,虽然这种困惑带有一定的历史必然性。律师的各种职能中,刑事辩护是最基本的职能,也是律师维护法治与人权作用的集中体现,然而,律师的这种作用如今却正在面临着最大的困惑。如果说,50 多年前的反“右派”斗争中,律师制度曾在“为坏人辩护也是坏人”的责难中被取消,已经成为值得我们反思的历史,然而,在法治化进程已经走过了 30 年的今天,律师的辩护活动还会时常受到某些舆论的声讨,则不能不引发我们的高度关注与思考!这种现象是否意味着,迄今为止,人们还仍然未清楚维权的内涵究竟是什么?一种较为普遍的观念认为,一旦被指控则必是坏人,而只要是坏人就丧失了人的权利,即可以遭到非人的对待。当以“人人都是潜在的犯罪嫌疑人”的道理提示世人以唤起其维权意识时,许多人甚至以为是受到了侮辱而不屑一顾。这种麻木的状态与法治化进程的速度形成了明显的反差,表现出陈旧观念的滞后性,也是一种悲哀!而这种反差将成为法治化进程的巨大障碍!

回顾30年法治建设成就的同时,更要关注的是下一个30年的发展——转变观念,刻不容缓!

律师的社会使命*

田文昌早年在外地办案

多年前接受中央电视台采访的时候，我曾经说，希望在全国范围内展开一场大讨论，题目就是："律师是个什么东西？"为什么要做这样的讨论？就是因为人们对律师的了解太少，缺少最起码的认同感，甚至根本就不知律师为何物，迄今为止，我仍然还在为解决这个问题呐喊呼吁。

---

* 载于2011年《律师文摘》创刊十周年纪念文集。

其实,对律师的解读并不复杂:律师,就是为当事人提供法律服务的专业法律人士,这是律师这种职业所具有的基本功能。但是,相对于其他行业而言,由于法律服务的内涵更为复杂,作用更加重要,所以,律师在实现其基本功能的同时,又必然会自觉甚至不自觉地担负着一种由这种职业本身所带来的使命,这就是律师的社会使命。

从一般意义上说,做律师并不难,尽职尽责,依法执业即可。但事实上,无论你自觉或不自觉,愿意或不愿意,当你在不断执业的过程中经受过更多的事件和历练之后,你就会进入一种境界,感受到你面临着一种不可回避和不可推卸的责任。这种责任感时不时会沉重地压在你的肩上,缠绕着你的思想,使你的内心无法摆脱,这就是一种即使你不想接受,甚至经过内心的痛苦挣扎也仍然无法拒绝的使命感。

当无助的当事人向你求救的时候,当巨大的冤情摆在你面前的时候,当你置身于社会政治生活、经济生活各种冲突的旋涡之中而又无法回避的时候,当你以专业的敏感发现一些社会的弊端而又无法容忍的时候,当你意识到以自身的专业能力还可以为实现公平正义做出一些贡献的时候,你就很难依然保持淡定、沉默而无动于衷,就不会停留在仅仅为赚取些许律师费而例行公事的服务模式之中。

律师不代表正义,但律师的活动时刻都与公平正义有关:律师是以其职责所要求的特有方式去实现和体现正义。律师的职责是为当事人提供法律服务,但是,由于法律问题存在于社会生活的各个方面,无时不有,无处不在,律师活动的舞台遍布于社会的各个层面,所以,律师便有机会以全方位的视角去认识社会和体验社会,律师的活动也与全社会的脉动息息相关。这就使律师与社会政治生活和经济生活紧密相连,成为最能感受和维护社会公众切身利益,乃至民主与法治共存的一种特殊职业,基于此,律师这种职业群体才能成为政治家的摇篮,成为培养社会精英的基地。

律师的社会使命是由律师职业自身的性质所决定的,所以,这种使命感是在执业过程中逐步形成和不断加深的。由于中国律师制度的历史太短,恢复重建仅仅 30 余年,作为一种新生事物的律师群体,虽然在充满希望、困惑和艰难的复杂环境中已经成长起来,但是许多人还处于为立足和生存而挣扎的状态之中。这种状态虽然在一定程度上会限制人们更高的追求,甚至会挫伤一些人最基本的自信心,但另一方面也会更强烈地激发起一种责任感的冲动。令人欣慰的是,近年来,一些身负社会使命的律师已经一批一批地脱颖而出,他们或自觉或不自觉地在履行自身职责的同时,也发挥着一种社会活动家的作用,甚至也会像战士一样,勇敢地捍卫着法律的原则和职业的尊严,他们正在以自己的行动,提升着律师的地位和境界。

但是,我们也必须看到,律师可以是战士,却不仅仅是战士,一个感受到自己的社会使命并愿意为之尽一份努力的律师就不仅要提升自己的目标,而且要提升自己的能力。因为律师面对的不是普通的战场,其活动的舞台更具政治色彩。所以,作为一个职业群体来说,律师本身就是一种高端的职业,绝不能被贬低为"熟练工",而作为一名肩负起社会责任的律师,就需要更加注意去充实自己的理论知识和提高自己的综合素质。

在短短 30 余年的历程中,律师群体的整体成长展现了可喜可贺的前景，而使命感的增强则使部分律师走向了更高的境界，对于律师群体而言，这是一种提升，一种飞跃！

但是，在这种时刻，在我们已经意识到自己的社会使命的时候，又会面临另一个新的课题，那就是我们应当如何去实现自己的使命？

欲实现这个使命，必有两个条件：一是实现的基础；二是实现的方式。

就基础而言，就是要提升自身的能力和层次，要从一种类似熟练工的法律匠人的层次提升到专家的层次，这就要求我们不仅仅会简单地解释法律和运用法律，而是要理解法律的真谛，掌握法律的本质，做到对法律的深刻解读和运用自如。就实现的方式而言，就是要以推动法律的公平和法治社会的发展为己任，尽其所能而不计得失。如果有人以为凭借一夫之勇，就可以维护正义，推动法治，则往往会导致事与愿违的消极后果；如果有人以为只有从政为官才是实现其社会使命的唯一方式，则也许会欲速不达，甚至过早地被排斥于主流社会之外。法律服务作为一种高端业务，知识的准备和经验的积累，是实现自身价值必不可少的先决条件。而在现阶段从政为官的时机还未成熟的情况下，在推动法治建设的过程中做一些力所能及的努力，则不失为实现社会使命的有效途径。

律师是活跃在法治建设第一线，对法治环境的发展变化感受最深，最有发言权的职业群体，不仅应当以维护司法公正和社会正义为己任，而且对于推动立法与司法改革也应当大有作为。如果律师能够在个案推动立法中做出努力，能够在全民法治教育，维护人权和化解社会矛盾中发挥作用，能够从一系列相关的法律事务做起，以自身的努力加快全社会法治化进程的速度……这都是肩负起社会使命的具体体现。

简言之，法治建设走过了30余年，律师制度也走过了30余年，律师制度和律师群体虽不够成熟，却已经开始走向成熟了，在成长过程中，律师界已经看到了自身的社会使命，并且开始担负起这种使命。但是，对于实现这种使命的能力还准备不足，对于实现这种使命的方式还存有困惑。面向未来，律师界奔向的下一个目标应当是提升能力，调整方式，更广泛、更理性、更有效地实现自身的社会使命。

个案推动立法的使命、悲情与不懈的努力*

办好一个案件，可以防止一个错误，维护一次公正。而推动立法的改进，却可以防止一类错误，维护一片公正，帮助一批人免受不公正的追究。这正是“个案推动立法”的意义所在。因此，一个具有强烈社会责任感的律师，应将“以个案推动立法”视为自己的使命。

田文昌经常在各种研讨会上呼吁关注从个案中发现的立法与司法实践问题

* 载于2014年7月16日《新京报》。

虽然这也是其他从事法律实务的群体即司法人员的使命,但是,由于中国的法治现状,在这方面,律师的作用更显重要,因为律师的感受更加直接、深切。

遗憾的是,改革开放以来,尽管社会实践已经为立法部门的立法和修法提供了大量的案例和建议,但是,立法部门的工作却跟进不够,两者出现了较大的距离。加之基层司法机关常常“有法不依”,以至于律师界出现了一种普遍的悲情,所谓“死磕”正是在这样的背景下出现的。

尽管如此,我认为,既然“依法治国”已经是大势所趋,既然“个案推动立法”是律师的使命,我们还是要为完成这个使命作不懈的努力。

个案推动立法,这代人的使命

立法的发展离不开个案的推动。这种推动作用在法治化进程的初级阶段尤为重要。

我国法治建设 30 多年来,立法的发展经历了几乎是从无到有的过程,其规模之大,速度之快,举世瞩目。然而,立法不仅要有成熟的技术,而且还要有丰富的经验,更重要的,还需要实践中千差万别的具体个案中反映出来的事实与规范之间的冲突作为参照。因为,有冲突,才有规范。冲突,既可以反映对规范的需求,也可以检验规范的合理性。对于立法,个案具有不可替代的推动作用。

近年来,随着社会矛盾的不断加深和多样化,实际案例日益复杂,因个案引发的立法或修法的契机不断出现。关键是,立法机关能否抓住这种契机。

2003 年 3 月,广州务工的湖北青年孙志刚被收容并被打死一案,引发《城市流浪乞讨人员收容遣送办法》是否应该废除的全民大讨论,我也在第一时间表态支持废除。由著名宪法学者、全国人大秘书局副局长蔡定剑主持的“公民上书全国人大常委会要求对《城市流浪乞讨人员收容遣送办法》进行违宪审查的案例分析会”就是在我们京都律师事务所召开的。同年 6 月,该法被废除。遗憾的是,在这之前,收容遣送制度已经实施多年,近似的案例一再出现,都没有引起足够的重视,直到付出孙志刚被收容并被打死这样惨重的代价。

和孙志刚案稍有不同,吴英案以一审死刑的可怖代价只是换来了终审的免死,却没有导致法律的修改,也令我扼腕叹息。吴英案涉及的集资诈骗罪,来源于多年前的沈太福、邓斌非法集资案,针对的是非金融机构的个人或单位向社会上不特定多数人非法集资、扰乱金融秩序的行为。然而,经济的发展和市场的需求,以及国家金融体系的缺陷,催生了民间金融市场。在国有银行融资渠道不畅的情况下,民营企业只得向民间资本融资,以致出现大量的民间借贷和相关冲突,冲突的根源还在于立法没有及时跟上,吴英案便是反映这种冲突的典型。

综上,大量的案例都表明,在新的问题刚刚暴露时,如何更积极、更主动、更及时地发挥“个案推动立法”的作用,是摆在立法者面前的重要问题。如何对典型个案的分析和总结,以此考察立法的合理性和可操作性,及时提出修法建议,并大声呼吁,促使立法者及时解决这些问题,也是我们律师应尽的责任。而我们的立法机关应当多倾听律师的声音,做出积极的回应。

个案推动立法，现状不容乐观

诚如上述，近年来，实践中足以提醒法律修改的典型案例并不在少数，出自律师、法律研究者等群体的建议也不在少数，但引起重视的不多。下面，仅仅根据我个人的办案实例，站在一个律师的角度，为这样的法治现实做一个见证。

第一个例子。建议修法，以明确《刑法》第205条规定的“虚开增值税发票，用于骗取出口退税、抵扣税款发票罪”的构成要件。

立法机关设立这个罪名的背景是，1994年实行税制改革后，出现了一些个人和单位利用开具虚假增值税专用发票骗取国家税款的行为。这种行为不同于原来意义上的逃税罪，而是在没有任何经营活动的情况下，凭借虚假的增值税发票骗取国家税款，其危害后果十分严重。因此，1995年全国人大常委会以补充罪名的方式出台了专门规定，1997年的《刑法》则设立了这个罪名。

但是司法实践中的个案纷繁复杂，开具虚假增值税发票的情形千姿百态，其中包括只有虚开行为并无骗税目的和骗税结果的情况。这些情况的出现，致使在理论和实践中对该罪构成要件的认识发生了重大分歧，以致出现了“行为犯”“目的犯”“结果犯”之争。

事实上，这种行为侵犯的客体只是发票管理制度而并非税收管理制度，且客观上没有造成国家税款损失，其危害性远远小于作为结果犯的逃税犯罪。但一旦被定罪，其处罚却远远重于逃税罪。

出现这种量刑严重失衡情况的主要原因在于立法表述不明

确。虽然立法的滞后性是不可避免的，但是，当问题已经显现时，就应该尽快修法以使之明确。否则，就会导致实践中出现大量同案不同判的现象，即对于同样性质的行为，在判决时出现罪与非罪，甚至死罪与非罪的天壤之别。

为此，我在2011年发表了题为《对虚开增值税发票罪构成要件的表述亟待修改》的专题论文，并向全国人大常委会法工委呈交了修法建议，建议明确该刑法条文表述的含义，强调构成该罪必须具有骗税的目的和结果。

遗憾的是，这个建议至今未被采纳，司法实践中仍是乱象丛生。

第二个例子。建议设立行业舞弊罪。

多年前发生在江苏扬州的全国首例彩票诈骗案，其行为特征类似内幕交易，应属于一种行业舞弊行为。由于我国刑法没有舞弊罪，这种行为又确实具有较严重的危害后果，检察机关只好以诈骗罪提出指控。开庭审理中，我们律师提出了不构成诈骗罪的辩护意见，法院虽然重视律师的意见，但迫于立法方面的局限，也迫于社会的压力，只好折中一下，认定为非法经营罪。其实，如果严格遵循罪刑法定原则，这个案子是不应当定罪的。

这个案例实际上提出了一个补充立法、明晰个罪界限的问题。同样遗憾的是，我们的立法建议没有得到立法机关的回应。立法的滞后迫使法官在无法可据的情况下，还是沿袭以前类推的做法，将刑法没有规制的具有社会危害性的行为纳入犯罪圈，破坏了罪刑法定的基本原则，也导致刑法中个别罪名成为典型的口袋罪。

第三个例子。建议废除新《刑法》第306条规定的律师妨碍作证罪。

早在1994年,即增设这个罪名之前,我就通过李强律师在代理案件中被非法拘禁一案,在《市场法制导刊》上提出了刑事辩护律师调查取证难的问题。

第306条的立法依据是,1996年修改的刑事诉讼法将律师介入刑事案件的时间提前到了侦查阶段,设立这个罪名主要是担心律师会妨碍侦查。然而,这只是一种理论的假设,并没有、也不可能有已经发生的案例为依据。因为在此之前,律师是不能在侦查阶段介入的。当时我就预感到,增设这个罪名更可能引发的后果是,某些司法机关工作人员会借此对律师进行职业报复。

果不其然,设立这个罪名后,发生了一系列用这个罪名对律师进行职业报复的案例。因此,我加大了呼吁取消这个罪名的力度,如2004年,我在《西部法苑》上提出,《刑法》第306条是悬在律师头上的一把"利剑",随时可以被职业报复者用来斩断律师的职责和职业生涯。除了中国,全世界没有任何一个国家有这样的立法,对律师单设这样的罪名具有明显的职业歧视性。

2009年11月,即李庄事件发生的前一个月,我还将"律师向被告人宣示案卷内容"列为全国律协刑委会2009年年会的一个议题,进行研讨,并发表题为《律师有责任向被告人告知案卷内容》的演讲。不仅如此,我还多次给立法机关写信,要求取消《刑法》第306条。

遗憾的是,在当时,我的呼声没有引起立法者,甚至没有引起律师同行足够的重视。

近年来,尤其是李庄事件发生后,律师界和学术界关于废除《刑法》第306条的呼声日益强烈,我倍感欣慰,并继续推动。广西北海四律师被抓事件发生后，律师界和舆论界一片哗然，我旗帜鲜明地指出："这是多年来利用《刑法》第306条对律师进行职业报复的急剧升温，是对刑事辩护制度的严重冲击"，并再次呼吁废除《刑法》第306条。

在强大的舆论冲击下，此次刑诉法再修改总算修改了与《刑法》第306条相对应的条款。这一修改表明，《刑法》第306条的修改已成为必然。但是，在我看来，仅仅修改是不够的，彻底废除《刑法》第306条才是正道。

我认为，在中国法治发展的初级阶段，出现立法跟不上实践的问题不足为怪。重要的是，不能对这些问题置若罔闻，更不能简单、盲目地去顺应和注释法条。应当发现和剖析这些问题背后的深层原因，干脆利落地立法和修法。

重视律师是法治社会的显著标志*

律师是法律职业共同体的必要组成部分，是法治社会中不可或缺的职业群体。没有律师，以法治为基础的市场经济就难以维系；没有律师，以正当程序为保障的法律天平就难以扶正。所以，律师制度与法治社会是不可分割的统一体。没有律师，就没有法治。

法治建设和律师制度发展30余年来，虽然中国的律师群体从无到有，从小到大，律师的概念也逐渐为社会所熟悉和接受。然而，迄今为止，在中国社会中律师却处于被边缘化的境地。这种状况，也从侧面反映出中国目前还没有形成一种完备的法治环境。

姜伟（左一）、田文昌（左二）、张军（左三），讨论《控辩审三人谈》的书稿内容

* 载于2014年第4期《西部法苑》。

建设法治社会,绝不仅仅是一种抽象的概念,而是实实在在地对法治结构的搭建,一个没有律师的法治结构是残缺的。其实,保护法治环境与保护人类生存环境的理由并无二致。排斥律师的结果,必然是破坏了法治环境的生态平衡,从根本上则会挖掉法治社会的根基。

因此,我认为:重视律师是法治社会的显著标志。

我们必须认识到,没有律师在法律职业共同体中有效地发挥作用,真正的法治社会是不可能形成的。这么多年来,律师的地位一直受到质疑,律师被边缘化的问题十分严重。表面上看,这是对律师制度的忽视,但从根本上来讲,由于缺少了控辩审三方的制衡关系,则会导致法律天平的倾斜,从而破坏了整体法治环境的生态平衡,破坏了司法公正。所以,要让律师堂堂正正地在法治社会中立足,才能真正地实现依法治国。

长期以来,社会上对律师制度和律师的作用一直存有偏见。不仅是老百姓有这样的认识,有些官员,有些机构也有这样的认识。

其实,律师争取职业权利,并不单纯是在为自己争权的问题,而是为了能够让全社会重视律师的作用,最终目的是维护司法的公正,为了促进法治建设的发展。

党的十八届四中全会以后,如果中国律师的地位能有明显的提升,能够让律师堂堂正正地在法治社会中立足,我认为这可以视为一个标志性的进步。因为,在一个国家中,律师的地位和作用如何,直接标志着这个国家民主与法治的程度。

律师履行社会责任要坚守本位、脚踏实地*

田文昌获评香港卫视2015年全球华人影响力盛典“最具影响力华人大律师”

在建设社会主义法治国家进程中，律师既要维护当事人的合法权益，又肩负着维护法律正确实施与推动实现社会公平正义的使命。

司法部发布《2006年中国律师业发展政策报告》中，明确指出律师工作要“研究制定律师业为构建社会主义和谐社会服务的

* 原文2015年6月12日发布于《法制网》。

意见和措施，引导律师对法律负责，对人民负责，对社会负责，切实承担起应有的社会责任。”

“我国律师制度的发展史揭示了这样一个道理：律师要想有地位，首先要有作为。在全社会重视和提倡社会责任的大背景下，律师行业更需要正确认识履行社会责任的意义，并勇于履行社会责任。”2010 年发布的全国第一份关于律师社会责任的报告《北京律师社会责任报告》中写到。

2015 年，京都律师事务所迎来成立 20 周年。这家律所正在从“中国最著名刑辩律师”田文昌的强大业务特色，向多元化、综合化的律师事务所转型。“在律所的发展中，一定要加强对社会责任的践行，这与一家律所做大做强法律服务业务是相辅相成的”，田文昌说。

法制网：今年是京都律师事务所建所 20 周年，您能否回忆一下当初您选择律师职业时，律师在社会中的整体地位如何？

田文昌：做律师以前，我在中国政法大学任教授、曾任法律系副主任，大概到了 1990 年，我就有走出高校、创办律所的想法，但当时一直在犹豫，其中的原因之一就是律师的社会地位不高。

1995 年京都律师事务所成立，在社会上可以说轰动一时，也是因为我在学界已有一定影响，再加上我吸引一批北京高校的教授、博士加入律所，被人们惊呼为律师界出了个“教授所”“博士所”才被人关注。

在律师生涯的开始阶段，我还遇到过社会形象方面的挫折，比如 2003 年代理刘涌案时，社会舆论的反响比较大，压力也很大。当时好几家学术机构劝我回去做教授、博导，但我还是坚持了下来，尤其是江平老师也鼓励我“坚持到底”。

20世纪90年代时，律师的收入也不行。我1985年开始做兼职律师，那时收取过100块、150块钱的律师费，1995年创办律所，做专职律师后，刚开始的律师费也只有几千块钱和几万块钱。

法制网：前几天北京市律协发布的数据显示，2012年以来，北京市国内律师事务所营业收入达327.97亿元，上缴税收超过47.85亿元。可以说，随着市场经济的发展，律师服务业也取得了飞速的发展，但律师的社会责任却容易被忽视。

田文昌：社会责任是一个深层次的问题，这是因为，一方面，有些人将律师行业看得过于功利化；另一方面，由于我国律师制度的历史太短，律师还是一种新生事物。

虽然在充满希望、困惑和困难的复杂环境中我国的律师群体已经成长起来，但是许多人，特别是青年律师，还处于为立足和生存而挣扎的状态之中。这种状况下，有些人就容易淡漠或者忘记自己的社会责任。在市场经济环境下，利益追求是生存的必要条件，但我们仍然不能忽视自己的社会责任。

法制网：相比于其他行业，作为法律共同体成员的律师事实上也肩负着推动依法治国的重要使命，这是不是意味着律师的社会责任有自己独特的方面？

田文昌：我们律师活动的舞台遍布于社会的各个层面，因为法律问题存在于社会生活的各个方面，无时不有，无处不在。所以，律师有更多的机会以全方位的视角去认识社会和体验社会，律师的活动也与全社会的脉动息息相关。

这就使律师与社会政治生活和经济生活紧密相连，成为最能感受和维护社会公众切身利益，乃至与民主和法治共存的一种特殊职业。正因如此，律师这种职业群体才能成为政治家的摇篮，成为培养社会精英的基地。使命感的增强会使我们走向更高的境界。

法制网:那么在您看来,律师的社会责任具体体现在哪些方面呢?

田文昌:在律师群体中,甚至在社会一部分人眼中有一个误区,就是将律师的社会责任仅仅理解为律师参政议政。律师群体担任人大代表的比例并不高,2009 年北京律师只有 22 人担任人大代表,其中全国人大代表 2 人,北京市人大代表 8 人,各区县人大代表 12 人。而截至 2010 年 10 月底,北京市共有执业律师 21549 人。担任政协委员的律师更少,2009 年北京律师担任各级政协委员有 54 人,其中全国政协委员 3 人,北京市政协委员 8 人,各区县政协委员 43 人。这种情况下,律师参政议政过程中,对律师群体权益保障的鼓与呼做得都还不够。我觉得,律师在履行社会责任时应该更现实,应该踏踏实实地去做些事情,比如律师参与立法。

法制网:您能否具体阐述一下对律师参与立法的观点?

田文昌:律师参与立法可以有两条路径,一条是律师直接参与建议。我是国内较早以律师身份参与立法的,1996 年《刑事诉讼法》的第一次修改,我一直全程参与。当时立法机关找到我,主要还是把我作为学者,但在我的推动下,全国律协刑事业务专业委员会的两名成员也加入了修法工作,从而开了律师参与立法、修法的先河,律师在立法工作中有了一席之地。

还有一条路径,就是律师通过个案推动立法。律师不能光“低头拉车,不抬头看路”,从这个意义上说,律师对修法最有发言权。我在中国政法大学当教授时,主张结合案例教学,当时觉得很高兴,认为这开启了一条教学的新路子。但等我亲身做过较多案件后,再回头看,觉得那时借助书本上的案例教学与结合自己亲身办过的案例与结合自己亲身办过的案例去教学完全没法比。

比如,对于1997年《刑法》增设第193条规定的贷款诈骗罪、第194条规定的票据诈骗罪和金融凭证诈骗罪、第195条规定的信用证诈骗罪的新罪名,我建议增设过渡罪名。

这是因为对于这类罪名,由于司法实践中难以准确认定行为人主观目的,导致出现大量同行为不同罪名的比较严重的司法不均衡现象。有些司法机关出于谨慎原则,在难以认定行为人具有非法占有目的的情况下,作出不起诉或不定罪的判决;但也有些司法机关以后果推论目的,将那些因客观原因无法归还而造成危害后果的行为,视为具有非法占有目的而定罪,形成罪与非罪,甚至死罪与非罪的悬殊差异。

后来,立法机关在《刑法修正案(六)》中增设了“骗取贷款、票据承兑、金融票证罪”的过渡罪名。这虽不能说是某些人以一人之力促成的,却鲜明地体现了“个案推动立法”的重要作用。

法制网:这次司法改革也给律师履行社会责任提出了新任务,比如看守所律师值班制度、逐步实现申诉由律师代理等,对此您怎么评价?

田文昌:这些都是律师履行社会责任的体现。最近有关部门正在研究制定《看守所法》,我参加了公安、司法行政等有关机关的讨论,希望在完善律师会见保障方面更进一步。对于研究实行律师值班制度,这是好事,我也希望这个制度早日落地。

申诉由律师代理同样如此,其实,律师界一直也在代理这样的案件,但现实中对于申诉过程中律师的阅卷等权利保障得还不够。

这样的改革需要律师和律师事务所勇于担当，尤其是大所，不能只顾着闷头赚钱，因为律师值班制度，收费可能不会太高，就需要律师或律所作出牺牲。

我一直有这样的想法，如果每名律师每年代理 1 ~ 2 件法律援助案件，这样全国每年法律援助案件就会增加三四十万起。为了弥补律师因代理法律援助案件造成的收入的损失，律所可以相应进行补贴。当然，这是在国家财政不足情况下的权宜之计。

律师活跃在法治建设第一线，对法治环境的发展变化感受最深，是最有发言权的职业群体。律师不仅应当以维护司法公正和社会正义为己任，对于推动立法与司法改革也应当大有作为。办好一个案件，可以救助一两个人，而推动立法的修改，则可以救助一大批人。

法制网：尽管律师是一类专业人才，但毕竟手中不握有权力，您认为律师履行社会责任，推动法治和社会进步的前景是否一片光明？

田文昌：律师在法治社会中发挥作用的空间是很大的。不仅可以参与诉讼活动，而且可以在其他很多领域发挥作用，如化解社会矛盾，维护市场经济秩序等。一个正常的法治社会是离不开律师的。

我认为，律师要以推动法律的公平和法治社会的发展为己任，坚守律师本位，不左顾右盼，不患得患失。法律服务作为一种高端业务，知识的准备和经验的积累，是实现自身价值必不可少的先决条件。在推动法治建设的过程中做一些力所能及的努力，不失为是律师实现其远大抱负的有效途径。

再谈中国律师的使命*

一、律师需要以内心生长的使命感迎接一个大时代的到来

近年来，一些较早生长出使命感的年轻律师涌现出来。他们在履行基本职责的同时，也发挥着一种社会活动家的作用，甚至像战士一样，勇敢地捍卫着法律的原则和职业的尊严。

在2015年京都律师事务所成立20周年庆典暨“依法治国与律师使命”论坛上，江平、高铭暄、陈光中、刘桂明等嘉宾与田文昌一起座谈。

---

* 原文载于2015年6月28日京都律师事务所官网www.king-capital.com。

坚守律师本位，不左顾右盼，不患得患失。如果有人以为凭借一夫之勇，就可以维护正义，推动法治，则或许会导致事与愿违的消极后果；如果有人以为只有从政为官才是实现其远大抱负的唯一方式，则也许会欲速不达，甚至过早地被排斥于主流社会之外。

在中国法治化进程中，律师的作用将越来越重要，律师需要做好思想准备，需要以内心生长的使命感迎接一个大时代的到来。

我谈这个话题还可以追溯到更早。多年前接受中央电视台采访，我就说，希望在全国范围内进行一场大讨论，题目就是："律师是个什么东西?"

为什么要做这样的讨论？因为人们对律师的了解太少，有的把律师形容为收人钱财，替人消灾的大神，有的说律师是巧舌如簧、为了金钱不惜为坏人辩护的讼棍……

更可悲的是，不少法律院系的学生也对律师的功能和律师的职责进行错误定位，认为律师就是干技术活儿的。这说明，他们只学到了一些法律知识的皮毛，却没有接受法治的理念，这是法学教育的失败之处。

从一般意义上讲，律师就是为当事人提供法律服务的法律专业人士，做一名专业律师并不难，尽职尽责，依法执业即可。但是，这只是律师最基本的职责，仅仅这样理解律师的职责是远远不够的。

因为，相对其他职业，法律服务的内涵要深刻得多，法律服务的意义也要重大得多。律师履职，无论律师自觉还是不自觉，都会承担起一种职业本身赋予他的使命，或者说社会赋予这种职业的使命。这并非夸大其词。

当无助的当事人向你求救的时候,当巨大的冤情摆在你面前的时候,当你置身于社会政治生活、经济生活各种冲突的旋涡中的时候,当你以专业的敏感发现社会的弊端而又无法容忍,当你意识到以自身的专业能力还可以为实现公平正义做出一些贡献的时候,你将很难保持淡定。这时候,你绝不会只是为了赚取些许律师费而去工作。

事实上,无论你自觉或不自觉,愿意或不愿意,当你在律师职业生涯中经受过更多的事件和历练之后,你很自然地就会进入一种境界,感受到一种不可回避、不可推卸的责任。这种责任感会时时压在你的肩上,会萦绕于你的心头,让你无法摆脱。这就是社会责任感,就是一种即使你不想接受,甚至经过内心的痛苦挣扎也无法拒绝的使命感。

律师不代表正义,但律师的工作时刻都与公平正义有关,律师以其职责所要求的特有方式去实现正义和体现正义。法律问题存在于社会生活的各个方面,使律师与社会政治生活和经济生活紧密相连,成为最能感受和维护社会公众切身利益,乃至与民主与法治共存的一种特殊职业。正因如此,律师这种职业群体才能在世界范围成为政治家的摇篮,成为培养社会精英的基地。

二、负重前行的路径

律师的使命感是在执业过程中逐步形成和不断加深的。

律师制度恢复30余年来,中国的律师虽然已经成长起来,但是许多人还处于成长的初级阶段,还在为基本生存而奋斗。这种状态虽然在一定程度上会限制律师更高的追求,甚至会挫伤一些律师最基本的自信心。但是,对于另一些较早生长出使命感的律师，这种状况也会更强烈地激发起他们一种责任感，一种冲动。

令人欣慰的是，近年来，一些较早生长出使命感的年轻律师已经涌现。他们在履行基本职责的同时，也发挥着一种社会活动家的作用，甚至也会像战士一样，勇敢地捍卫着法律的原则和职业的尊严。他们正在以自己的行动，提升着律师的地位和境界。他们的出现，以及他们与另一些具有使命感的律师的合流或默契，标志着律师群体的整体使命感已经生长出来。

但是，律师可以是战士，却不应该仅仅是战士。一个感受到自己的社会使命并愿意为之奋斗的律师，应该注意提升自己的目标和能力，因为律师面对的不是普通的战场，而是更具政治色彩、更复杂、也更危险的战场。在这样的战场上，仅凭匹夫之勇是不够的。

我认为，要实现中国法治的长远目标，具有使命感的律师应该具备两个条件：一是具有较高的法律素养；二是选择较为适当的路径。

所谓法律素养，就是要提升自身的能力和层次，要从一种类似熟练工的法律匠人的层次提升到专家的层次。这就要求我们不仅仅会简单地解释法律和运用法律，还能理解法律的真谛，掌握法律的本质，做到深刻解读，运用自如。在成熟的法治社会，律师一定是专家。工欲善其事，必先利其器。一个有使命感的律师，第一要务就是提升自我，这样才会有能力去担负起自己的社会使命。

目前，我国专家型的律师已经越来越多，遍布于各个专业领域，这也是律师职业群体走向成熟的重要标志。但是，中国律师的总体水平还有待于提高。可以说，律师实现远大政治抱负的基础还比较薄弱。

所谓适当的路径，就是要以推动法律的公平和法治社会的发展为己任，坚守律师本位，不左顾右盼，不患得患失。如果有人以为凭借一夫之勇，就可以维护正义，推动法治，则或许会导致事与愿违的消极后果；如果有人以为只有从政为官才是实现其远大抱负的唯一方式，则也许会欲速不达，甚至过早地被排斥于主流社会之外。

法律服务作为一种高端业务，知识的准备和经验的积累，是实现自身价值必不可少的先决条件。而在现阶段从政为官的时机还未成熟的情况下，在推动法治建设的过程中做一些力所能及的努力，则不失为实现其远大抱负的有效途径。

律师活跃在法治建设第一线，对法治环境的发展变化感受最深，是最有发言权的职业群体。律师不仅应当以维护司法公正和社会正义为己任，对于推动立法与司法改革也应当大有作为。

三、天将降大任于斯

如果律师能够在个案推动立法中做出努力，能够在法治全民教育，维护人权和化解社会矛盾中发挥作用，能够从一系列相关的法律事务做起，以自身的努力加快全社会法治化进程的速度……天就将降大任于斯！

总之，中国的法治建设走过了30余年，律师制度也走过了30余年，律师制度和律师群体虽然总体还不够成熟，却已经开始走向成熟了。律师界已经看到了自身的使命，并且开始担负起这种使命。律师界的下一个目标应当是提升能力，调整方式，更广泛、更理性、更有效地实现其远大的抱负。

叁

律师与刑辩

适应我国刑事法治发展，提高刑辩律师业务水平

——在全国律协刑事业务委员会1996年年会上的发言

田文昌与部分刑事辩护律师参加法制宣传活动

尊敬的各位领导、各位顾问、各位委员、各位来宾：

刑事业务委员会经过一段时间的认真筹备，1996年年会今天召开了。

首先，我代表刑事业务委员会全体委员向今天到会的各位顾问以及人大、最高检察院、政府主管部门的领导会表示衷心的感谢；对司法部和全国律协领导的主持表示衷心的感谢。本业务委

员会自成立以来，在全国律协的领导下通过前两届委员的努力，在交流业务，总结经验，指导实务等方面，发挥了重要作用，取得了许多成果。第三届全国律协常务理事会根据我国律师事业发展的需要，为适应我国法治建设的要求，本着提高业务素质、加强业务指导的原则对刑事业务委员会进行了调整，并决定召开本届的第一次年会。在此，我首先代表全体委员向前两届刑事业务委员会的全体委员表示感谢和敬意，并希望在今后的工作中对刑事业务委员会的工作继续给予更大的支持。

我国律师制度是伴随着健全和发展社会主义民主与法治而恢复与发展的，十几年来，我国律师在刑事辩护业务领域一直发挥着积极和越来越重要的作用，已形成一支思想过硬、政治立场坚定，业务素质较高的律师队伍。实践证明，律师办理刑事辩护案件，有力地维护了法律的正确实施，维护了我国经济秩序，保障了社会安定，切实地保护了公民的合法权益，体现了社会主义人权的真实与公正。客观地讲，律师从事刑事辩护与代理的作用能否有效发挥，标志着一个国家的民主与法治是否健全，是否完善。律师刑事业务水平的高低，标志着一个国家律师制度是否完善，也在一定程度上反映了该国律师水平的状况。几十年来，我国几代律师在刑事业务领域付出了艰辛的劳动和巨大的代价，从审判林彪、“四人帮”反党集团到克拉玛依大火案；衡水 200 亿美元诈骗案；千岛湖案、吴洪达案件等，在大量的影响重大刑事案件中，我国律师均成功地参与辩护与代理，充分发挥了律师的作用，维护了国家利益，保护了公民的合法权益，树立了我国律师在国际与国内的良好形象，受到党和国家领导、司法部门和人民群众的表彰与赞扬。

虽然目前社会上一些法治观念薄弱的人们对律师工作还不够理解或有非议，有些执法人员和个别行政领导无故干涉或刁难，甚至一些律师受到不公正的待遇，但律师在刑事业务中的作用是有目共睹的，我国律师坚持以刑事业务作为律师基本功和主要任务之一这一基本点是没有改变的。

随着我国法治建设的发展，我国刑事审判工作也逐步改革与发展，刑事案件的办理对律师要求越来越高，最近司法部颁布了贯彻《律师法》进一步加强律师队伍建设的决定，肖扬部长多次指示要提高律师的政治、业务素质，特别指出，凡办理刑事案件的律师，今后将要接受上岗前的培训，苦练基本功，这项决定是完全正确的，是对律师办理刑事业务的重要和有效的措施，也是对从事刑事业务的律师的基本功的要求。应当看到，客观形势对我国办理刑事业务律师提出了更高的要求，要求每位律师要有较高的政治素质，因为刑事业务是一项政策性很强的工作；要高质量地开展业务活动，充分履行律师职责，就必须具有较高的政治素质；要恪守律师职业道德和执业纪律，这是直接关系到我国律师队伍形象和声誉，关系到律师事业兴衰存亡的大问题。同时，由于刑事业务涉及领域较广，工作环境复杂，对律师的要求更高，因此要不断调整律师办案思路，实现维护法律尊严和公民权益的统一，在适应新的审判方式的情况下，最大限度地发挥律师的作用；要正确处理控、辩、审三者的关系，做到敢辩和善辩的统一。

遵循党中央提出的建设社会主义法治国家的战略方针，在中国法治建设向纵深发展的新的历史阶段中，刑事业务委员会的任务是艰巨而繁重的。为了承担起这个任务，刑事业务委员会应当成为中国律师界刑事辩护与代理业务最高水平的业务指导机构。

第一，本届刑事业务委员会是由全国律协和各省、自治区、直辖市律师协会在各地区执业律师中精心挑选、推荐到全国律协的，全国律协常务理事会经过审查，最后确定的人选，他们大多数是具有较扎实的理论功底、丰富的执业经验，从业 3 年以上的中青年律师，其中还有具备丰富经验和较强工作能力的老律师，应该说，这些人是我国当今刑事业务的顶尖律师，尤其是大家都忠实于律师事业，热心于律师公益活动，这是我们当好刑事会业务委员的基础。

第二，本届委员会聘请了我国刑法和刑事诉讼法学界著名的权威学者，刑事立法机关和公、检、法、司等执法部门的专家与领导作为顾问，在他们的指导下，委员会的业务水平将会不断提高，有了这样坚强的后盾，将使我们各位委员对做好委员会工作充满足够的信心。

第三，刑事业务委员会在今后一段时期的活动中，有一个良好的机遇，这就是《律师法》和《刑事诉讼法》的颁布实施和新《刑法》的即将出台，这些新法的出台，是我国法治建设进入了一个新的时期的重要标志，特别是使我国律师从事刑事辩护与代理业务有了更加完善的规定，扩大了律师业务范围，如律师提前介入，审判方式改革等，这一系列新的规定不仅大大加强了律师参与刑事案件的作用，也对律师提出了更高的要求，提出了新的挑战。

为了迎接这个挑战，作为刑事业务专业委员会，要在一个高的水平和层次上引导和指导从事刑事业务的律师，起到一个核心的作用。这就要求我们委员会每位委员要有过硬的基本功，要切实发挥领头人的作用。要在律师中提倡业务研讨的风气，鼓励律师练内功，做到：具有坚定的政治立场，良好的职业道德，扎实的法律与文字功底以及思路敏捷，能言善辩的表达能力。

面对当前的良好机遇和更加广泛的活动舞台，刑事业务委员会在今后一段时期里也会遇到一些新的问题，任务将会更加繁重。由于当前法治环境的状况不甚理想，律师从事刑事业务工作还有许多困难，执业律师的合法权益受到侵犯的案件时有发生，因此，刑事业务专业委员会要担负起呼吁、保护执业律师中的合法权益的责任，要在立法、执法工作中作为全体律师的后盾，积极保护他们的合法权益。

经全体委员讨论认为，在当前条件下，刑事业务委员会主要应当做好以下几项工作：

开展业务理论研讨、交流活动。在刑事业务领域，随着我国民主与法治的健全与发展，有大量的理论问题需要研讨，诸如我国《刑事诉讼法》的修改与实施，律师在介入侦查、起诉阶段的业务如何开展；律师在取证中的权限；律师在庭审方式改革中的作用如何发挥等，委员会将有计划地提出论文，组织研讨交流活动，提高律师业务水平，指导律师业务工作。

从律师专业角度，就有关立法、司法、行刑等工作提出意见及建议。

起草律师在刑事业务中的执业准则、业务范围和标准，近期准备起草一个《律师刑事业务办案规范》，以利于加强律师办理刑事案件的规范化和科学化。如果条件允许，还要组织一个国内外有代表性的模拟法庭和全国律师辩论大赛。

参加国际交流活动，扩展交流范围，以利于开阔视野，从比较研究的角度，进一步提高业务水平。

维护律师执业中的正当权利，保障律师刑事辩护与代理工作的顺利进行。应当看到，在新《刑事诉讼法》实施后的相当一段时间里，维护律师权益将成为一项比较突出的任务，刑事业务委员会应当积极配合有关部门做好这项工作。

各位领导、各位顾问、各位委员、各位来宾：

本届刑事业务委员会是一个新班子，委员会人员组成的总体情况是：素质较高、但经验较少；委员会所面临的形势是：机遇良好、但任务繁重。在此情况下，全体委员虽然信心较大，但是，我们所遇到的困难将会比以前更多。为此，我衷心地希望每一位委员能够以足够的热情、足够的胆魄、足够的水平和足够的奉献精神，尽职尽责地做好这份工作。

我诚恳地希望各位领导、各位顾问和有关部门，能够站在加强国家法治建设、加强律师队伍建设和加强司法公正化的高度，关心、指导和支持我们的工作。

我真心实意地请求各位来宾和全国的律师界同行，能够从切身利益的角度支持和监督我们的工作。

谢谢！

律师需要了解自己，更需要社会理解*

律师为坏人辩护——不得人心

律师与司法机关作对——碍手碍脚

律师辩护无效果——当事人不满

律师给法官送礼——腐蚀司法人员

律师不负责任——就知道骗钱

律师秉公办案——阻力重重

律师办案认真——陷阱难防

这，就是中国的刑辩律师所面对的境遇。

为什么会如此？原因实在太多，但最重要的一点，是律师角色的定位的偏差。

当人们尚不知律师为何物时，会漫不经心地说："律师是个什么东西？"当人们把律师看得过于神圣时，又把律师当成正义的化身，真理的象征，似乎只有施洋大律师，才是律师唯一的形象；当人们不满意律师收费时，认为律师的本事就是乘人之危，骗取钱

---

* 载于2002年第4期《中国律师》。

财；当人们看到律师为“坏人”辩护还振振有词时，常常会说：“这个人的良心让狗给吃了！”当人们需要律师的时候，律师被看成是无所不能，既可以申冤报仇，又可以起死回生；有些高官在位时，把律师当成绊脚石，一旦沦为阶下囚，又把律师当成清道夫……

这一切的一切，既不正常，又很正常。原因很简单，任何一个新生事物，都有一个发生、发展和被人们逐渐认识的过程，哥白尼的学说尚且如此，律师制度当然也不例外。可惜的是，我国律师制度的历史太短，律师的作用还未被人们普遍认同。

律师如何走出困境？最关键的问题，就是转变对律师定位的认识。

首先，律师制度是法治社会的重要支柱。没有律师就没有法治。法治的基点是规则和制约，整个社会在既定的规则中运行，制约则是维系规则的重要保障，而律师则是制约机制中不可缺少的必备环节。

其次，律师的作用并不是包打天下，只能凭借法治系统的整体运作才得以实现。律师无论充当何种角色，都只能在自己扮演的角色中去尽职尽责。因此，律师既不是魔鬼，也不是天使；既不代表邪恶，也不代表正义，只是通过司法程序的整体运作去实现正义和体现正义。

关于律师角色定位的这两个关键问题，是律师制度乃至国家法治得以存在与发展的基础。然而，迄今为止，这个问题在我国并未得到解决，甚至在律师群体内部也没有受到普遍重视。

也许，这就是刑辩之路越来越窄的主要原因。

因此，律师首先需要了解自己，更需要全社会的普遍理解。

刑辩律师在大要案中的作用*

——在全国刑事辩护工作经验交流会上的发言

田文昌与案件主办律师参加吴英案法律研讨会

目前，律师在办理刑事案件过程中仍然存在一些困惑，这其中大部分是老问题，也有一些新问题。我想通过对这些困惑的透视和分析，探讨一下律师自身和律师管理部门应当如何解决这些问题，同时又应该注意哪些问题。

---

* 载于2002年第1期《中国律师》。

一、律师在会见和调查取证中要严格依法执业，谨防风险

目前律师在办理刑事案件当中，会见难的问题仍然十分突出，在重大案件中这个问题就更加突出。例如，会见受阻的情况仍然比较多，有的是拖延会见时间，有的是限制会见时间、次数，有的是限制谈话内容，还有的干脆就不允许会见。在新《刑事诉讼法》实施好几年后的今天，这些问题仍然没有解决，这是一个比较严峻的现实。面对这种情况，律师界目前基本上无能为力，通常做法也只能是据理力争，向律师协会、向司法行政机关，包括向公、检、法三个机关反映情况，但这些办法的效果十分有限。

某一段时期，在会见当中违法监控现象比较常见，甚至有的在会见室的墙上明确贴上告示："你的一些言行都在被摄录中，请依法会见。"我在铁岭会见刘涌的时候，就是这样的情况，至于在暗中被摄录的也不少见。针对这种情况，对于律师来讲，一方面应该据理力争，另一方面就是要更加慎重。这种情况，我在一些相关的会议上也谈过，公安部、最高人民检察院也比较重视，但是实际上很多的地方并没有解决。看来这些问题的解决要有一个过程，但是，在解决之前我们又不能停止办案。这就要求我们律师在会见中要更加谨慎，要严格把握分寸，更不能有违反法律规定的内容和方式。谈到这里，我想提出一个问题：如何正确处理律师和被告以及被告家属的关系？如何把握这种关系的分寸？这是我们应当引起重视的一个很重要的问题。实践中，律师接受委托之后的心态不尽相同，其中有两种比较极端的情况值得注意：有些律师麻不不仁，不负责任，这种态度显然是错误的；而另有一些律师感情色彩太浓厚，这种心态也同样容易出问题。比

如,当律师遇到一个冤情比较明显的案件,有时候就会特别投入,在这种情况下,有的人就会处于一种善意的愿望而忘记了把握分寸,就可能在家属或被告的再三请求下做出一些出格的行为。这种心态是可以理解的,但这种以同情代替法律的做法是不可取的,在任何情况下都不能忘记自己的律师身份和执业规范。

有一个典型的例子:一个律师在办理一个死刑二审案时,家属问他有没有办法保住命,他说根据案情没有办法,除非被告有立功表现。恰好被告的哥哥掌握一个揭发线索,就写了一个条子,请求律师将字条转给被告,一开始他不同意,后来经不住请求就同意了。后来被告根据这个线索写出了揭发材料,并且经查证属实,结果二审法院因此而改判了死缓。事情发生后,检察机关查出了真相,就把这个律师抓了起来,以包庇罪提起公诉。后来这个案子经过三次开庭,检察院还抗诉一次,最后获得无罪判决。当然,这个案子辩护无罪的理由很充分,因为包庇罪是指"做假证明包庇",而传条子的行为并不是做假证明。但这种做法本身毕竟是有问题的,如果当时辩护的力度差一点,就很可能被定罪。值得一提的是,在这个案子中律师恰恰是栽在被告哥哥的头上,因为被告哥哥跟他通电话求他办这件事的时候,居然还录了音。我历来主张律师应当尽职尽责,全力投入地办案子,这是没有问题的。但毕竟律师和当事人是委托人和被委托人的关系,这种关系的界限一定要把握清楚,否则容易出问题。这种现象也是我们律师队伍不成熟的一种表现。

在会见中还有一个问题比较严重,即使最近这几年,在审判阶段乃至二审阶段,会见时仍然有侦查人员或者看守人员在场。这种情况应当说是比较严重也比较典型的,新《刑事诉讼法》实施以前也没有发生过这样的事。重要的是，这些问题律师自身是无法解决的，根本上的解决要依靠立法。在此之前，大部分只能依靠司法行政机关和律师协会去沟通协调，依靠上级公安机关和检察机关的约束与过问。目前，在这些方面律师协会的作用还是比较弱，这是历史原因所致。但我相信，这种作用会尽快得到加强。律师散兵作战的状况如果不能迅速予以改变，不仅不利于加强律师管理，而且也难以从根本上提高律师的地位。

律师在办理重大案件中，调查取证的难度很大，真可谓举步维艰，尤其是风险太大。关于律师调查取证时面临的障碍我不必多讲，这与人们的观念有关，也与《刑事诉讼法》规定了被调查人对律师有拒绝权有关。全国律协在制定《律师办理刑事案件规范》的时候，对调查中的风险防范问题考虑得比较慎重。按照法律规定，对律师调查没有限制，没有规定必须两个人调查取证，因为律师行为不是政府授权行为。但从保护律师的角度出发，在规范当中要求最好两个人进行。我想在办理重大案件的时候应该坚持有两个人进行，否则一旦出现问题就说不清楚，有时甚至两个人都难以说清楚。同时，调查取证的程序也应当严格按照办案规范来进行。《律师办理刑事案件规范》是新中国成立以来律师协会内部自行制定的第一部自律性规范，他们在一些法规汇编当中，把我们的规范也编进去，有时他们在投诉律师的时候，也引用这个规范，这足以说明这个规范的重要性。

二、刑事辩护应坚持以证据真实为标准的原则

按照新的审判方式，现在办理刑事案件，事先形成完整的辩护意见是很不现实的，但是基本的辩护观点或者可能出现的几种

思路,应当事先有所准备。那么,如何形成辩护观点?刑事辩护应当坚持什么样的原则?

我认为,最后重要的就是坚持以证据真实为标准的原则。谈到以证据真实为标准,就必然涉及近几年来我们实务界和理论界热烈讨论的关于证据真实与客观真实的关系问题。证据真实又叫法律真实,这个问题这几年争论得很热烈。由于我们过去对证据问题重视程度不够,研究得很薄弱,在此情况下,我们经常强调的,是一个在理论上非常正确,但是在法律适用上却比较空泛的原则,就是实事求是原则。必须指出,实事求是的原则无疑是正确的,但是,实现这个原则的手段和途径必须是明确而可行的。过去,我们往往用实事求是的原则来概括一切,却忽略了实现这个原则的手段和途径,所导致的结果就是轻视法律真实的作用,就是由于不切实际地过于强调客观真实而使这种真实性失去了证据基础,从而导致了对客观真实认定的主观随意性。实事求是所追求的是一个最终的结果,但是在现实生活中,在科学技术水平的限制下,有些案件的证据不可能收集得非常完整和精确,因此,有时候证据真实与客观真实就会发生冲突。比如说,借了钱没有欠条,怎么办?书面合同遗失,怎么办?一个杀人的刑事案件没有证据,怎么办?有时候,根据种种迹象分析,我们可以在内心确信有此事实存在,但是又苦于没有证据,那么,在法律上究竟应当如何加以认定?

一种观点认为,我们追求的是最终的真实结果,所以,当我们对证据有怀疑的时候,就不能仅仅以证据为依据,而应当将证据真实与客观真实结合起来,实事求是地得出客观真实的结论。另一种观点则认为,实事求是的观点没有错,追求最终的结果真实更是正确的，但是，当证据真实（或法律的真实）与这种结果相冲突的时候，当这种法律真实不能印证所推断的这种客观真实的结果的时候，就只能以法定的证据标准为依据。也就是说，当证据真实与客观真实相冲突的时候，两者不能兼顾，强调兼顾的观点更可能导致主观随意性，而这就是一个法治国家最明显的标志，也是我们依法治国的原则之一。那么，我们律师所应坚持的是什么呢？我认为，律师所坚持的应当是法律真实或者是证据真实的标准。

2001 年美国来访的为辛普森辩护的德肖维茨律师谈到过这个问题，他的谈话很有意义。他谈到美国律师跟被告人谈话的时候，不去一味寻根究底追问被告讲实话，而主要是了解证据。虽然律师有保密义务，但也没有必要必须探出实底。因为一是被告并不一定讲实话，二是即使被告承认犯罪，没有其他证据佐证也不能定罪，更何况有的被告即使承认有罪也不一定真正有罪。所以，律师主要是了解和获取证据，用证据来说话。如确有证据证明有罪，就不宜作无罪辩护；否则，应当作无罪辩护。我想，这个原则没有错误。因为法律上认定犯罪的依据，只能是证据。我认为，不仅律师应当这样做，法官和检察官也应当这样做，而且我们律师界还应当对法律真实与客观真实的关系问题有更充分、更深刻的认识，应当展开以进一步的讨论，这样才有利于实现依靠证据定罪的法治原则，才能推动依法治国和司法公正。

三、办理疑难案件应当集思广益以确保办案质量

办理重大疑难案件最好采取集体讨论的方式，集思广益。现在有些律师事务所是这样做的，但据我了解还不太普遍，多数律

师事务所还做不到这一点。可以说,我们律师目前基本上还处于一盘散沙的状态,各自为政,律师忙于去应付自己的案件,很少有事务所能够坚持集体讨论的制度。如果律师办理重大案件时能够在出庭前集体讨论,开庭时有本所律师旁听,开庭后总结讲评,我认为是一种非常有益的方式。这样既可以充分发挥集体作用,减少失误,又有利于提高律师整体水平。现在的案件太复杂,特别是新《刑法》实施以后,增加了很多新的罪名。坦率地讲,新《刑法》规定的若干新罪名,特别是有些经济犯罪、金融证券犯罪的罪名,到今天为止,立法者本身都没有搞清楚,学者本身也没有搞清楚,以致在专家论证时也常有分歧。原因很简单,我们的法学专家并不是金融专家,也不是票据专家,并且,我们的证券市场、金融市场本身又处在初级阶段,市场的发育很不成熟。但是为了维护市场秩序,及时立法却是必要的,这是一种现实的、不可回避的矛盾。这种矛盾的存在,必然会使司法工作产生一些难题。有时候我们会埋怨司法人员水平低,这种现象确实有,但反过来想,一些连专家都在探讨的问题,怎么能过分地要求法官、检察官和律师都能够准确把握呢?这是一种过渡状态,是一个客观存在的问题,但不管原因如何,既然问题已摆在这儿了,我们就应当面对。作为律师来讲,面临这些复杂的问题,如果我们能够集思广益,充分讨论,甚至包括请教专家,把问题搞清楚,对自己本身也是一个提高。我认为,律师办案失误确实责任重大,而且我了解到有些律师的失误确实相当严重。比如,明显无罪的案子硬是作有罪辩护,明显是防卫的案子却看不出防卫的性质,类似的事例并不少见。有时候会出现一种很可悲的情况:侦查机关稀里糊涂地侦查,检察机关稀里糊涂地起诉,律师稀里糊涂地辩护,法院稀里糊涂地定罪，最后被告也稀里糊涂地认罪伏法。既然这四个方面都认为有罪了，被告还有什么可说的呢？虽然这只是个别情况，但出现这种结果的时候，不能说律师没有责任，司法机关办案要经得起检验，律师也不例外。尽管法律上没有规定律师也有错案追究的问题，刑案中也没有经济赔偿的问题，但律师却不能没有责任感，不能原谅自身的失误。所以说，我们律师在办理重大疑难案件的时候，一定要争取集思广益，要对办案质量负责。

四、对敏感性重大案件应尽量避免搞人情关系

据我了解，我们律师行里有一部分人专门是关系律师，专门搞关系，这些律师也不用太多学习业务，只要把法官、检察官请出来一商量，你们说怎么办吧，帮我解决就行，这种情况确实存在。这种风气的原因何在？我一直认为，既有客观原因，也有主观原因。有一种观点认为是律师腐蚀了法官、检察官，律师是祸水。我认为，这种说法有问题，道理很简单，律师谁也不会傻到愿意把自己的钱主动送去给别人。从大的方面来说，还是司法环境的原因，具体一些讲主要责任也不在律师，因为律师既不代表权力，也不掌握权力。确实有一种环境迫使你这样做，有些本应该正常办的事，你不去同人家拉关系也不行，这是我们面临的一个现实。但反过来，也不能说我们律师没有问题，至少律师不应当主动地去迎合这种风气，更不能将此作为办案的主要手段。我也听过一些法官说，一些法官和律师关系非常密切，经常一起吃、喝，同时又瞧不起这些律师，认为这些律师只会拉关系，不会办正事。这些评价很能说明问题。所以，律师一定要注意纠正自身的风气。在办理重大敏感性案件时，这种作风要尽量避免，一旦处理不好，

可能会既害人，又害己，后果更加严重。律师办案，首先要依靠证据，依据法律，这是原则，是前提，万万不能本末倒置。

五、推动证据立法，力求从根本上解决刑讯逼供、证人出庭、证据展示等诸项难题

长期以来，刑讯逼供、证人出庭、证据展示等问题一直是困扰刑事辩护活动和妨碍司法公正的严重障碍。在重大案件当中，这些问题相对更加突出，以致直接影响判决的公正性。遇到这种情况怎么办？律师应当尽职尽责地行使权利，向法庭及公诉机关反映和争取，这是一个重大原则问题，不能迁就，不能视而不见，听而不闻。但是，这种问题确实很难解决，尤其是涉及刑讯逼供问题，既难以找到证据，又会得罪侦查机关。这次在铁岭辩护的案件中，这个问题反映得非常突出。庭审中被告反映刑讯逼供问题非常严重，22 名被告中多数都提出控诉，并对逼供情节作出具体描述。预审笔录中各被告的口供惊人地相似，连不在现场的同案被告的“作案”过程都出现在预审笔录中，庭审中翻供后的陈述又是惊人地相似，并且，在严密的关押措施中各被告并不具备串供的条件，连律师也无法与被告单独会见。这些情况当庭反映出来后，律师不能不坚持原则，否则，就违背职业道德，就是对国家法治不负责任。多年来的司法实践表明，关于刑讯逼供、证人出庭、证据展示等一系列相关问题，已经明显地影响司法公正和刑事辩护的作用，但这些问题仅凭律师的努力是无法解决的。只有依靠立法上的明确规定才能得到解决。为此我们应当对这些问题深入研讨，积累案例，为推动证据法尽快出台创造条件。

目前，对证据立法的研讨很热烈，各方面都很关注，立法机关、律师界、学术界、司法界都寄希望在立法当中解决这些问题。从多次讨论的情况来看，有以下几个问题值得我们特别关注。

1. 关于沉默权问题。可以说，沉默权制度是防止刑讯逼供的一个重要途径。如果被告享有沉默权，口供的作用就并不十分重要，自然会减少刑讯逼供的驱动力，这会从根本上削弱口供是证据之王的观念。事实上，沉默权制度与坦白从宽的政策并不矛盾，因为保持沉默是一种权利而并非义务，所不同的只是抗拒并不从严。

2. 关于明确控方对刑讯逼供的举证责任问题。这是防止刑讯逼供的另一个途径。在国外，关于刑讯逼供的举证责任都是在控方，只要被告和律师提出了问题，控方要证明没有刑讯逼供。为什么？因为你要被告举证是不可能的，他处在特殊的环境中，无法举证。在法庭上，我们经常遇到这个问题，当被告提出有刑讯逼供问题时，控方就要被告举证，多数情况下，法庭也无可奈何。所以，应当在立法中把刑讯逼供的举证责任明确规定给控方。

3. 关于侦查机关讯问被告时应有律师在场的问题。在国外，警察讯问时必须有律师在场，而律师会见时警察却不在场，即使需要在场，也是只能看见而不能听见谈话。在我国目前却恰恰相反。研讨中对这个问题的呼声也比较强烈，如能得以解决，对于防止刑讯逼供无疑具有重要作用。

4. 关于证人出庭问题。这个问题非常重要。多年来，我们常常是依据不出庭证人的证言定罪，这种做法很不科学，因为背靠背的证言不能接受质证，可靠性与准确性难以保证。国外的法庭上基本上拒绝证人证言，将证人证言统统视为传闻证据，要求证人必须出庭。因为不出庭证人证言的取证过程、具体背景很难说清楚,而证人一旦出庭作证,在质证中就会暴露出问题。如果能解决证人出庭的问题,可能会防止很多错案的发生。

5. 关于庭前证据展示问题。关于证据展示问题已经讨论过多次,最高人民检察院、司法部和全国律协都起草过初步方案。争议的焦点主要有两个:一个是关于展示的地点和方式;另一个是控辩双方应否对等展示。检察机关坚持对等展示,我们则坚持不能搞对等展示。理由有两点:一是在诉讼原理上,不应当对等展示,因为在刑事诉讼当中,举证责任在控方,不是辩方。在世界各国没有一个国家是对等展示,都是控方向辩方无保留地展示,而辩方向控方只作有限的展示,如被告不在现场的证据,防卫、避险的证据,不足法定责任年龄的证据等,除法律列明的几项证据辩方要向控方展示外,其他可以不予展示。这是国际上通行的原则。二是如果搞对等展示,律师会面临一些新的陷阱。辩方的证人证言和一些相关证据向控方出示以后,控方客观上有条件控制证人,也可能迫使证人改变证言,并可能以此而无端追究律师妨害作证罪的责任。我们应当推动这个制度尽快实施,但是原则问题必须坚持。

六、摆正控辩双方关系,提倡高水平的办案风格

在重大案件中,各种矛盾比较集中,敏感因素较多,律师办案既要有原则性,又要有诚恳、克制的态度和自我保护的意识。律师不能放弃原则,但要尽量避免发生不必要的冲突。

在控辩双方分歧较大的案件中,法庭辩论中很容易发生冲突,这不仅会影响审判效果,而且有时候对律师也很不利。所以,

在这种案件中，更应当提倡采取一种平和、主动、充分的辩论风格，以理服人，防止情绪化的冲动。

随着辩护制度的不断成熟，法治建设的不断发展，目前，我认为控辩双方的关系应当走向正常化，即控辩双方应当对抗，但这种对抗应当是理性的。所以，在辩护制度日益成熟的今天，我们应当努力寻求并推动控辩双方的对抗关系走向理性化。可以说，这就是控辩双方关系发展的第三个阶段——理性化对抗的阶段，也是走向正常化的阶段。

与这种对抗关系相适应，我们的法庭审理活动就应当上升一个层次，我们的法庭辩论应当在一种平和、主动、充分的气氛中进行。所谓平和、主动、充分，是指控辩双方在辩论中态度平缓，没有相互诋毁，没有剑拔弩张的架势；辩论时可以在宽松的气氛中主动对话；发表观点时可以充分表达而不受干扰。事实上，只有在这种辩论的方式和气氛中才能更充分地发挥控辩双方的作用，才能为法庭作出公正判决提供客观、真实的依据。可以说，近几年来，实现这种目标的基础已经开始出现，成功的尝试也不乏其例。其中，我经历过的南京、北京、大连三个案子的开庭情况就非常典型。这三个案子都是涉及重罪与无罪的界限问题，有的一审已经判了无期徒刑，而辩方都是作无罪辩护。但是法庭辩论虽然激烈却没有冲突，法庭气氛理性而平和，以致休庭后控辩审三方能够主动走到一起相互致意并继续诚恳地讨论案情。这样的法庭气氛对公正审理非常有意义，至少可以为法庭的兼听则明奠定一定基础。当然，这种气氛的实现需要三方配合，但我们律师有很大的主动权，我们应当努力来争取创造这样的环境和气氛。

七、在执业中积极寻求律师主管部门的指导与支持，扭转孤军作战的局面

遇到困难和难题的时候，能够及时主动地与律师主管部门取得联系，求得指导和支持，这一点很重要。前面说到，目前律师孤军作战的现象很普遍，这种现象应当尽快加以改变。我个人体会，北京律师协会和北京司法局这些年来对这个问题比较重视，律师也尝到了甜头。这种相互配合有一个过程，越重视越愿意请示，越请示越重视，形成了良性循环，这样既防止了一些可能发生的问题，客观上也解决了一些问题。我认为，这种沟通、配合与支持不仅有利于律师的执业活动，而且可以进一步地体现司法行政机关和律师协会的作用。客观地讲，到目前为止，我国律师协会的作用远远没有受到应有的重视，有人说律师协会跟信鸽协会差不多，跟足协就没法比了。当然，扭转这种偏见需要有个过程，也需要一定的环境，但重要的是需要我们自身的努力。如果我们律师的合力再大一些，律师协会做的工作再多一些，就更能体现出自身的作用，就会使社会公众有一个客观的认识。目前，北京律协有了一个很重大的突破：在北京市政法委开会时，律协的负责人可以参加，能够做到这一点很不容易。所以，许多事情要争取，要靠自身的努力。只有在律师协会的地位受到足够的重视，作用得到更充分的发挥，律师孤军作战、一盘散沙的局面得到彻底扭转的情况下，律师群体的整体地位才会真正得到提高，律师的作用才会受到全社会的普遍重视。

八、刑辩律师亟须加强基础业务培训，迎接挑战

目前，我国律师的素质和水平差别很大，有的律师水平确实很差，甚至在办理人命关天的大案中连基本理由都说不清楚。这样的律师单兵作战，确实很成问题。所以，希望律师主管部门和律协对律师办理的重大案件能够予以特别关注，同时，能够加强对律师业务的经常性培训。

应当承认，与法官和检察官相比较，在业务培训和素质培训方面，律师界存在比较大的弱势，这种弱势主要反映在以下三个方面：一是财力与条件的限制，我们缺乏足够的经费和高效的组织形式对律师进行集中培训；二是律师工作性质的限制，律师是依靠执业活动而生存，在时间安排上常常是身不由己；三是律师培训的内容缺乏针对性和系统性。在三个方面的问题中，前两个问题恐怕要从机制上加以探讨，如如何调动和运用培训经费，如何规划培训制度和安排时间等。第三个问题比较容易解决，主要是应考虑安排合理的培训内容。目前，我们开展的各种律师培训，锦上添花的内容较多，雪中送炭的内容较少。例如，律师从接到案子以后，怎么办手续，怎么会见犯罪嫌疑人和被告，怎么样调查，怎么样出庭等，在这些最基本的操作规程方面是缺乏训练的。我做了这么多年律师，但没有人教过我怎样办案，都是自己摸索出来的，其他律师也是如此。所以，很多律师连基本的规则都不知道，实际上是在各行其是，在摸索中前进。有时候我在外地办案，发现有些律师办案的路子很有问题，这种状况必须引起重视。所以，我认为律师的培训首先要从基础做起。律师的业务领域很宽泛，每个领域都有各自的特点和要求。因此，应当根据不同业

务领域的特点加强关于基本操作程序的培训。

九、关于律师职责定位和刑事辩护价值取向的深层思考

关于律师的职责定位和刑事辩护的价值取向,看起来这是一个最基本的问题,但同时又是一个很深的课题。这是因为,由于我国律师制度恢复的时间太短,对于这个问题的研究还不够深入,人们对这个问题还缺乏正确的认识,甚至在观念上存在很大的分歧。可以说,到目前为止,无论是社会上的一般公众,还是司法机关,乃至律师自身,都存在这种问题。而这个问题又直接涉及律师辩护工作的角度、力度和社会评价。

我认为,辩护律师最基本的职责,是通过维护被告人的合法权益来实现司法公正和体现司法公正,这种职责是以在诉讼过程中与公诉人相对抗的方式来实现的,即以制约而求公正。可以说,对抗是一种手段,而实现司法公正是最终目的。辩护活动不仅可以实现司法公正,而且可以体现司法公正,因为司法公正如果不能得到公开的体现,就属于一种看不见的公正,就无法得到社会的认同,因而难以显示出公正的意义。体现司法公正的方式主要反映在司法程序的公正性和公开性上,在有律师参与的诉讼活动中,律师的辩护活动不仅可以充分维护被告人的权益,减少错判的可能性,而且可以向世人证明这种判决确实是公正的。例如,一个罪大恶极的被告,在经过律师的有力辩护之后仍被证明为罪大恶极,人们就会毫不怀疑这个判决的公正性,因为这种公正性已经通过辩护活动得到了充分体现。所以,律师在辩护活动中不能简单地以胜败论英雄,而是要看其是否充分尽到了辩护的职责和体现了辩护的作用。如果律师可以每辩必胜,那么,世上

也就没有真正的罪犯了，检察机关也就应当撤销了。反过来也是一样，如果公诉人可以每诉必胜，那么辩护制度也就没有存在的必要了。所以，由于抗辩双方的职能定位和角度不同，所追求的具体目标以及思维方式也必有差别，这正是控辩双方对抗关系存在的必要性。现实中经常会听到两种不同的说法：一些检察官对宣告无罪的案件感到遗憾，认为“诉了半天，白诉了，真是前功尽弃”；一些律师对于宣告有罪的案件则具有一种失落感，认为“辩了半天，白辩了，真是白费力气”。对于一个公正的判决而言，这两种抱怨都是犯了一个同样的错误：没有弄清楚自己的职责定位。

与辩护律师的职责定位相联系，对于辩护活动价值取向的深层思考更具有现实意义。具体地讲，在“严打”和反腐败斗争中，辩护律师应当如何发挥作用？是强化辩护职能？还是弱化辩护职能？哪一种选择对加强法治更有利？这就涉及辩护活动的价值取向。针对“严打”和反腐败斗争的现实情况，如果通过适当地弱化辩护作用的方式，确实可以减少侦查和审判中的障碍，缓解很多矛盾。因为侦查、起诉和审判环节，也确实有很多困难，也有苦衷，而律师的吹毛求疵，也确实给这些工作形成了一定的障碍，这是一个很现实的问题。那么，究竟是应当强化辩护活动的作用？还是应当弱化辩护活动的作用？这就是辩护活动价值取向的选择问题。

简单地说，这种选择涉及的是深层次配合还是浅层次配合的问题。虽然我个人的观点很不成熟，但我还是主张以强化律师辩护职能的方式来选择一种深层次的配合，否则，眼前看起来似乎有利，但是长久下来会使辩护制度发生蜕变，会使法治建设受到挫折。律师辩护制度的设立就是基于以对抗和制约求公正的这样一种原则,只有这样做才能实现和体现司法公正。目前社会上对律师的评价和要求,或者过高,或者过低,以致连律师自身都无所适从,说到底还是对律师职责的定位没有搞清楚。事实上,律师既不是魔鬼,也不是天使;律师既不代表邪恶,也不能代表正义,律师的作用只是通过司法活动的整个过程来实现司法公正,并从而体现正义。它只是实现司法公正环节中的一个部分,但这个部分却不可缺少。所以,如果从深层次配合的角度来强化律师的作用,从长远的观点来看,我认为是正确的,但眼前的困难就比较多,同时也会增加侦查机关和司法机关工作的难度,这是一种矛盾。如何解决这种矛盾,只能由大家来进一步探讨。

中国律师刑事辩护的困惑与苦恼*

应松年(左一)、陈光中(左二)、江平(左三)、高铭暄(左四)、樊崇义(左五)等著名法学家与田文昌在京都刑辩研究中心成立仪式上。

一、刘涌案风波不止

主持人:我归纳了一下目前网友的问题。第一个是刘涌是否

---

* 载于2003年第9期《律师时代》。

该杀但没有杀，为什么？第二个就是我们二审做出的判决书判决理由不充分，对证据这一块没有合理的解释。第三个是说田老师是否利用了某些外在力量，比如说专家的力量，还有行政的力量。反过来我想说，我们应该有这样一个认识，就是我们今天所谈的不应该仅仅是刘涌案件，而应该跳出刘涌案件来思考更多的问题。现在有请田律师回答网友的提问！

田文昌:大家提的问题很多，也很具体。在回答这些问题之前，我首先要说面对近些天网民们的评论，我自己也陷入了困惑。困惑之处在于有些评论人提出的问题让我感到难以理解，对一些问题我有一种说不出的感觉。比如，在网友的评论当中我看到一个自称是中国政法大学的学生，还称我为老师。他谈了一大段话，其主要意思是说十年前听过我的课，听过我的讲座，听我介绍过我办的一些影响重大的案件，如控告禹作敏死罪变无罪，全国首例81名乘客诉航空公司误机索赔案，著名企业家商禄无罪辩护案等，那时候在其眼里我是充满正义的，是平民的律师，是为弱者打官司，大家都非常尊敬我，但是没有想到今天我却给黑社会老大辩护，大概意思就是说，到今天才真正认识了我的面目，说我是个地道的伪君子，我的正义是假的，我是虚伪的，他当初崇拜我。现在鄙视我，为我而感到羞耻……大意是这样。

这篇评论我看了好几遍，我想，如果他不是中国政法大学毕业的或者他不是学法律的，这种说法都可以理解；如果他真是中国政法大学的或者他真是学法律出身的。却这样看待问题，我的心情实在是起伏难平，问题不在于某一个具体案件本身，而在于从法治的层面上我们应当如何认识这个最简单的问题——律师为什么要为被告辩护？再进一步说，律师为坏人辩护是不是维护正义？在这个评论者的言语当中似乎是这样的：为弱者呐喊就是伸张正义，为正面人物辩护就是维护正义；相反，为强者辩护或者为坏人辩护，他就是破坏正义，他本身就变成了坏人。

主持人：很多网民都在问，您在刘涌案中是否充分地利用了专家的力量？

田文昌：我看到了这些说法，其实这是非常大的误解。比如说，我看到很多说专家论证意见起到了重要的或者决定性的作用，这完全是一种误解。首先大家不知道专家论证的意义是什么，律师在办理案件的时候，对复杂疑难的重大问题聘请专家来论证是寻求专家的指导，向专家求教的一种方式。我们律师有时候自己也能有论证。但是我们经过研究认为还有难度的时候，我们就请权威的专家来论证，这本来体现了律师认真负责的工作态度，并没有其他的含义，请专家帮助律师来分析案情。表明我们对当事人负责，对法律负责，至于专家的意见能否影响到法院的判决，我想专家意见既没有权威性，又没有证据的效果，它只是一种具有学术价值的意见而已，严格地说我们请专家论证是一种学术合作。

主持人：还有一个问题，网民提出，刘涌案是否充分地利用了某种行政干预的力量？

田文昌：我也看到了，这是更大的误解！我看到有些网上、媒体上有这样的说法。我在此之前，在报纸、杂志上曾发表过一些看法，其中就包括对行政干预的看法。我曾经谈到在我们国家有一个怪圈，人人反对行政干预，而当他处于无可奈何的时候也去寻求行政干预，这种现象很不正常，既是一种怪圈，也是一种悲哀。我说这些是想表达对行政干预的一种反对态度，可是我看有些人把我这个话宣传出来了，并且演绎成我在无奈时来寻求行政干预，就是我给这个写信，给那个告状等。我后来在接受采访当中讲过，整个办理案件的两审过程中，我只是尽到了一个律师应尽的职责，在法律程序内做了律师应该做的工作。

比如，通过调查取证，通过法庭的质证和辩论，通过在不同的程序当中向司法机关递交材料，这都是一个律师在法律程序应尽的一种义务，和行政干预完全是两回事，但是现在媒体拂沸扬扬，说我是在行政干预，说我利用了某种特权，甚至还把全国律协专业委员会主任这个身份搬出来了，谁不知道这个专业委员会的主任是什么，只是我们律师协会内部一个学术性的组织，他有什么权力呢？至于我个人其他方面就更没有权力了，教授？教授和官员完全是两个概念，也没有权力，所以这些误解导致了一些非议，我想和对其他问题的认识一样，都是建立在一个对基本情况缺乏了解的基础之上而产生的一个误会。

主持人：您本人也不能否认专业地位、专业影响、专业理论在这个案子当中确实发挥了作用。现在就刑事辩护来讲我们称呼您是中国刑事辩护第一人，而且您确实也是我们中华全国律师协会刑事委员会的主任委员，如果不是您做这个律师或者不是您从证据上做一些工作，包括专家论证等一些外围的工作，刘涌案会出现最终改判的结果吗？

田文昌：不能说不会出现。当然律师的水平高低，能力大小是有一定差别的，但是像这样一个案子不能说只有我到了就能够出现什么转机，其他律师就不会出现，现在这个问题不好说，因为这个案子有 22 个被告，30 个左右的律师出庭，大家都提出了同样的观点，可能从表达上，从深度上有所区别，但是其他律师的提法也是非常有力度的，问题在于不管什么样的律师，你所提出的问题有没有证据的支持，有没有法律做依据，这是最关键的问题。

主持人：你刚才说到证据，现在我们的网民实际上有不少意见，这些意见包括两个方面：一个是对法院；另一个是对律师，刚才讲的主要是对律师的意见，对法院提的意见就是说犯罪理由不清楚，也就是说刚才讲的这个证据，这里面最大一个证据就是刑讯逼供的问题，现在这个判决没有说明理由，排除他是否有刑讯逼供的行为，有的人就抓住这么一个说法，说如果没有理由排除那就意味着没有，这个怎么给我们网民解答一下？

田文昌：是这样，我刚才说了，对于法院的判决作为律师来讲不好评价，如果是学者还可以，但是从理解来讲我认为不管写得清楚与否，不能排除的，就是不能否认的，既然不能否认，再联系到其他的关于证据不稳定、不扎实的实际情况，按照法律的规定就不应该以这种口供定罪，这是一个很基本的原则。

主持人：我感觉很多人对法律存在很多误解。比如，实体正义问题，程序正义问题。我觉得大家这次关心的重点仅仅是实体正义，而没有关注程序正义。

田文昌：是的。实际上程序正义不仅仅是体现实体正义的一种手段，更主要是保障实体正义的重要手段；失去了程序的正义，实体的正义就容易受到歪曲，就可能受到破坏，这是一个很重要的问题。人们以为程序是个虚的东西，其实完全不是！程序的作用非常重要，所以说谈刘涌这个案子不应该是我们今天这个话题的主要目的，它仅仅是一个切入点。实际上是对于这个案子所引发的一种理念的讨论，它才更具有重要的意义。

二、充满辛酸与幽默的刑事辩护

主持人:其实在我们国家的法治传统当中,是宁可错杀不可错放,但是按照您刚才讲的这个,也就是说讲究一个程序正义的法治社会中应该是宁可错放不可错杀。

田文昌:英国的培根不是有一句名言吗?"一次不公正的裁判,其恶果甚至超过十次犯罪。因为犯罪虽是无视法律——好比污染了水流,而不公正的审判则毁坏法律——好比污染了水源。"错判一个无辜的人所破坏的是整个国家的法治。

主持人:是不是可以理解成在法治社会当中,这是我们必然要面临或者必然要付出的代价?

田文昌:是!这就是一个价值取向问题。两个代价,一个是法治化的建立,漏掉了一些罪犯;另一个就是冤枉了一些人。哪一个代价更大呢?

主持人:但是从这个观点来讲,我觉得目前我们的网民提出这么一个质疑也是正常的,因为我们大多数人现在还不习惯用这种价值观点去看待我们法治社会当中发生的一些纠纷、事情、现象。我刚才讲到了老师是传道者,实际上律师可能也是传道者,我们传什么道,就是程序正义,大家对这个案件有这么多的意见我觉得也是正常,我们也应该付出受到这种质疑的代价。

田文昌:是,这也是代价的一部分,就个人而言,这些问题都无所谓,我所担忧的并不是个人,而是国家的法治环境。我发现我们很多人在思考、看待问题的时候,忽略了一个最基本的前提:那就是站在一个基本事实的基础上去形成观点。如果对基本事实没有把握住或者对基本事实缺乏了解,在这种情况下你形成的观点就失去了前提,这是很重要的。当然由于前一段媒体的宣传,各方面的一些误解,所以使我们大家产生了一些不同的认识,这是很正常的,当了解了这些情况的时候,可能就不一样了。我举一个例子,三年前刚办这个案子的时候,有的媒体就编造出了我在法庭上的辩护词,说我在针对这起伤害致死案做辩护的时候,强词夺理地说:"被害人之所以死亡,是因为被害人的身体状况太差,如果他要像成龙那么健康就肯定死不了……"我们想一想,任何一个律师如果用这种理由在法庭上辩护的话,他都会遭到指责。我相信网民也好,任何一个老百姓也好,如果相信了这段辩护词就是我说的,他要不骂我,说明他没有思想,不骂我是不正常的。幸好在法庭审理时有录音、录像,否则又会是有口难辩了。所以宣传的真实性是非常重要的,在此我仅举此例,而类似的情况还有很多。

主持人:这是一个法律幽默,带一点辛酸的法律幽默。其实据我了解在您这么多年的职业生涯中代理了很多刑事案件,碰到的类似的法律幽默我记得应该还有不少,如去年好像有一个案件就存在这么一个律师集体退庭的事,这是不是可以理解为目前刑事辩护律师到底有多难,难到什么程度?

田文昌:2002 年发生了 11 个律师集体退庭的事件,为什么退庭?因为没有给律师发言的权利,严重地剥夺了律师的发言权,律师在无奈之下只好提出退庭。这又涉及另一个问题。我还看到有些网民说,你现在办案都是贪官的、黑社会的,你拿了很多钱,正因为他有钱你才给他辩护,孙志刚被打的时候你们到哪里去了?那些穷苦老百姓如果当了被告,你会帮他吗?其实这个问题用不着加以解释,只要翻翻有关杂志的报道就可以看到,我不仅给没钱的人打过官司,我还掏钱给人打过官司。就说我们集体退庭那个案件,我代理的被告家里边也没有钱,最后连给被告请医生的出诊费还是我出的。其实这样的事很多,我们的律师事务所,以及许多我们的律师都在做这样的事。还有,全国人大召开的关于孙志刚案件的专家研讨会就是在我们京都律师事务所举办的,我们全所都在关注这件事。

主持人:您是我们国家刑事辩护的品牌律师,也是大牌律师,那现在在您这个所或在您个人的业务当中,刑事案件在全部案件里面占到多大的比例?

田文昌:说句很实在的话,刑事案件是挣钱少、风险大、费力不讨好的案子,没有人愿意做。

主持人:但还不得不去做。

田文昌:还不得不做,所以我们也不是很愿意做刑事案件,我们所,包括我个人,刑事案和经济案的比例差不多是各一半左右。

三、律师不是天使,亦非魔鬼

主持人:我知道过两天田老师您将和一些美国的同行、英国的同行在一起研讨司法公正与辩护律师定位的关系,您对中国未来一段时间内,我们刑事辩护前景是怎么看?

田文昌:这个问题提的非常好。这个会的主题是我定的,这也是我一直在思考的问题。这么多年来对律师的职能定位问题就没有解决,这既是最基本的问题,也是最重要的问题,同时又是至今没有解决的问题,这一点是非常可悲的。我曾经讲过,律师既不是天使,也不是魔鬼,既不代表正义,也不代表邪恶,他的作用是通过参与司法活动的整体运作去实现和体现正义。我之所以提出这个问题就是因为过去公众对律师太缺乏了解，要么就捧上天，像我小的时候就只知道律师就是施洋，施洋才是律师，而施洋是什么人？是共产党人，工人领袖，律师的形象被树立得过高；要么就反过来将律师贬得太低，认为律师就是骗钱的，钻法律空子的，替坏人说话的，是坏人的帮凶，如此等等，在对律师产生两种极端认识的情况下，律师的职责定位已经被扭曲了，还怎么能够发挥它应有的作用呢?

近期所发生的一些事情使我进一步认识到研究这个课题的重要性，所以，我认为即将召开的律师职能定位与司法公正的国际研讨会意义非常重大。

主持人：您认为一个律师是开庭的时候起的作用大还是庭后起的作用大?

田文昌：其实这两个阶段有密切的关系，它体现的方式是相关联的，开庭的时候是把庭前的工作做一个总结，是庭前大量工作结晶的体现，但是如果没有庭前准备，这种结晶是不会出现的。

四、杂七杂八谈天论地

主持人：网友问田律师怎么看待死刑?

田文昌：简单地说，死刑问题是全世界争论的焦点，我的死刑观非常明确，第一，迟早要废除死刑；第二，我坚决主张废除死刑；第三，鉴于中国社会的现实，中国目前短时间内不可能全面废除死刑；第四，在当前应当尽可能地慎用死刑，减少死刑。提到死刑问题顺便说一句，不久前人民大学的赵秉志教授在一篇文章中主张经济犯罪废除死刑，立刻在网上遭到大规模的围剿，这个问题反映了中国公众的死刑观的现状，但是作为一个文明国家来讲，对一个法治社会来说，尽快地减少死刑直至废除死刑，是大势所趋，是不可逆转的。

主持人：还有一位网友问，"尊敬的田律师，我真心地希望知道您读哪些书？您觉得哪些杂志、刊物、书籍对我们律师的发展有益？"

田文昌：具体哪些书一下子不好说太多，可以给大家一个建议，多读点部门法的原理，而且还要读一点法理。我在给学生讲课的时候始终强调这样一种观点：背法条是非常简单的事情，我自己也不会背法条，只要把原理吃透，一切事情都会融会贯通，都会迎刃而解。至于法理学是法学最基础的理念问题，理念解决了更有助于我们去了解部门法的原理，这是我个人的一点体会。

主持人：您有座右铭吗？您的座右铭是什么？

田文昌：老老实实地做人，踏踏实实地做事，仅此而已。

主持人：您有没有过败诉？

田文昌：家常便饭。

主持人：您觉得受委屈吗，打赢了官司还被人骂？

田文昌：如果对这样的事情一点儿不觉得委屈的话，除非他不是人。

主持人：如果刘涌案败诉了您会难受吗？

田文昌：我曾经在许多年前讲过，律师不应当以成败论英雄，只应当看他是否充分尽到了自己的职责，因为律师没有权力决定成效，所以我同时还说过，律师赢要赢得光彩，输要输得潇洒。

主持人：如果碰到低素质的法官您怎么办？

田文昌：我无奈。

主持人：网友提问，如果我的案件请您做论证，作为专家您愿意参加吗？多少钱？

田文昌：如果我有时间可以参加，你不给我钱我也可以参加，如果你愿意给我钱我也不会拒绝。

五、于困惑中期待并幻想

主持人：最后再回答一个问题，这个问题分两部分来问，第一个问题是您已经做律师做到了很高的境界，请问您对未来还有什么规划和追求？第二个问题有很多年轻的律师，还有很多基层的律师特别希望听到您对他们的忠告、建议。

田文昌：我做律师到现在做得很累，但是也有一些欣慰。虽然很累，很艰难，甚至有很多困惑，我还是希望继续做下去。至于今后，我也许再多搞一点儿研究，有的时候免不了还要讲讲课，也许有那么一天有机会我也可能去办一所学校，如法学院、律师学院之类的。我这个人有时候愿意幻想，有时候幻想能够变成现实，在不能变成现实的时候幻想也很美好。

至于给年轻律师的忠告，很简单：我一向认为律师行业在中国是个新生事物，是个新的职业群体，荆棘很多，道路坎坷，但是前途是非常美好的。我们这一代的律师只能是铺路石，是拓荒者，对于拓荒者来说任务虽然艰巨，担子虽然沉重，可是他的荣誉感也是非常强的，挑战性也是很有诱惑力的。我确信，在未来的历史记录中，我们这一代的律师已经写下了抹不掉的一页，同时我也确信，律师行业是培养社会各种精英人才的基地和摇篮。作为一个年龄比较大的律师来讲，我没有更多的奢望，但是我希望，我也确信，年轻一代的律师只要他用心去做，就一定会成功。首先要学会做律师，其次要做一个好律师，最后他就可能变成一个政治家、企业家、社会活动家，甚至成为一个能够改变社会、改变历史命运的人。在不久的将来,当中国社会走到了真正法治化的时代,还会回想起我们这一代律师的作用与艰辛,那时候,我们将会感到无比的欣慰。谢谢大家!

误解、困惑、挫败感以及原则*

律师田文昌被称为“中国刑事辩护第一人”，他代理过的案子包括云南省原省长李嘉廷案、第二富豪杨斌案、华夏银行原行长段晓兴案……

但他的雅号并不总是如此正面，他曾经被人列为“中国四大腐败帮凶律师”之首，而另外三位都已经犯事进去了，唯独他至今活跃。

在他看来，“坏人包括贪官也需要公正的审判”是一个法律常

---

* 原文载于2009年4月29日《南方周末》，记者：孟登科。

识，但让普通民众理解并接受这一点却是何其艰难，“由此可见中国法治进程的艰辛”。

一、认罪的概率在减小

南方周末：这么些年来，“贪官”案件特征有无变化？

田文昌：日益呈现职务犯罪的特点，整体特点是贪官案件越来越多，越来越复杂，证据方面比较困难，定性难，争议多，干预也比较多。有时候同一个事实可以做出罪与非罪的不同判决，是非一念之间。另外，涉嫌犯罪的金额越来越大，官员的级别也越来越高，而更突出的情况是，由于被告人对指控异议较大，认罪的概率在减小。

南方周末：为什么会出现认罪率减小的趋势？

田文昌：原因不外乎两个方面，一是案情复杂，在如何定性问题上会出现分歧。例如，一些涉及国企改制的案子，在法律适用上时常会发生重大分歧，有时是涉及罪与非罪界限的；二是在程序上出问题，遭受违法取证的嫌疑人有抵触是正常的。所以，依法严格把握取证程序，提高指控的准确性，是值得高度重视的。

南方周末：律师的辩护会不会显得越来越形式化？

田文昌：不能绝对这样讲，但确有影响。涉及到贪腐官员的案子，更应慎重对待，必须严格依照法律程序办案。审判的公正性很重要，不公正的判决负面影响很大，损害司法机关形象，也损害国家利益。我印象最深刻的较早的案子是大兴安岭朱佩金和承德商禄的两件案子，最终委托人都被宣告无罪。这两个案子当时也有干预，律师能取胜的关键是坚忍不拔。

二、痛恨他、善待他

南方周末:有人说你为这些贪官辩护,是收了大钱,替人消灾的。

田文昌:我也听说过,说几百万上千万的收费都有,坦率地讲一句,从来没有过。

一般也就几万元几十万元,甚至不收钱的都有过。现在我在办一个厅局级干部的案子,收费3万元,你信吗?云南省原省长李嘉廷的案子,收费5万元,信吗?当然也不都是这么低,否则连律师所都维持不下去了。

南方周末:接这样的案子有什么标准?

田文昌:我更注重疑点较多的案子,我说的疑点,是指案件本身的疑点,如证据认定和定性依据等方面存在较多分歧与不确定性,这种案子办起来有研究价值。另一类就是具有典型性的案子,比如前几年我发现有几种金融诈骗罪在认定非法占有目的上有困难,以至于导致了定罪时分歧很大,我通过辩护提出了对此类犯罪增加过渡性罪名的立法建议。一些背景太深的案子不想接了,社保案也来找过我,我没接。

南方周末:如何选择为贪官实施无罪辩护还是减罪辩护?无罪辩护的成功率是不是更低?

田文昌:辩护目标不是随便选择的,只能根据案情确定。一定要明确,律师辩护的作用在于维护当事人的合法权益,而不能改变案件事实。至于成功率,现实中由于司法机关不愿承担办错案的责任,无罪辩护的难度相对会更大。

南方周末:贪官对你们是个什么态度?

田文昌:当官的人多数没把律师放在眼里,一旦被指控了,就重视律师了,会对你很客气,甚至很依赖。官员还不算严重的,有的大的企业老总更自我,甚至在看守所里指挥律师办案,我曾经辞退过一个。

南方周末:他们怎么确认你全力以赴了,与贪官之间的信任感容易达成吗?

田文昌:当事人不懂法律,常常会对其行为性质的法律认定弄不明白,甚至出现偏见。但通过反复讨论一般都能够统一,一个好的律师必须理解当事人,也要善待当事人。

办案时是否全力以赴,并不在于去做一些违法的动作或在法庭上故意夸大其词地去表演,有时候当事人会误认为那样做才是全力以赴,而有的律师也会投其所好。其实,那样做只能是害了当事人。所以,与当事人达成互相信任有时也不是很容易。至于更换律师的现象也很正常,本来就是一种双向选择。

三、输赢与救放

南方周末:你曾经说过律师不代表正义,委托人的利益才是第一位的。

田文昌:这是律师的基本行为准则,即便当职业道德与社会道德发生冲突的时候也还必须坚持这个原则。不代表正义,但不意味着律师不追求正义。我痛恨贪官,但个人感情和职业行为应区分开,律师的作用除了维护当事人的合法权益,还要通过行使职责证明法律的公正。一个罪大恶极的人经过律师的有力辩护后,仍被证明他是罪大恶极的,表面上看律师“输”了,但事实上律师仍然是成功的。因为律师用自己职责向社会证明了司法的公正性。

南方周末：那你是更希望赢了的成功还是输了的成功？

田文昌：从形式上看，赢了的成功是显而易见的，输了的成功则不见得会得到他人认同。所以，赢了的成功当然更有成就感。但我还是要强调，输赢的前提是事实和证据情况，不是随心所欲。

南方周末：社会对你这样为贪官辩护的律师是个什么态度？

田文昌：社会认可度有一定的偏离，有人把律师当成了过街老鼠，人人喊打，不分青红皂白。曾经有人写文章列举“四大腐败帮凶律师”，我排名第一，而且其他的三个都已经出事进去了，我还逍遥法外呢。怎么能说律师在帮助贪官腐败呢？他们是腐败后才找的律师。而且，在判决生效前，还不能确定他就一定是贪官。

南方周末：有没有过是真贪官，被律师给“救”出来了？

田文昌：即使有，这也不是律师“救”的，而是控方“放”的，只能说控方的指控缺乏说服力，因为律师的角色就是为当事人做无罪或罪轻辩护，而控方负有完全举证责任，如果你不能对他做出令人信服的有罪指控，当然就只能放人。

南方周末：作为一个痛恨贪官的个人，会不会有心理上的困惑？

田文昌：这种情况不好判断，因为在证据不足的情况下，究竟是真的无罪，还是有罪证据没有被发现，这不好妄下结论。如果确有这种情况，就个人而言我是会有困惑的。

南方周末：民意痛恨贪官，是不是司法也应有选择地满足民意呢？

田文昌：什么叫民意？法律从根本上体现的就是民意，民意如果跟法律不一致，要么就修改法律，法律是民意的固定化、稳定化。在理解民意的时候，应注意分清整体民意与部分人意愿的界限。我认为，尊重法律就是尊重民意。

四、主张充分的辩论气氛

南方周末：就你观察，控辩双方水平有差距吗？

田文昌：很多年前我就主张平和、主动、充分的法庭辩论气氛，但有时公诉人会带敌对的情绪，大声呵斥、不让被告人讲话，甚至不让律师发言。个别情况下也会有控方或法官不够理智，但最终尴尬的不是我，而是他们。现在这种情况已有很大好转。整体上，辩方的水平要高一些，但有一点，公诉人在法庭上的表现，有的时候未必反映他本人的意志，但是律师的辩护却可以发自本意，所以会发挥得更到位一些。

南方周末：这些年，贪官案件的审判有什么值得总结的司法意义？

田文昌：就法庭本身而言，庭审方式的改革，控辩双方水平的提高都会促使庭审水平的提高。但由于现在庭外因素的影响，会让人有严重的挫败感，很多律师都会有这种感觉。这种现象所带来的后果不只是伤害了律师，更重要的是损害了法治的公正性和社会的稳定性。

改变“念稿子”刑辩模式*

田文昌带领京都律师事务所律师在美国纽约大学法学院培训

被称为“中国刑辩第一人”的田文昌，至今执业超过25个年头。25年来他辩护过许多著名的案件，曾被誉为正义的化身，但也曾被蔑称“中国四大腐败帮凶律师之一”。

---

* 本文载于2011年4月25日《民主与法制时报》，记者：刘炜。

在4月17日的“刑辩密码”研讨会上，田文昌谈及刑辩业务近年来的弱势状况，认为扭转局面，已然需靠刑辩律师自身加强技能培训。

一、刑辩系低端业务需反驳

30多年以来，我们律师队伍发展迅速，开全国律师专业委员会主任联席会时，有领导提出，去年我们全国律师突破了20万大关，数量很可观。

可是，当前中国刑辩环境，不尽如人意，刑辩不仅一直不能提升，而且处于下降的趋势，勇于投身刑辩业务，而且能够坚持做刑辩业务的律师越来越少了。

刑辩业务是律师最传统的业务，同时也是一种高难度的业务。可是我经常听到一种流行的说法，动辄将刚刚出现的律师业务称为高端业务，相比之下，刑辩业务反倒成了低端业务。

我还经常听到一种说法，我们很多自认为大律师、名律师的人，在很多场合都说，我现在都不会做案子了。这还是一种很自豪的说法：我是大律师，就不会做案子了；亲自做案子的人，都是小律师。

我听了以后，觉得很悲哀，好像学者说我不会教书了，不会写论文了，律师都不会办案子了，还是律师吗？我从来不说这样的话，我不办案子就不是律师，这就是我的感触。

我在一些场和纠正过这些说法，这些完全都是误解，难度最高的刑辩业务，眼下变成了低端业务，被人家瞧不起的业务，我希望在座的律师们应该利用各种机会反驳和纠正。

二、控辩关系的三阶段

我个人总结，我们国家30多年来，控辩双方的关系经历了三个阶段。

第一阶段，20世纪80年代到90年代初期，刚刚恢复律师制度的时候，律师协助法官和检察官办案。律师根本没有独立的思考和独立的立场，所以控辩双方的关系是形式上的对立，实质上的配合，不是真的对抗。

第二阶段，是20世纪90年代后，律师体制改变，律师事务所从国有变成了私有，律师走向民间化，向私权利方向发展。结果是走极端，矫枉过正。控辩双方变成了冲突性对抗，法庭内外，激烈对抗，甚至互相仇视。这是一种非理性的冲突性对抗阶段。

第三阶段，随着对控辩双方职责定位的正确引导，对诉讼程序认识的加深，现在可以说是开始走向正常——理性对抗。真正的控辩双方关系，应该是理性化的对抗，在各司其职的同时，能够理性的表达自己的观点。我们在这种气氛、风格下各自表达自己的意见，给予法庭的最后裁决创造一个条件，创造一个兼听则明的基础。

三、技能培训缺失

可是，由于我们的培训、基本训练太过缺乏，我们律师的能力、技巧也比较缺乏。我们的培训，到今天为止，还停留在教授讲课的单一方式上。

记得在1996年《刑事诉讼法》修改的时候，在司法部办的刑辩律师高级培训班上，我就讲过这样的事情，我跟我们司法部的领导提过，我说讲课是非常必要，但是更需要技能培训。当时领导说，你来培训吧，我非常为难地苦笑了一下，谁给我培训过呢？最早我还在中国政法大学的时候，跟刘文元律师一起，都是“摸”着干的。当法官没有人教，当律师更没有人教，都是“摸”出来干的，我说我“摸”出来的（方法）对不对还不知道，怎么能培训别人呢？

这几年来，我们下了很多的工夫，和美国、加拿大等国合作搞培训，我也亲自接受培训，我深受启发。这样的培训并不是很难，就像业余的运动员和专业的运动员差别一样。我们有一些人的潜质很好，素质非常高，但是由于动作不规范，拿不了金牌，一旦动作纠正好了，就可以拿金牌，可以拿银牌。

我在美国培训的时候，跟他们争论过，他们说，我们给你们的老律师培训，你们是不是不理解西方怎么样怎么样。我说不会，我说我们中国不乏一批素质很好的选手，他们一旦动作规范了以后，一定会冲到最前端，不是说他们不行，只不过他们需要接受正规的训练而已。

后来的事实证明，我这种说法是对的。在一些基本的要做的培训当中，其实我们在座的每个人可能都做过，但是我们没有归纳、总结和提升，我们不知道动作规范的要领在什么地方。

四、“各自掏出写好的稿子在念”

比方说，我们法庭讯问的能力普遍是比较差的，包括我在内。前几年有一个模拟法庭的项目，一队是香港特别行政区的律师、法官、检察官；另一队是内地的律师、法官和检察官，庭审完，让我去评论。

我做了一个很有感慨的评论：香港的法庭是打破砂锅问到底，在交叉讯问当中，每一个听众听得非常清楚，最后总结陈词的时候，三言五语就完了；我们的法庭完全不一样，无话可说，问来问去都是自问自答，最后长篇大论，控辩双方各自掏出写好的稿子在念。

香港特别行政区的法庭是以问为主，我们是以论为主，人家是交叉讯问，我们是自说自话，自问自答，根本就交叉不起来。是我们水平不高吗？不是，我们没有那个环境，我们法庭有几个机会让你交叉讯问的？既没有这个培训，也没有这种锻炼，这是我们非常缺乏的。

在培训当中，我们发现很多问题，比如说，一句话只问一个问题，为什么？因为这样回答的明白，听的也清楚。我们经常是一大串问题问出来了，问完以后自己都忘了问的是什么，被问的人更是没有办法回答。

在培训中，（有这样一幕）拿出一支笔，举了一下，扔在桌子上，对这个动作，要提出 20 多个问题，拆分提问。后来我问，为什么拆分提问？其实就是要把凡是你能想到的问题都问到，不能再分，问完以后，不会再有任何变化，任何细微的空子都钻不了。

在没有影像记录的情况下，通过你拆的非常细的讯问后，相当于一个现场再现，通过语言的表达，把现场的动作能够再现出来。当你这样技巧性地问完问题以后，这个问题完全固定了，不能再篡改了。

中国刑辩的困境与突破*

NATIONAL ASSOCIATION OF CRIMINAL DEFENSE LAWYERS

Certificate of Membership

is hereby presented to

Tian Wen Chang

in recognition of having exhibited a professional concern
for the Association's objectives and the cause of due process

November 2002

President

Executive Director

"LIBERTY'S LAST CHAMPION"

美国刑事辩护律师协会授予田文昌终身荣誉会员证书

北京京都律师事务所的大律师田文昌很忙，北京大学著名法学家陈瑞华教授也不例外。

可是这么忙的两个人，竟然拿出三天两夜零六个小时，接受

---

* 载于2012年9月6日《法制周末》。

北京大学出版社的邀请,只做一件事——聊中国的刑事辩护。这一聊,就聊出了一本书,《刑事辩护的中国经验》。法治周末记者就这本书和书中问题采访了田文昌和陈瑞华。

一、中国刑辩的风雨历程

这次交谈,陈瑞华和田文昌都提到一个词来对记者形容自己进行这次对话的缘起——那就是“早已有之”。

在田文昌的眼中,期待很长,历史很短。

中国刑辩历史太短暂,到今年才百年,可以说只是一个起步阶段,田文昌说。

孙中山革命成功,律师才开始在中国出现。到袁世凯上台之后,才正式颁布了《律师条例》。但随后几十年,中国内忧外患,律师制度的完善无暇顾及,虽然曾经出现了施洋、史良等几位大律师,但放到历史进程中依然为数太少。

新中国成立后,旧法统全部被废除。1954 年重新组建律师制度,却仅仅 3 年再度受挫。那个时候所提出的“律师为坏人辩护,所以律师不是好人”的理由,至今余波犹在。

1979 年,中断数十年的律师制度再次恢复。但这一阶段早期,律师职责被理解为协助司法机关办案。田文昌认为,这是对律师的职责定位的错误认识。

田文昌认为,在中国几千年文明史中,律师制度的历史只有 100 年,而真正得以正常发展的时间却只有 30 余年。中国律师历史这么短,所以刑辩的很多困境可想而知。

“律师由刑辩而起,刑事辩护涉及的问题最尖锐,保障的权利也最为重要,早期的律师就是刑辩律师”,田文昌说。因此只有这么短的历史,他认为看似百年的中国律师制度并未能算作真正实施起来。虽然现今律师业务已经大规模拓展到民事诉讼和非诉讼领域,但这反而使得这30多年刑事辩护之难更加突出。田文昌靠在椅背上,面色凝重。

作为刑辩名家,田文昌有许多的感慨和经验。早就有出版社邀他写一部关于刑辩经验的专著,但由于太忙,他一直无法应允。盛情之下,他期待可以有一个机会,用对话、采访的方式来把他的经验和技巧"启发"出来。

基于对刑辩多年来状况的了解,陈瑞华3年前就萌发了想要与知名的刑辩律师谈谈刑辩的问题、交流经验并提炼总结的想法。

作为刑事诉讼法的专家,陈瑞华与刑辩律师的联系颇多。陈瑞华告诉法治周末记者,迄今为止,除了西藏、宁夏和青海,他已经给其他省份的律协都讲过课,各地律师界的会议、活动、论坛,更是经常有他的身影。被邀请参加律协的研究项目,也是他日常研究的一部分。所以,对于刑辩的困境和现状,他并不陌生。

多年来与辩护律师的接触,更让他坚信:没有律师的参与,就没有辩护,被告人和嫌疑人就处于任人宰割的地位;没有律师的参与,所有的司法改革最终都将流于形式,甚至沦为公权力与公权力的再分配而已。

因此,陈瑞华直言,之所以会有本书中与刑辩大律师田文昌的对话,他就是希望一来借此充分暴露刑事辩护的问题和困境,引起立法者和司法机关的注意;二来他希望通过一位成功的刑事辩护律师的经历,将中国刑辩30年的独特的经验和技巧加以总结。

“上升到理论的概括可以将经验一般化、规律化，便于更广泛地传播，帮助更多的人看清在中国，什么样的辩护容易取得成功。把它总结出来，以此帮助年轻律师少走些弯路，激励更多的年轻律师从事刑事辩护。我觉得这是学者责无旁贷的责任！”陈瑞华说。

二、刑辩现状之痛

刑事辩护在中国一直受到广泛的关注，如今却后继乏人。刑辩被反复提及的困难已经严重损及新律师从事刑辩的热情，对于刑辩的发展形成了釜底抽薪之势。

田文昌对法治周末记者说，“风险大、收入少、作用小”，已经成为刑事辩护所面临的严峻问题。而在这其中，赚钱不是最重要的，“风险大”与“作用小”尤其让田文昌感受到切身之痛。

田文昌毫不讳言，中国的司法事实上总是受到某些不当的权力干预，这种影响甚至涉及社会各个层面。律师形象经常被妖魔化。他自己就因为在涉黑案件中担任辩护律师而被一些人称为“四大腐败帮凶”。尽管他可以在给学生讲课时以此当作笑话，但是他认为律师被妖魔化其实体现出法治环境的某种扭曲，因为“律师的境遇是法治环境的晴雨表”。

田文昌说，社会上大多数人都在反对司法中的权力干预，可是涉及自己却又往往不相信司法反而去寻求权力干预，形成了一个怪圈。所以，这是整个社会的问题。

陈瑞华在书中也提到，有一年他在伦敦参加中欧人权和司法的一个研讨会，中国《刑法》第 306 条全部内容赫然被主办方用英文写到了大屏幕上，并被认为是中国律师职业环境恶化的标志。

但这一问题至今没有得到解决。

在这之外，田文昌说，更可怕的是，刑辩律师的作用因此受到了很大限制，做辩护没有价值感。辛苦奔波、战胜困难之后你却连价值感都没有，自然有很多人不愿做刑辩律师。有人认为律师只认钱。其实，对于律师群体而言，职业的价值感远比金钱更重要。经商比做律师更能赚钱，如果一个律师只认金钱而无视自己的职业价值，他完全可以转行去经商的。实际上也有人已经这样做了。

陈瑞华也坦承，即便新《刑事诉讼法》颁布后，当前刑事辩护制度依然有不尽如人意之处：

首先，大背景下，司法体制改革没有完成。司法体制没有重大变化，导致一系列问题都不是刑事诉讼法单独能够解决的。此次修改反映强烈的法院组织问题、会见问题，背后都涉及到更为本质的审判独立的保障、侦查权与羁押权分离等问题，非刑诉法自身可以解决。

其次，诉讼构造问题没有解决。侦查起诉阶段控辩之间依然缺乏中立第三方的诉讼参与，而只有两方的结构。陈瑞华称之为行政化构造而非诉讼构造。

再次，这样的构造导致司法救济未能产生根本变化。大量的侦查起诉阶段的辩护权利一旦受到侵害，实体上难以宣告无效，程序上难以获得法院的审查，沦为了不可救济的权利。

最后，立法中出现了大量授权性条款，却缺乏控权性条款。技术侦查权等大量权力交由侦检机关裁量，使得刑诉法沦为了帮助行使国家权力的法律而非控制国家权力的法律。

陈瑞华明确指出，正是因为这四大问题未能解决，使得已有的辩护权受到冲击、流于形式、形同具文。辩护权受到侵犯也无处获得有效的救济。更可怕的是,在这样的前提下,辩护权的扩大反而意味着职业风险的产生。

与此相应的是,现实中刑辩律师的辩护往往更多地借助学者和媒体的力量而非基于法律自身。

对此,田文昌和陈瑞华一致认为。在正常的法治环境下,这是一种不正常的现象。田文昌认为在不够正常的司法环境下去做正常的诉讼是很困难的,所以为了实现正当的诉求,有时候这也是不得已而为之,并且认为不应当就此指责媒体。

“媒体不能代表司法和参与审判,但媒体就是看着你,你出错媒体就要说。你心里没鬼,就不怕媒体。因为媒体不能参与司法,它只是观察。司法机关应当心有定力。”田文昌表示。“如果真的让媒体噤声,虽有一定的好处,但那就没人监督了。”田文昌强调:“一个领域自认自己是最正义、最公正的,这是不现实的。”

中国刑辩律师从来没有停止过自救,但是仅靠律师自己,救不了自己,这是一个法治大环境的问题,田文昌说。

但是陈瑞华表示他对此有另一种看法:“律师要走专业主义的辩护道路。无论是政治问题、宗教问题还是社会问题,律师都要把它转化成法律问题,进而找到每个案件的‘辩点’。”

“我之所以参与这个对话,就是希望探索在不那么尽如人意的环境下如何去辩护,或者说,正常的辩护到底有没有空间。我觉得,有空间。”陈瑞华对法治周末记者说。

三、靠智慧突出重围

陈瑞华的心目中,律师应该是最冷静且睿智的人群。所以,他主张律师应该善于观察并运用新刑诉法所提供的机遇:律师介入刑事诉讼的空间大幅度扩大了。

在侦查阶段、审查批捕阶段、审查起诉阶段,律师都可以介入。律师意见可以,甚至带有强制性的要求侦检机关听取,乃至载入案卷笔录,为律师进行无罪辩护和程序辩护拓展了广大的空间。考虑到中国国情,辩护的进行都是宜早不宜迟。有经验的律师都明白。

在新建立的庭前会议制度中,律师可以申请回避、申请证人出庭、确定普通程序和简易程序、申请排除非法证据等,进行诸多程序辩护。

证人、鉴定人、专家证人出庭制度的建立,显然对辩护方有利。陈瑞华指出,中国刑事辩护的一大特点就是“以子之矛攻子之盾”,用公诉方案卷材料中证据的漏洞和不足来论述控诉方证据体系的不足。据陈瑞华了解,实践中也已经有很多律师依靠专家证人取得了辩护成功。

二审开庭的范围扩大,使得律师获得了更多法庭辩论的机会;而死刑复核程序必须听取律师辩护意见,使得律师们在死刑复核阶段甚至连向谁提出辩护意见都不知道的困境得到根本改变。但陈瑞华同时表示,刑诉法赋予的权利再多,也只是提供了一台精妙的武器,更重要的,是律师们应该学会去操作它。

他建议律师们要大胆、勇敢运用非法证据排除规则、证人出庭制度等新武器,因为任何新的制度都需要有人在实践中去启用和激活,否则,法律也只是个美丽的承诺。

陈瑞华尤其重点强调的是,勇气之外,律师还要有智慧,善于做法官的对话者和协商者,而不是激怒法官、对抗法官,甚至把法官逼入墙角。

专业主义辩护的一个特点就是说服法官接受你的观点,所以法官应当是律师的对话者甚至是一定程度上的同盟军。田文昌也表达了一致的观点:律师,应当是法官的助手和朋友。

田文昌在加拿大的一次经历让他印象深刻。田文昌问加拿大大法官,在中国,我们的法官都是分庭的,各有专长。而加拿大九位大法官审理各种类型的案件,九位大法官的专业也各不相同,那对于案件中的各类专业问题如何把握呢?

大法官回答说,这个问题问得好。我们依靠的是律师,虽然我们不是各类专业问题的专家,但双方律师都是专家,通过他们的举证和论证,我们就可以把案情判断清楚。这个回答很中肯,法官与律师是相互依存的。

但令田文昌非常遗憾的是,国内的律师和法官往往会处于对立。这样一种不正常的状态,田文昌认为这一方面是由于法官的职责定位不清,容易与律师形成对立;另一方面更重要的是审判不够独立,存在过多法外因素的干扰。法庭审理前案件已经有了结论,结果律师的辩护自然变成了既定结论的障碍。

田文昌感慨万分地说:“其实,哪个律师也不愿意跟法官过不去,除非他脑子有毛病。但是‘剃头挑子一头热’是没有意义的,双方都要摆正位置才行。”

陈瑞华也认可国内确实有一些法官由于种种原因不够公正。但说所有法官都不公正是不符合事实的;另外,陈瑞华认为与法官对立也、并非解决之道。

“就像今年的伦敦奥运,有些裁判不公,有些中国运动员受到了不公正的对待。面对不公正的境遇,你要当场对抗裁判吗?恐怕只会招致更严厉的处罚。唯一的救济途径是遵循游戏规则，申请裁判重新考虑，或者向更权威的裁判委员会提出申诉。这与尊重法官的道理不都一样吗?”陈瑞华说。

所以，陈瑞华认为对此可以换一种思路：

首先，在不侮辱、不贬低、不激怒法官这一前提下，要据理力争，也可以向上级法院上诉或申诉。但如果法官不公正，就以牙还牙，你可以泄一时之愤，可你的当事人怎么办呢？陈瑞华问。

其次，律师应该摆正自己的位置，找准、找全、找对案件的“辩点”，与法官多采用协商和对话的方式，而不是过度强调对抗。

陈瑞华认为，中国律师在刑事辩护中其实创造出了不少成功的经验。例如，在程序性辩护中，律师既要论证侦查行为的非法性以及被告人权利受到侵犯的情况，也需要论证控方非法证据的虚假性和不可靠性，论证法院采纳此类证据容易导致冤假错案。这样的辩护可能更容易为法官所接受。又如，在鉴定意见几乎为刑事追诉机构完全垄断的背景下，律师既无法委托本方的鉴定人，也难以说服法官重新鉴定或者补充鉴定。但是，律师完全可以借助于专家的力量，对控方的鉴定意见发表专家意见，对那些错误的、违法的或者不规范的鉴定意见，进行有效的质证。这种借助于专家的智慧来“攻击”控方鉴定意见的辩护方式，不失为一种可以尝试的辩护经验。再如，遇有一些明显不公正的起诉或者裁判结果，律师可以借助于法院的判决书、法官的论著等来发表辩护意见，与法官进行法律人之间的对话。包括最高人民法院作出的裁判文书、最高人民法院公报刊登的案例以及最高人民法院法官对有关法律问题的理论见解等，都可以成为律师援引的辩护依据……对于这些辩护经验，对话录都作出了总结和提炼。

陈瑞华多年来一直认为，刑事辩护的希望在于年轻的律师。他们普遍学历较高、通过了司法考试、拥有较高的法律素养、潜力无穷。刑事辩护本身就是一个为权利而斗争的事业，他希望年轻的律师一定要有正义感和悲天悯人的情怀，走专业主义的辩护道路。

努力加快律师制度发展的历史进程*

我重点讲一讲中国律师百年历史中的最后一个阶段，也是最需要讲的一个阶段，就是 1979 年以后恢复律师制度这三十几年的状况。

在中国律师制度一百年的历史中，在不同的历史时期，各有不同的历史作用。但是这最后一个阶段，可以说中国百年律师制度历史中，我们最值得研究，最值得反思，也是最值得憧憬的一个时期。我想在这个阶段中，迄今为止，最应当说清楚，同时也是人们最不清楚的一个问题，就是律师的职责定位问题。这么多年来我一直在思考、呼吁、呐喊律师职责定位的问题。将近二十年前，接受中央电视台采访时，我就曾经呼吁要提出一个公开讨论的题目，研究一下律师究竟是个什么东西。可是，到今天为止，律师究竟是个什么东西，还没有彻底搞清楚，这是我们最困惑的问题。

从我们新中国成立初期第一次组建律师制度，从张思之老先生那个时候开始，直到现在，究竟律师是做什么的，律师的职责定

---

* 载于 2013 年 4 月 15 日《广西专业律师网》。

位还没有搞清楚。江平老师说:“律师兴则国家兴。”那么中国律师到现在究竟经历过什么样的状况,很多人还是搞不清楚。当然,可以说对律师基本职责定位的认识经过这三十几年的研究、论证、呼吁、呐喊,比以前是有了很大的提升,但是在一些具体问题上仍然搞不清楚。比如说我曾经多次说过“律师不是天使,也不是魔鬼”这个观点。有几次会上我就受到过别人的批判,在一次开会发言时,我说我说的观点可能会有人不同意,甚至律师界同行也有人会反对。我话音刚落,就有两位律师站起来义正词严地批判我,说你不代表正义,我们代表正义,你不要低估诬蔑我们的律师。我无奈地问了他一句:“代表正义和追求正义是不是一回事?”我从来没有说律师不追求正义,我们的律师为了正义呐喊、呼唤,甚至付出了自己自由的代价。但是你能代表正义吗?谁能代表正义?这些问题没有搞清楚。

还有,我在法庭上好几次遇见过这样的场景:在法庭上被告人坚决不认罪,不承认犯罪的基本事实。我们的律师却坚持做有罪的罪轻辩护,两个人吵起来了。律师则振振有词地说:“我依法独立行使辩护权。”我们大家想想,什么叫依法独立行使辩护权?为了这个问题,我到美国、欧洲做了详细的考察,翻阅了大量资料,律师独立行使辩护权的真正含义是什么?是独立于法律之外和当事人意志之外的其他一系列案外因素的干扰,如行政权力的干预,如金钱的诱惑等。而我们却把律师独立行使辩护权理解为律师独立于当事人的意志行使辩护权。这些基本问题我们并没有搞清楚。

再如,关于辩方证据合法性的问题,我是1980年的刑法硕士研究生,从1980年我接触法律开始到今天为止,我们学到的刑诉法理论都是刑事证据有三性,即客观性、关联性、合法性。我们在法庭上经常遇到公诉方质问,你辩方的这个证据来源说不清楚,来源有问题,不合法,不能采信,法庭也予以支持。到今天为止,没有人把辩方证据与控方证据合法性的问题加以区分。我后来举了一个例子,我说如果由于律师在迫不得已的情况下,或者在他主观意识的支持下,不管什么情况,他违法收集来的证据确实是真实可信,证明被告人是无罪的,难道一个法官可以仅仅由于他的证据来源的非法而仍然判定被告人有罪吗?只是因为证明他不是个杀人犯的证据来源不合法,不清楚,而照样把他作为杀人犯杀掉吗?这显然是不可能的。那么,为什么理论上没解决?当我提出这个问题的时候,到今天为止还很多人是反对的,在刑诉理论界也是有人反对的,他们认为不管控方、辨方证据都得有合法性,没有合法性的证据就应当排除。遗憾的是,我们控方那么多不合法的证据都没有排除,而却提出把辩方不合法的证据要排除。说到底,这是涉及诉讼理念的问题。

我查阅了外国的规定,如美国、欧洲的有关规定,其实早就很明确地规定,排除非法证据的范围不包括辩方的证据。它是对公权力的一种限制。说到这里,还有一个重要的问题,就是我们对公权力、私权利的区分始终没有搞清楚,把律师的私权利和公权力混为一谈,这也是这么多年来把律师一直当作一个异己力量加以看待的原因之一。

我参加过一个关于刑事和解问题的研讨会。第一,参加研讨会的律师只有我一个人;第二,在我之前发言的所有人把刑事和解的责任都放在公、检、法三机关上,没有一个人提到律师。后来我发言时我说你们犯了一个巨大的错误,刑事和解制度是私权利与公权力的结合。公、检、法三机关能主动地劝人和解吗？你只能支持包容他去和解，你可以去主持和解，但你不能主动劝他们去和解。恰恰在刑事和解这个制度中，起主导作用的应当是律师，为什么没有想到律师？因为还是把律师当成异己分子，没有把律师当成一种可以利用的正面力量。光说律师到处挑事，律师平事的作用为什么没有看到？其实，律师主要的职能是化解矛盾，是解决矛盾，律师参与诉讼的过程也是在解决矛盾。

我在全国律协开会的时候我又提到一个问题，全国律协有22个专业委员会，在专业委员会主任会议上，我又提出了一个有些人不爱听的问题，为什么？我们很多律师在很多场合高谈阔论，自称所从事的是高端律师业务。什么叫高端业务？什么证券业务、什么IT业务、什么非诉业务……弄了半天，刑事业务倒成了低端业务。你要说是个新型业务也可以，你是为高端产业服务的业务也可以，人家高端，你怎么就高端了？远的不说，只说近代几百年的律师业务，应该说真正高端的是刑事业务，因为它涉及的权利价值更重要，难度也更大。但我们做刑事辩护的律师从来也没把自己说成是高端业务。这个事看来不大，但这种现象说明，连律师界自身对于律师职责定位的认识也有误区，还是没把律师的职责定位弄清楚。

由于时间关系，我不多讲，但是我想强调一个问题，律师制度本身和法治大环境是密切相连的。现在出现这么多问题，怎么办？我曾经思考过恢复律师制度三十几年来的状况，前二十几年律师制度发展得突飞猛进，举世瞩目，我们每个人都为之自豪，为之鼓舞。

由于某种特殊的原因，法治的春天可能会提前到来。今天我似乎看到了希望。但是希望能有多大？前进的步伐会有多快？我们只能是看发展。但是我要说一句话，不管希望大小，历史必然是向前发展的，任何落后的力量都是阻挡不住的。但是还有一条，历史发展的必然性和偶然性是相结合的。历史必然发展，但如果消极地等待发展，时日就会很漫长。如果我们大家都积极努力去争取，充分利用一些偶然性的因素，就可以加速历史的发展进程。我希望我们大家共同努力来做到这一点，谢谢！

2016 年 9 月 15 日，美国联邦最高法院大法官塞缪尔·阿利托到访京都律师事务所时与该所部分合伙人律师合影。

肆

律师业

企业改制需要律师服务*

——人民日报《朋友信箱》答疑

企业改制怎样避免法律麻烦?

目前很多企业正在积极地进行比较系统的改革,我们这里的很多公司也不例外。但具体的操作过程中,经常遇到一些令人头痛的法律问题,企业领导时常感到焦头烂额,穷于应付。为了避免今后不必要的麻烦,使企业的各项工作顺利进行,我们很想委托有经验的律师为我们提供全方位的服务,不知道现在的律师事务所在非诉讼领域都可以提供哪些服务?

何黎阳

何黎阳同志:

你提的问题很有现实意义。党的“十五大”以后,无论是国有企业还是民营企业都不同程度地面临着改制的问题。如何为企业的体制改革提供更系统、更全面、更有效、更主动的法律服务,已经成为法律界关注的主要问题。据我所知,很多律师事务所已

---

* 载于1998年9月16日《人民日报》。

经在非诉领域不断进行拓展。很多企业也主动招标聘请律师，帮助企业进行改制工作；也有很多律师事务所主动给企业发函，申请介入改制工作。随着企业改制工作的推进，法律的服务也势必进一步加强。

律师为企业改制提供的服务有很多方式，我们提倡早期介入。律师早期介入企业改制工作，将会使企业改制从一开始就在法律的规范指导和约束下有序地进行。企业在准备进行改制时，就请律师进行分析、把关、策划，对于企业的健康发展十分有利。在我国由于法律的不完善和某些企业法律意识的淡薄，更由于我国对于企业产权的界定不是很明晰，无论进行兼并、重新组合还是并购时，常有不规范的运作，有的企业有故意规避法律甚至违背法律的地方，这既影响企业今后的发展，也有可能造成国有资产的流失，留下很多的后患，很多地方已经开始注意与法律专家、律师合作，以期为企业改制提出更多建设性的意见和可行性措施。1998 年上半年，外经贸部与全国律师协会共同举办了外经贸部改制培训班。青海省外贸厅 1998 年准备让 20 家企业进行改制，我们律师事务所承担了为这些企业提供法律服务的工作。从一开始制定改制方案、设立筹委会，到审查各类文件、起草各种合同和法律文书，我们和企业合作非常成功。由于工作做得比较细致、规范，企业的改制工作进行得也非常顺利。事实证明，律师的早期介入比半截子插进去效果要好得多。

企业改制需要律师提供全面的、系统的法律服务。企业改制是一个非常复杂的系统过程，涉及法律、财务、资产评估等多项专业化的服务。通常情况下，这些专业机构是分别、单独地介入企业的改制工作的，如果使这些机构联合起来，组成一个系统、完整的服务网络，提供一种相对规范的模式，无疑将大大提高企业改制的效率。一般来讲，企业不可能对各种服务机构的信誉有完全可靠的把握，如果顾此失彼，就可能在一些没有注意到的环节上大意失荆州。随着律师介入非诉讼领域，一家律师事务所只有同时通过产权界定业务资格、股改业务资格、税务代理资格、专利代理业务资格的认定，才有可能胜任为企业提供法律服务的工作，一个合格的律师取得了从事会计师、审计师工作的资格认证，才能游刃有余地为企业提供细致、方便的服务。

在目前的宏观经济形势下，企业改制是大势所趋。资产的重组、各种资源的重新配置都涉及产权的界定，企业的收购、兼并、融资、风险投资也离不开法律的介入。企业是被动地接受法律的监督，还是主动地用法律进行自我规范、寻求法律的支持和帮助，是一个企业成熟与否的标志之一。像联想等成熟发展的高科技企业，在成立之初，就请律师介入，尽可能充分合理地运用国际通行的一些关于风险投资的规则，成功地进行贷款、筹措资金。目

前很多的企业在改制过程中还没有意识到需要法律服务的迫切性，这是颇值得忧虑的。

很久以来，我国经济改革中的一些深层次的问题总是由经济学家率先提出并引起全社会的讨论，如承包、股份、租赁、产权等名词在经济学家的文章中出现的频率远远多于法学家，其实这些名词和法律的关系同样密切。法律界有责任加强对市场经济中的法律的研究，在理论上对一些重大的概念作出合理科学的界定。可以说企业改制为律师们更直接地服务于经济提供了良好的机会。

律师维权如何变“被动”为“主动”*

田文昌、杨照东、杨大民律师与美国纽约大学教授科恩

律师制度作为法治天平上的一个砝码，它的存在确保了法律实施的公平与公正，随着中国依法治国方略的逐步深入，中国民主法治进程的加快，律师队伍出现迅速膨胀的势头。但与此同时，律师合法权益屡屡被侵犯，维权的呼声一阵急过一阵，但被侵权案例的发生却呈上升势头。如何看待这些现象，记者走访了全

---

* 载于2000年第9期《中国律师》。

国律协刑事业务委员会主任、北京市京都律师事务所主任田文昌。

记者:综观世界具有律师制度的国家,成立专门机构维护律师合法执业权,似乎是罕见的,但在中国各级律师协会都设有这样的专门机构,每年都有多起侵犯律师合法权益的案件发生,这是为什么?

田文昌:毋庸置疑,在律师管理机构中专门成立"维权委员会",确实是具有中国特色的现象。这种特色的形成,具有中国独特的政治、历史原因。

中国历史虽然久远,但律师辩护制度却非常短暂。在漫长发达的中国封建社会中,中国出现过"讼师"或"状师",一方面,由于在司法体系中没有辩护人和代理人的权利和地位,这些人无法在庭审中发挥作用;另一方面,由于封建统治者担心这些人的活动会动摇统治秩序,对"讼师"的活动也严加提防和限制。"讼师"的活动长期以来仅限于为人们代写文书的范围之内。"讼师"在司法系统中不仅没有堂堂正正的合法地位,而且其职业性质也与律师具有本质上的差别。辛亥革命以后,中国虽然形式上实行了律师制度,但由于社会政治腐败、加上经久战乱,根本不存在民主与法治的社会环境,这种社会环境中形成的律师制度也只能是残缺不全的。新中国成立以后,全面学习并接受了苏联的立法与司法模式,并且坚持实行律师制度(主要是辩护律师制度),同时培养了一批法律人才。但在1957年反"右派"斗争之后,受法律虚无主义的影响,在"法治"思想遭到全面否定的同时,律师制度便夭折了。直到1979年,才开始创立与现代法治社会相协调的日趋完善的律师制度。从历史的角度来看,中国律师制度无法与欧洲几百年,上千年的历史相比,几乎是一个崭新的事物。

几千年的封建社会封建专制根深蒂固,社会各阶层的人们对律师的作用认识非常模糊,几乎没有印象,新中国成立以后,我们多年实行计划经济,与之相适应的是无产阶级专政,根本就不需要律师,也不存在律师的地位、作用之说。正因如此,大多数人对律师的认识都来自教科书和荧幕上的施洋等反对国民党专制的革命者。他们既是律师又是工人领袖,这些人就是中国大部分人心目中延续至今的律师形象。他和清贫、高尚、舍生取义的革命家、工运领袖几乎是同义语。这样过高的定位与现代法治社会中的律师角色不仅反差过大,而且发生了位移。在今天,律师在社会中只是法律天平上的一个砝码,对天平只起到辅助的作用。律师是为社会提供有偿法律服务的法律工作者(法律援助除外),而不是正义的化身。一方面,社会各界中的许多人对律师的角色定位偏高,寄以匡扶正义的期望;另一方面,律师队伍建立初期,人员参差不齐,执业很不规范,各种不正常的、违反职业道德、执业纪律的现象时有发生,使律师在社会中的客观角色和人们理想中的形象相距甚远,这种认识上的偏差,进而成为了偏见。在西方律师从萌芽到形成制度并发展到现在,已近千年的历史,社会了解律师是什么、应该干什么、能够干什么,所以鲜有侵犯律师执业权利的现象发生。有些国家经济没有我们发达,民主法治或许没有我们健全,但由于受西方影响较大,律师在执业当中也少有侵权现象发生。在世界各国律师管理中,多有的是“律师纪律检查委员会”“律师监察、监督委员会”,它们的职责是对律师执业中出现的各种违章、违纪、违法行为进行调查、惩戒以致移送司法机关。但律师管理中设立“律师维权委员会”,则是具有中国特色的一个机构。

20年来，中国律师业发展迅速，一方面，说明人们期望加快依法治国的进程，民主法治已成为大势所趋，人心所向；但另一方面，传统的观念不可能在短时间内改变消失，这就形成了律师在执业中，自身权益屡遭侵犯的特有现象。

记者：党的“十五大”以后，依法治国有了长足的进步，立法逐步完善，司法机关依法办案的观念不断增强，自律的力度也在加大。但据统计，近几年律师侵权案在全国还有上升的趋势，应该如何看待这一现象？

田文昌：这实际上是中国法治不健全、不成熟的表现，也与一些人头脑中传统观念作祟、部分律师自律降低有关。

在中国，律师的发展壮大，对原有“专政”观念是一种冲击。律师作为一个独立的团体为被告人服务、与国家公诉机关抗衡，虽然形式上得到了认可，但实际上很多人的观念深处还难以接受。他们没有真正认识到律师虽然是非官方的民间力量，但却是法治的一个组成部分，没有律师，就没有公正公平的法治。尽管他们认识到民主法治是中国长期追求的目标，但就目前而言，还是把律师当作法治外的异己力量，不自觉地加以抵制。这在立法中表现得十分明显。比如，《刑事诉讼法》《刑法》中关于律师妨碍证据罪、伪证罪、包庇罪等的规定，律师的调查取证权与公安、检察人员的调查取证权相比，受到诸多限制等，在世界各国都少见，而我国却写在法律上，明显地表现出对律师的歧视。另外，对律师的提前介入，会见犯罪嫌疑人、调查取证、阅卷等合法执业的行为，虽然在司法解释中有了一些明确规定，但实际执行中问题甚多，而且对不执行的行为没有强制的规定，也没有救济措施。

可以说，时至今日，“六部委的规定”在许多地方还仅仅停留在表面上。

随着审判方式的改革，形式上大大提高了辩护律师的地位，强化了辩护的作用，也使控辩双方的冲突更加激烈，在这种情况下，如果不是真正理解和认识律师的活动是以对抗求公正，是公正司法不可少的制约环节，就会出现利用职业的权力排斥律师，利用歧视性的法律规定追究律师的责任，导致侵权案件的不断发生。

在目前腐败现象多有发生的社会环境中，司法机关并不是世外桃源，也不是一方净土。律师与司法机关打交道有很多难言之隐。正直的人说律师在腐蚀司法人员，这话在一些律师身上没错，但这些律师在害人的同时，首先是受害者，正常的事情一定得采取不正当的办法才能办成，有时候循规蹈矩地办案很难取得成功，当所有的负担最后都转嫁到委托人身上时，委托人必然叫苦连天。再加上法律上对律师的歧视，以及具体办案人员对律师的种种限制，致使律师谨慎小心，宁可不做，也绝不冒“触雷”的风险，这又引起委托人的不满，导致侵权案的发生。

传统观念对律师的歧视、立法中对律师的不公平、司法机关对律师的排斥、社会中人们人对律师定位的偏差，加上律师自身的原因，就使律师难以进入主流社会，没有前途。部分律师缺乏远大目标，就难免自觉不自觉地另辟蹊径，走入歧途。如果在缺乏自律，把执业定位在捞钱上，那就肯定要出问题。

以上几方面的现象都有根深蒂固的原因，短时间内难以改变，也不可能有效地得到遏制，对此应该有清醒的认识。正因如此，更要通过各种努力，提升整个社会对律师地位、作用的正确认识，争取尽快完善立法，从根本上改善律师的执业环境。

记者：从目前情况来看，律师的维权工作很被动，疲于奔命，律师被侵权现象的发生防不胜防，维权者如同“灭火队员”。您认为应该如何变“灭火”为“防火”，变被动维权为主动维权呢？

田文昌：变维权的“被动”为“主动”，我认为最重要的是在法律上明确律师的地位，解决立法歧视的问题，另一方面是律师自身要加强自律。

中国实行计划经济、闭关自守多年，人们对现代法治的内涵了解甚少，对律师的作用、地位都不甚明确。律师被局限在过于狭小的生存空间里，不仅活动受到各种限制，而且荆棘丛生。这种状况不从根本上得到改变，律师执业受到侵害的现象就不会减少。从法律上明确律师地位，给律师以合理的生存活动空间，是目前亟须解决的大问题。只有这样，才能从根本上杜绝律师被侵权的现象的发生。

律师要加强自律，严格遵守职业道德和执业纪律。对近几年律师队伍中出现的私自收费，少数人胡作非为，我也很气愤。但是，如果律师加强自律的同时，大环境没有改变，甚至更恶化，那么侵权的问题仍然得不到根本解决。如果把发生侵权的现象的原因归咎于律师自律不强，而忽视了社会的原因，无疑是本末倒置，把社会责任推到了个人身上。用这样的方法解决律师被侵权的问题已经解决，而是从探求问题的根源出发，说明普遍发生的律师被侵权的现象，不是律师“自律”就能解决的，也不能用“自律”一言以蔽之。

改变立法中的歧视，需要我们律师的呼吁和国家有关方面的领导的重视；社会大环境的好转，要经过包括律师在内的全社会的共同努力，进行综合治理，这都需要有一个过程。目前要减少侵权现象的发生，一方面，律师要加强自身防范，严格遵守执业纪律，规范执业；另一方面，律师和律师管理机构要不懈努力，从根本上改变律师合法执业受到侵害的现状，这样才能使我国刚刚发展 20 年的律师队伍，不致误入歧途。

加入 WTO，律师业迎来新机遇*

主持人：中国加入 WTO 以后，法律服务业面临着挑战与机遇，外国律师入境，必然涉及与国内律师争市场、争人才、争权利的问题。中国律师制度的恢复（或者说重建）至今只有 22 年，与外国律师相比历史过于短暂。您认为中国律师目前与国外律师的差距在哪里，应当怎样抓住这个机遇？

田文昌与京都律师事务所曹树昌、王九川律师接受媒体采访

* 载于 2002 年 9 月 23 日《法制日报》。

田文昌:中国加入 WTO,确实给中国律师带来了前所未有的机遇,但从我国律师现在面临的一些问题来看,我认为差距还是相当大的,当务之急是要迅速提高律师队伍的综合素质;改进律师管理机制;纠正对律师执业定位的偏见,准确树立律师形象;提高律师地位,改善律师执业环境。

主持人:您说提高律师综合素质主要体现在哪里?

田文昌:律师素质包括品格素质和业务素质两个方面。品格素质主要是指律师的职业道德。一个有道德操守的律师应当是诚实、正直、勤奋而且坚韧的,在法庭上能够保持镇定、自制,在法庭下则具备从事艰苦工作的能力,而不是一个趋利于市的商人。迄今为止,我国已经制定了《中华人民共和国律师法》《律师职业道德和执业纪律规范》等一系列关于律师的职业道德规范,但从实际情况看这些道德规范应当更加具体和更加可操作。所以,加强职业道德教育,加快各项具体执业规范的制定,是提高律师品格素质的前提和基础,应当列入重要日程。

业务素质是指综合业务能力,包括知识水平和操作水平。目前的情况是,这两种水平都有待提高,但相比之下操作水平的提高更为迫切。我国律师制度恢复以来,基本操作技能的培训非常欠缺,基本上处于空白状态。有些律师很有水平甚至很有名气,但不一定是正规操作。这就是业余水平与专业水平的差别,这种状况已经严重影响了中国律师的健康发展。所以,目前应当迅速加强对律师基本技能的系统培训,首先练好基本功。否则,律师队伍就永远成为不了正规军,何谈去迎接挑战和抓住机遇?

主持人:您认为我国律师管理机制哪些地方需要改进?

田文昌:律师管理机制包括律师协会管理和律师所管理两个

方面。律协的管理目前处于改革之中，就律师事务所管理而言，目前律师各自为战的状态应当引起重视。各自为战是一种原始积累阶段的无序状态，如同我国市场经济发展的初期一样，它只能是一种短暂的过渡阶段，长此下去，只能使律师队伍更加趋于涣散，成为一盘散沙，并且会直接影响到法治建设的健康发展。首先，这种状况不利于迅速提高律师的执业能力；其次，不利于解决律师执业中已经存在的问题。因此，律师所的规范化管理应当提到主要议事日程。

主持人：您说到了律师职业定位的问题，现在对律师职业定位还有什么偏见，表现在什么地方？您认为准确的定位应当是什么？

田文昌：律师的职业定位问题是律师制度中最基本的问题。然而，这个问题在我国并未解决。律师的职责到底是什么？是天使？是魔鬼？是公正的化身？是邪恶的代表？社会各界褒贬不一。其结果是律师一会儿被捧上天，认为律师可以包打天下，是包青天的化身；一会儿被踩入地底，认为律师是替坏人辩护的人，到头来成了一个不伦不类的怪物，这样的现实既迷惑了社会大众，甚至有时也迷惑了律师自己，这种现状实际上很可怕，因为，缺乏准确定位的职业是不会有立足之地的。例如，不久前有一个表现律师的电视剧《被告》，剧中一个律师为一个拒绝扶养父亲的当事人代理诉讼，败诉后，当事人指责律师没有发挥作用，这位律师则表现得非常潇洒，对当事人说："我根本就没有打算让你赢。"并立即将代理费退给了当事人，事后这位律师又对同行讲："这个人连自己的父亲都不扶养，我怎么能让他打赢官司。"前几年还有个电影的名字叫《激情辩护》，影片中也有类似内容：一位女律师为一桩夫妻诉讼中的丈夫做代理人，在诉讼过程中被对方当事人母爱的情操所打动，便故意使自己的委托人输掉了官司。值得强调的是，剧中的这两位律师都是被作为正面人物加以高度赞扬的。

这两个影视作品反映了一个重要问题：它混淆了律师职业道德与社会道德关系，曲解了律师的职业形象。

更可怕的是，有的律师对自己的定位也不是很清楚。例如，有些律师认为维护公正比维护当事人的利益更重要，甚至有人认为辩护律师的职责是与公诉机关相配合等。这些都是对律师职业定位问题认识的偏见。其实，律师职业的定位并不复杂，简单地说，就是依法最大限度地去维护委托人的权益。律师并不代表公正，而只能通过参与法律程序的整体活动去实现和体现公正；律师也并不代表邪恶，即使为邪恶者辩护或代理的活动，也是实现与体现法律公正不可缺少的一部分。例如，一个罪大恶极的罪犯，在经过律师全力辩护之后，仍然证明其有罪并处以极刑，律师的辩护仍然有意义，因为它向全社会证明了审判活动的公正性和判决的公正性。如果没有律师的辩护，就难以体现司法活动的公正性。

由于社会对律师职业的定位缺乏共识，不仅使律师的整体形象被扭曲，而且给律师的执业活动带来各种困难，使律师常常无所适从。因此，应当加强对律师职业定位问题的研究和宣传，尽快扭转对律师作用的偏见认识，这是律师法律服务走向正常化的一个重要前提。

主持人：提高律师地位，改善律师执业环境，固然需要有一个时间过程，但加入 WTO 的客观现实，要求我们必须加速这个进程。

田文昌：是的。我国律师地位相对于社会对其的要求还有一段距离，其原因是多方面的。加入 WTO 以后，我们只有加速自身队伍的建设才能提高律师的地位，适应国际形势的发展。比如，律师业务的拓展就很迫切，当前经济形势发展迅速，律师只提供法律咨询和出庭应诉显然是不够了，律师见证也是律师业务的重要组成部分。律师见证，是指律师根据当事人的请求，以律师的名义对具体的法律行为或法律事件的真实性、合法性进行证明的活动。律师见证业务的广泛开展，有利于加强对经济活动的保障。此外，在非诉讼领域，律师法律服务市场目前还相当狭窄，这是一种很不正常的现象，与我国公众的法律意识水平密切相关。

在法治发达的国家中，民众有事去找律师已成为一种习惯。在我国则不然，除非万不得已，绝不与律师打交道。这种反差反映出观念的重大差别。事实上，在一个法治发达的社会中，并不要求民众自身谙熟法律，而是要求他们在强烈法律意识的支配下，借助于专业的法律服务去处理各种事务，这正是社会分工高度发展的体现。所以作为一个法治国家的真正标志并不在于其公众的法律知识水平，而是在于其法律意识的水平。

中国律师业:十年回望,负重致远*

一、《律师法》[①]修改势在必行

看10年来《律师法》贯彻如何,从律师在社会生活和法治活动中的地位来考察,《律师法》修改势在必行。

新京报:5月15日是《律师法》颁布10周年纪念日。如何评价这部法律10年来的成败得失,以及中国律师业的发展现状?

江平:成绩有目共睹。中国的律师立法从无到有,至今走过了十年的历程,这期间,这部法律对于律师权益的保护、司法公正的实现和中国法治进程的推进,都起到了不小的作用。

当然,从宏观上说,要考察《律师法》的效果,恐怕首先需要从《律师法》之外的一些因素入手,最根本的一个问题就是律师在社

---

* 本文载于2006年5月5日《新京报》,是作者陈宝成对法学教育家、中国政法大学终身教授、原校长江平和时任北京市京都律师事务所主任、全国律师协会刑事专业委员会主任田文昌的采访。

① 1996年5月15日第八届全国人民代表大会常务委员会第十九次会议通过,1997年1月1日施行。

A04 时事访谈 新京报 2006年5月16日 星期二

1996年5月15日,《中华人民共和国律师法》颁布,新中国第一部律师法典诞生

中国律师业:十年回望,负重致远

时事访谈 INTERVIEW 第68期

本报时事访谈员 陈宝成 报道

江平

法学教育家、中国政法大学终身教授、前校长

田文昌

京都律师事务所主任、全国律师协会刑事专业委员会主任委员,北京大学、清华大学兼职教授

《律师法》修改势在必行

看十年来《律师法》贯彻如何,从律师在社会生活和法治活动中的地位来考察,《律师法》修改势在必行。

新京报:5月15日是《律师法》颁布十周年纪念日,如何评价律师法十年来的成就得失,以及中国律师业的发展现状?

江平:成绩有目共睹。中国的律师立法从无到有,至今走过了十年的历程。这期间,这部法律对于律师权益的保护、司法公正的实现和中国法治进程的推进,都起到了不小的作用。当然,从宏观上说,要考察《律师法》的效果,恐怕首先需要从《律师法》之外的一般因素入手,最根本的一个问题就是律师在社会中的地位。可以说,律师在社会中的地位是一个国家法治与民主程度的重要象征。

首先,与司法机关人员相比,律师的地位如何。在我国,法官训斥律师、甚至律师甚至殴打律师的事件时有发生;在法庭上,检察官与律师的诉辩地位存在不平等现象。而在我们所追求的法治国家,应该是控辩双方地位平等。第二,从律师在社会政治生活中的作用考察,我们也可以看出,发达国家和地区中,律师出身的人从政的占比例很大,而我们国家显然还有差距。

所以看十年来《律师法》贯彻如何,从律师在社会生活和法治活动中的地位来考察,《律师法》修改势在必行。

田文昌:从宏观上说,《律师法》涉及律师行业规范和定位,既能约束律师的作用,也能保护律师的作用,同时还有指导律师业发展的作用。客观说来,现行《律师法》不是很成熟,立法缺少经验总结,需要重新修订。

这涉及两个问题:一是律师制度的历史。从历史来看,国外的律师业有上千年的历史,高度发展已有几百年。而中国的律师制度极其短暂,从清末说起来只有一个多世纪;要说到律师制度在中国真正的发展,也只是改革开放以来的这26年。在这短短的四分之一世纪中,要对整个律师制度的约束、规范和总结,形成一个成熟的法律,是不太现实的。但现状又引出了另外一个问题:面对现实,在这样短暂的历史发展过程当中,怎么样规范、保护、引导律师业发展?这是一个很值得研究的问题。

从另一个角度讲,就是包括律师职业在内的中国法律职业群体的基本定位问题。由于律师制度在中国的历史太短,社会各界对律师的职业定位缺乏一个最基本的了解。法官、检察官、警察甚至当事人和律师的冲突问题,都与此有关。定位不准,就容易出问题。俗话说,干什么吆喝什么,如果连干什么都不明确,又何谈立足之地呢?

律师不以成败论英雄

如果律师经过有力的辩护以后仍然证明这个被告人罪大恶极,那么律师并没有失败,仍是成功的。

新京报:作为资深律师,你认为什么样的律师才是成功的律师?

田文昌:有人说律师只能做有利于被告人或者当事人的辩护或者代理,这样就不公正。这种认识存在误区。实际上律师只代表一方,而另一方还有别人来代表;如果律师成了包打天下的包青天,那法官就成了"吃干饭"的了。即便是罪大恶极的罪犯,如果没有经过法定程序的审判,能够证明他罪大恶极吗?如果律师经过有力的辩护以后仍然证明这个被告人罪大恶极,那么律师并没有失败,仍是成功的。他的成功之处在于,向社会证明了法律的公正性和公开性。所以我说,律师不以成败论英雄。

我给公诉机关讲课时也提到这个问题,如果公诉机关必须追求百分百的胜诉率,那也是不正确的。这跟律师追求百分百的胜诉率一样道理。律师百分百胜诉的话,那检察官和警察就成了"吃干饭"的;检察官百分百赢,那就代替法官了,而且律师也就白忙活了。一个案件发生后,侦查机关如果不侦查,那就失职了,你必须得侦查。侦查完毕或者人家告状了,作为检察机关,在具备基本证据的基础上,你就应当提起公诉,否则也是失职。当然说是不应该公诉的除外。但是模棱两可的,你必须公诉,因为你没有走完诉讼程序,就难以向被害人有所交待,而公诉之后经过完整的诉讼程序,哪怕不能证明他有罪,那么你也是尽到你的职责了。

新京报:在你的从业过程中,最让你苦恼的是什么?

田文昌:关注最多的还是来自某些司法机关和政府机关。有的司法机关对律师不理解,甚至为律师工作设置一些障碍;政府机关也有一些抵触或者干预,甚至把律师当成异己力量。这是很可怕的。当然,有时候阻扰也会来自委托人,让律师两头受气。

呼吁法治理念深入人心

现在社会上有一种倾向,一些人把法律知识庸俗化了。

新京报:如何看待这些问题?

田文昌:其实这还是与人们对律师制度的认识存在误区有关。律师制度是国家设定的,国家设立它的目的实际是维护正常的社会秩序。虽然从形式上来看,律师的作用是代表私权利的力量,是对公权力的一种制约;但从根本上来讲,律师是维护国家利益的;否则国家也不会设立律师制度。律师制度的设立本身也是出于这样一个目的:为了限制公权力的滥用,形成一种制约机制,通过制衡的方式,来达到司法公正。

但现在,有些人只看到了律师表面上的作用,而没看到其根本性的作用是维护国家的秩序。这是最关键的问题。公检法机关都是在维护司法公正的一个特定环节当中发挥作用,其实律师也是一样。

江平:法治的完善是一个过程,法治的理念融入人们的思维习惯,也不是一朝一夕之功。我记得田文昌为刘涌辩护之时,网上有自称中国政法大学的学生说:"田老师,过去我很尊重您,您讲的课我们都爱听;今天想不到,你居然为黑社会的犯罪分子去辩护,我感觉到悲哀"。那我说这悲哀的究竟是谁呢?学过法律的人都觉得律师为所谓"黑社会"辩护是一种悲哀,这就印证了有些人法治思想的缺失。

现在的舆论也有错误的。你比如说刘涌案件还没有判的时候,有的媒体就先给人家"判了死刑",这是不应该的。这种错误的舆论导向也会消解我们对于改善法治环境所做的努力。所以普法除了普及法律知识,更重要的是纠正和扭转那些有违法治精神的错误观念。

田文昌:普法宣传非常重要,但现在我们虽然普及了很多法律知识,却不够重视宣传法律的精神和理念。现在社会上有一种倾向,一些人把法律知识庸俗化了,似乎普法就是人人学法,人人懂法,人人都能自己解决法律问题了。这就好像人人都买本医学书,就能自己给自己开药方一样,弄不好会适得其反。

其实法律是一门专业,现代社会的特点之一是专业分工越来越细,在法治发达国家里,并非所有的老百姓都懂法,但是他们的法律意识却很强,人人都会说"有事去找我的律师",这正是他们的成功之处;而我们却相反,一些人从法律虚无主义的极端又走向了法律庸俗化的误区,这是不正确的。

《刑法》第306条可能造成职业报复

在一些领域里、一定限度内,应该给予律师某种特殊豁免,否则不足以使他敢于正常行使自己的权利。

新京报:长期以来,我国《刑法》第306条规定的律师伪证罪悬殊到了律师界的质疑,要求取消这一条文。怎么看待这个问题?近些年我国刑事案件中,律师出庭辩护率呈下降趋势。解决这些问题,应该从哪些方面入手?

江平:律师的职业风险有应该承担的风险和不应该承担的风险之分。什么是应该承担的风险?比如,如果律师伪造证据,那无论怎么说也不能原谅,对吧?保护当事人的利益不能不择手段,不能因为没有有利于当事人的证据而自己伪造一个证据,这得有一个底线。

现在值得关注的是,有些地方的司法机关利用了第306条来恶意报复打击律师。那么究竟什么叫伪证?我们现在经常有这样的情况,就是犯罪嫌疑人迫于某种压力,或者受到刑讯逼供,做了一个与内心意志不一致的证言,现在他在律师的帮助下翻供了,这时候律师是不是构成伪证罪?对这种问题我们要极其谨慎。

田文昌:律师参与刑事辩护积极性不高,根源在于律师执业环境的恶化。律师业务当中,刑事辩护是最基本的一种,如果这一职能弱化了,律师业的发展从何谈起?从更重要的层面来看,这更是对法治社会的伤害。打击犯罪与保护人权是一个问题的两个方面,人权得不到保障,法治就得不到发展。

有人提出,取消律师伪证罪是不是否定了律师有做伪证的行为?这个说法的角度是不对的。问题在于我国《刑法》第307条,规定了一般的伪证罪,可以涵盖律师伪证罪。为什么要针对律师执业做出特殊规定?这种做法很明确是针对律师执业的歧视性规定,它很可能造成职业报复的直接后果。

律师辩护分为两种,一种是积极辩护,一种是消极辩护。积极辩护就是律师可以取得一定的证据来反驳控方的指控;消极辩护就是单纯的消极反驳指控。换一个角度来看,这种规定从消极方面来讲也帮了律师的忙,目前全国范围内律师办刑案调查取证的极少;既然调查容易出问题,那就不去调查。这样就把法庭辩护主要变成了消极性的辩护,律师反倒省劲了。从这个意义上讲,越是负责任的律师所面临的风险可能越大,当事人的权利保障也会受到影响。

江平:要解决这些问题,我想首先要承认,律师行业是一个高风险行业,在律师正常履行职务中,由于种种原因也会出现过失。在这种情况下,在一些领域里、一定限度内,应该给予律师某种特殊豁免,否则不足以使他敢于正常行使自己的权利。

田文昌:这些问题不是单纯靠《律师法》本身能完全解决的。《律师法》本身是约束、保护和指导律师的,但是律师活动的舞台是非常广泛的。如果《刑事诉讼法》没有一个科学的修订,可能《律师法》再规定也没有用。因为《刑事诉讼法》管着所有刑事诉讼参与者的行为;《民事诉讼法》也是一样。

个人开办律所应该得到允许

我希望修改后的《律师法》能够肯定、鼓励个人开办律师事务所。

新京报:根据我国现在的法律规定,还不允许个人开办律师事务所。随着我国对外开放的逐步扩大、涉外纠纷的逐渐增多,有没有可能在这个方面有所突破?

江平:我希望修改后的《律师法》能够肯定、鼓励个人开办律师事务所。修改后的《公司法》已经把一人股东作为一个公司,《律师法》没必要坚持必须是两个人以上的合伙才能开办律师事务所。

我觉得应该尊重规律,尊重律师职业自身的特点。律师本身是以自己的独立劳动来活动的。他可以自己一个人干,也可以跟别人合伙。某些很简单的事情他自己应该能解决。从法律角度来说,合伙是建立在个人基础上的。如果按照《独资企业法》,两个人就是合伙,而合伙一散伙又变成个人。个人跟合伙是一个事物的两面,我们现在只允许以合伙方式开办的律师事务所,导致律师业务中形成了本质上的个人与形式上的合伙这样尴尬的局面。

现在有必要引进有限责任合伙。我国正在修改的《合伙企业法》规定了有限责任合伙,就是要降低承担无限责任的合伙人的风险,不能什么样的风险都由合伙人来承担。如果合伙人不仅要对于合伙人之间的行为、合伙组织的行为,而且还对合伙雇员的任何侵权行为,都承担无限连带责任,那合伙人的风险就太大了。

大家可以注意到,美国的律师跟中国的律师有着很大的区别,美国有非常大的合伙律师事务所,合伙人有几百个、雇员有几千甚至几万个,世界各国都有它的分支机构。如果每一个雇员的侵权责任都要由合伙组织也就是他的合伙人来承担的话,那是不可能的。所以我们这次《合伙企业法》的修改,写进了有限责任合伙,减轻了合伙人的风险,只按照合同的责任来承担。这个原则也可能适用于律师。因为我们的《合伙企业法》可以适用于合伙组织的其他形式,所以我们就该把这个原则引进到《律师法》里面。

新京报:前不久,司法部《律师法(修订送审稿)》在中国律师网公布讨论过程中,引起不少争议。很多律师网友认为,《律师法》修改要强化对律师执业权利的尊重和保护,怎么看待这个问题?

江平:为什么在主管部门与律师之间会出现这样的差异?应该说有两个原因:一是中国律师群体中,与社会公众的期望值相比,确实存在自身素质不够高的执业者,所以司法行政部门要加强对这部分人的管理;但另一方面,许多律师的执业权利得不到很好的保障,所以律师界更多呼吁要在新修法中加强对律师执业权利的保障。

平心而论,这两个方面的问题都存在。但两个问题当中,哪个是当前的主要问题呢?我想还是律师的作用得不到充分有效的发挥,律师的权利得不到足够的尊重和保障。所以《律师法》的修改恐怕也是需要兼顾这两方面的问题,要强化对律师执业权利的尊重和保护。

照片由嘉宾本人提供

责编 赵继成 美编 许英鸽 责校 张少丹

会中的地位。可以说，律师在社会中的地位是一个国家法治与民主程度的重要象征。

首先，与司法机关人员相比，律师的地位如何？在我国，法官训斥律师、驱逐律师甚至殴打律师的事件时有发生；在法庭上，检察官与律师的控辩地位存在不平等现象。而在我们所追求的法治国家，应该是控辩双方地位平等。其次，从律师在社会政治生活中的作用考察，我们也可以看出，发达国家和地区中，律师出身的人从政的占比很大，而我们国家显然还有差距。

所以，看 10 年来《律师法》贯彻如何，从律师在社会生活和法治活动中的地位来考察，《律师法》修改势在必行。

田文昌：从微观上说，《律师法》涉及律师行业规范和定位，既起到约束律师的作用，也起到保护律师的作用，同时还有指导律师业发展的作用。客观来说，现行《律师法》不是很成熟，立法缺少经验总结，需要重新修订。

这涉及两个问题：一是律师制度的历史。从历史来看，国外的律师业有上千年的历史，高度发展已有几百年。而中国的律师制度极其短暂，从清末说起来只有一个多世纪；要说到律师制度在中国真正的发展，也只是改革开放以来的这 26 年。在这短短的 1/4 世纪中，要对整个律师制度的约束、规范和总结，形成一个成熟的法律，是不太现实的。但现状又引出了另外一个问题：面对现实，在这样短暂的历史发展过程当中，怎么样规范、保护、引导律师业发展？这是一个很值得研究的问题。

从另一个角度来讲，就是包括律师职业在内的中国法律职业群体的基本定位问题。由于律师制度在中国的历史太短，社会各界对律师的职业定位缺乏一个最基本的了解。法官、检察官、警察甚至当事人和律师的冲突问题，都与此有关。定位不准，就容易出问题。俗话说，干什么吆喝什么，如果连干什么都不明确，又何谈立足之地呢？

二、律师不以成败论英雄

如果律师经过有力的辩护以后仍然证明这个被告人罪大恶极，那么律师并没有失败，仍是成功的。

新京报：作为资深律师，你认为什么样的律师才是成功的律师？

田文昌：有人说律师只能做有利于被告人或当事人的辩护或代理，这样就不公正。这种认识存在误区。实际上律师只代表一方，而另一方还有别人来代表；如果律师成了包打天下的包青天，那法官就成了“吃干饭”的了。即便是罪大恶极的罪犯，如果没有经过法定程序的审判，能够证明他罪大恶极吗？如果律师经过有力的辩护以后仍然证明这个被告人罪大恶极，那么律师并没有失败，仍是成功的。他的成功之处在于，向社会证明了法律的公正性和公开性。所以我说，律师不以成败论英雄。

我给公诉机关讲课时也提到这个问题，如果公诉机关必须追求百分百的胜诉率，那也是不正确的。这个律师追求百分百的胜诉率是一样道理。律师百分百胜诉的话，那检察官和警察就成了“吃干饭”的。检察官百分百赢，那就代替法官了，而且律师也就白忙活了。一个案件发生后，侦查机关如果不侦查，那就失职了，你必须得侦查。侦查完毕或者人家告状了，作为检察机关，在具备基本证据的基础上，你就应当提起公诉，否则也是失职。当然明显不应该公诉的除外。但是模棱两可的，你必须公诉。因为你没有走完诉讼程序，就难以向被害人有所交代，而公诉之后，经过完整的诉讼程序，哪怕不能证明他有罪，那么，你也是尽到你的职责了。

新京报：在你的从业过程中，最让你苦恼的是什么？

田文昌：苦恼最多的还是来自某些司法机关和政府机关。有的司法机关对律师不理解，甚至为律师工作设置一些障碍；政府机关也有一些抵触或者干预，甚至把律师当成异己力量。这是很可怕的。当然，有时候困扰也会来自委托人，让律师两头受气。

三、呼吁法治理念深入人心

现在社会上有一种倾向，一些人把法律知识庸俗化了。

新京报：如何看待这些问题？

田文昌：其实这还是与人们对律师制度的认识存在误区有关。律师制度是国家设定的，国家设定它的目的，实际是维护正常的社会秩序。虽然从形式上来看，律师的作用是限制权力的力量，是对公权力的一种制约；但从根本上来讲，律师是维护国家利益的；否则国家也不会设立律师制度。律师制度的设立本身也是处于这样的一个目的：为了限制公权力的滥用，形成一种制约机制，通过制衡的方式，来达到司法公正。

但现在，有些人只看到了律师表面上的作用，而没有看到其根本性的作用是维护国家的秩序。这是最关键的问题。公、检、法机关都是在维护司法公正的一个特定环节当中发挥作用，其实律师也是一样的。

江平：法治的完善是一个过程，法治的理念融入人们的思想习惯，也不是一朝一夕之功。我记得田文昌为刘涌辩护之后，网上有自称中国政法大学的学生说:“田老师,过去我很尊重您,您讲的课我们都爱听;今天想不到,您居然为黑社会的犯罪分子去辩护,我感觉到悲哀”。那我说这悲哀的究竟是谁呢?学过法律的人都觉得律师为所谓“黑社会”辩护是一种悲哀,这就印证了有些人法治思想的缺失。

现在的舆论也有错误。你比如说刘涌案件还没有判的时候,有的媒体就先给人家“判了死刑”,这是不应该的。这种错误的舆论导向也会消解我们对于改善法治环境所做的努力。所以普法除了普及法律知识,更重要的是纠正和扭转那些有违法治精神的错误观念。

田文昌:普法宣传非常重要,但现在我们虽然普及了很多法律知识,却不够重视宣传法律的精神和理念。现在社会上有一种倾向,一些人把法律知识庸俗化了,似乎普法就是人人学法,人人懂法,人人都能自己解决法律问题了。这就好像人人都买本医学书,就能自己给自己开药方一样,弄不好会适得其反。

其实法律是一门专业,现代社会的特点之一是专业分工越来越细,在法治发达国家里,并非所有的老百姓都懂法,但是他们的法律意识却极强,人人都会说“有事去找我的律师”,这正是他们的成功之处;而我们却相反,一些人从法律虚无主义的极端又走向了法律庸俗化的极端,这是不正确的。

四、《刑法》第 306 条可能造成职业报复

在一些领域里、一定限度内,应该给予律师某种特殊豁免,否则不足以使他敢于正常行使自己的权利。

新京报:长期以来,我国《刑法》第 306 条规定的律师伪证罪

遭到了律师界的质疑,要求取消这一规定。怎么看待这个问题?近年来,我国刑事案件中,律师出庭辩护率呈下降趋势。解决这些问题,应该从哪些方面入手?

江平:律师的职业风险有应该承担的风险和不应该承担的风险之分。什么是应该承担的风险?比如,如果律师伪造证据,那无论怎么说也不能原谅,对吧?保护当事人的利益不能不择手段,不能因为没有有利于当事人的证据而自己伪造一个证据,这得有一个底线。

现在值得关注的是,有些地方的司法机关利用了第306条来恶意报复打击律师。那么究竟什么叫伪证?我们现在经常有这样的情况,就是犯罪嫌疑人迫于某种压力,或者受到刑讯逼供,做了一个与内心意志不一致的证言,现在他在律师的帮助下翻供了,这时候律师是不是构成伪证罪?对这种问题我们要极其谨慎。

田文昌:律师参与刑事辩护积极性不高,根源在于律师执业环境的恶化。律师业务当中,刑事辩护是最基本的一种,如果这一职能弱化了,律师业的发展从何谈起?从更重要的层面来看,这更是对法治社会的伤害。打击犯罪与保护人权是一个问题的两个方面,人权得不到保障,法治就得不到发展。

有人提出,取消律师伪证罪是不是否定了律师有作伪证的行为?这个说法的角度是不对的。问题在于我国《刑法》第307条,规定了一般的伪证罪,可以涵盖律师伪证罪。为什么要针对律师执业作出特殊规定?这种做法很明显是针对律师执业的歧视性规定,它很可能造成职业报复的直接后果。

律师辩护分为两种,一种是积极辩护,另一种是消极辩护。

积极辩护就是律师可以取得一定的证据来反驳控方的指控;消极辩护就是单纯的消极反驳指控。换一个角度来看,这个规定从消极方面来讲也帮了律师的忙,目前全国范围内律师办刑案调查取证的极少:既然调查容易出问题,那就不去调查。这样就把法庭辩护主要变成了消极性的辩护,律师反倒省劲了。从这个意义上讲,越是负责任的律师所面临的风险可能越大,当事人的权利保障也会受到影响。

江平:要解决这些问题,我想首先要看到,律师行业是一个高风险行业,在律师正常履行职务中,由于种种原因也会出现过失。在这种情况下,在一些领域里、一定限度内,应该给予律师某种特殊豁免,否则不足以使他敢于正常行使自己的权利。

田文昌:这些问题不是单纯靠《律师法》本身能完全解决的。《律师法》本身是约束、保护和指导律师的,但是律师活动的舞台是非常广阔的。如果《刑事诉讼法》没有一个科学的修订,可能《律师法》再规定也没有用。因为《刑事诉讼法》约束着所有刑事诉讼参与者的行为;《民事诉讼法》也是一样。

五、个人开办律所应该得到允许

希望修改后的《律师法》能够肯定、鼓励个人开办律师事务所。

新京报:根据我国现在的法律规定,还不允许个人开办律师事务所。随着我国对外开放的逐步扩大,涉外纠纷的逐渐增多,有没有可能在这个方面有所突破?

江平:我希望修改后的《律师法》能够肯定、鼓励个人开办律师事务所。修改后的《公司法》已经承认一人公司,《律师法》没必要坚持必须是两个以上的合伙人才能开办律师事务所。

我觉得应该尊重规律、尊重律师职业自身的特点。律师本身是以自己的独立劳动来活动的。他可以自己一个人干,也可以跟别人合伙一起干。某些很简单的事情他自己应该能解决。从法律角度来说,合伙是建立在个人基础上的。如果按照《独资企业法》,两个人就是合伙,而合伙一散伙又变成个人。个人跟合伙是一个事物的两面,我们现在只允许以合伙方式开办的律师事务所,导致律师业务中形成了本质上的个人与形式上的合伙这样尴尬的局面。

现在有必要引进有限责任合伙。我国正在修改的《合伙企业法》规定了有限责任合伙,就是要降低承担无限责任的合伙人的风险,不能什么样的风险都由合伙人来承担。如果合伙人不仅要对于合伙人之间的行为、合伙组织的行为,而且还对合伙雇员的任何侵权行为,都承担无限连带责任,那合伙人的风险就太大了。

大家可以注意到,美国的律师跟中国的律师有着很大的区别,美国有非常大的合伙律师事务所,合伙人有几百个,雇员有几千甚至几万个,世界各国都有它的分支机构。如果每个雇员的侵权责任都要由合伙组织也就是他的合伙人来承担的话,那是不可能的。所以我们这次《合伙企业法》的修改,写进了有限责任合伙,减轻了合伙人的风险,只按照合同的责任来承担,这个原则也可能适用于律师。因为我们的《合伙企业法》可以适用于合伙组织的其他形式,所以我们应该把这个原则引进到《律师法》里面。

新京报:前不久,司法部《律师法(修订送审稿)》在中国律师网公布讨论过程中,引起不少争议。很多律师网友认为,《律师法》修改要强化对律师执业权利的尊重和保护。怎么看待这个问题?

江平:为什么在主管部门与律师之间会出现这样的差异?应该说有两个原因:一方面,是中国律师群体中,与社会公众的期望值相比,确实存在自身素质不够高的执业者,所以司法行政部门要加强对这部分人的管理;但另一方面,许多律师的执业权利得不到很好的保障,所以律师界更多呼吁要在新修法中加强对律师执业权利的保障。

平心而论,这两个方面的问题都存在。但两个问题当中,哪个是当前的主要问题呢?我想还是律师的作用得不到充分有效的发挥,律师的权利得不到足够的尊重和保障。所以《律师法》的修改恐怕也是需要兼顾这两方面的问题,要强化对律师执业权利的尊重和保护。

伍

先贤与后辈

张思之——新中国第一代律师的楷模

田文昌在硕士学位论文答辩时与答辩组成员合影，后排左三为田文昌

作为中国律师界的前辈，张思之先生不愧是我敬仰的楷模。说来也很巧，我与思之先生似乎有一种特殊的缘分，因为做律师之前，早在“文化大革命”时期我就知道思之先生了。那是因为思之先生的堂弟张阿毛与我是高中校友，我们还曾经患难与共，在“文化大革命”初起时首当其冲地先后被打成了反革命。后来阿

毛告诉我他有一位堂兄叫张思之,在北京曾是位历经坎坷的名律师,言谈中足见他对这位堂兄是满怀敬意的。

不知为什么,对这个仅仅是一次闲谈之中提及的名字我却记忆深刻。以至于近二十年后,当我来到中国政法大学任教并做了兼职律师后,张思之这个名字便一下子唤起了这种虽已久远却终未忘却的记忆。我有幸结识了思之先生,也许,这真的就是一种缘分。

思之先生最值得敬佩之处,就是他那铮铮铁骨。思之先生的智慧、学识、坎坷的经历等,无疑令人敬佩,但这些长处却是许多人都可以具备的,而唯有思之先生的傲骨却是少有人能与之相比的。作为后辈,我庆幸自己与思之先生的缘分,重要的是,我能因此而有机会学习他的精神。

思之先生曾经自嘲地说,自己是常败律师。这种苦涩的风趣其实是道出了律师制度发展过程的艰辛和前辈律师难以言状的苦衷。相比之下,我比思之先生要幸运,真真切切地尝到了些许足可聊以自慰的成就感。但与此同时,与思之先生同样的酸楚却也无时无刻地不在我的灵魂中涌动。所以,我也曾一再地告诫律师们:不以输赢论英雄。

历史在前进,社会在发展,作为先驱的开拓者往往不是其胜利成果的享受者,这恰恰是先辈们的可敬之处。然而,先辈们留给后辈的精神财富却是最宝贵的。我相信,当思之先生看到后辈律师们茁壮成长,成就辉煌的时候,他会比任何人都倍感欣慰!因为,那正是他倾其终生所奋力追求的。

其实,那就是他自己的成就!

江平——永远年轻的战士*

“永远年轻的战士”。这是我发自内心的感受，是我对江老师这些年来所体现出来的一种精神的认同。还有在江老师旁边坐着的张思之律师，我认为他们两位前辈具有同样的精神。如果说得通俗一点，是“一颗永远年轻的心”，如果说得学术一点，是“一种永远年轻的理念”。我认为江老师这些年来始终引领着法学界的理念，在奋斗，在前进。

田文昌早年与江平老师合影

* 本文根据田文昌律师在《律师文摘》2009 年年会上的发言整理而来。

我们都知道，从自然规律来讲，人老了，思想是要停滞的，韩愈说“弟子不必不如师”。从小学、中学一直到大学，一代一代的学生都超过了师长，这是正常的规律、正常的现象。但是在江老师面前，我总感觉到难以超越的一种境界、一种精神，我觉得这是最可贵的，是我最想说一说的。

我跟江老师认识的时间比较长，1983 年我从西北政法大学毕业，来到中国政法大学任教，认识了江老师。第一，我来到政法大学，是“外来户”，跟政法大学没有任何渊源，我是西北来的。第二，我是刑法专业，与刑事、民事是很不搭界的专业。照理说我跟江老师不应该那么密切，正如人们说的物以类聚、人以群分，我觉得这么多年来我跟江老师的这种感情，确确实实是一种理念上、思想上的契合或者说不谋而合。

本来我一开始没有太多的机会去结识江老师，但是江老师不仅在他的民法学方面，就像我刚才讲的，他引领着法学界的一种总体的理念。所以我到了政法大学不久，就自然地把江老师当成自己的师长，虽然不是同一个专业。继而我被提拔到法律系副主任以后，直接在江老师的领导之下，接触也就越来越多了。这样从学术上的影响到人格上的影响，走得越来越近了。

记得我做法律系副主任的时候，我曾经有几次想提出来辞职，当然学校很多领导也挺我，我一直想先把学术做上去。我跟江老师谈过两次，说我想辞去这个行政职务，江老师几次警告我“轻易不要言下”，不让我下。但是到了后来，大家知道 1990 年政法大学先后出现两件影响比较大的事情：江老师被免职，我辞职。当时我没辞公职，辞掉了法律系的职务，这次辞职之前，我又去请示了江老师。我跟江老师谈了很长时间，我说我还是要辞，江老师沉吟了许久,说了两个字:“辞吧。”可以这样讲,辞职得到了江老师的允诺,实际也说到我心里去了。到了1995年,我又辞去了公职,出来做律师。

这个过程当中,我对江老师为什么了解这么深,理解这么深?还是那句话,江老师引领整个法学界的理念,包括中国法治建设的推动性作用,体现得非常明显。我做了律师以后,江老师对律师界的指导、引导起了非常大的作用。他在支持律师,在引导律师,在教育律师,在鼓励律师,而且对中国整个法治建设的发展,随时随地都在用心去思考、去推动、去呼喊。

有人曾经私下议论什么叫“学者”,我记得江老师在70诞辰的时候自己讲过,说他自己是一个社会活动家,还不能完全说是一个法学家。其实我认为,江老师既是一个社会活动家,也是一个真正的法学家。我跟很多人讲过:什么叫学问?学问有大有小,有真有假。现在我们很多学者做的是什么学问?有“注释派”学问,有“应试派”学问,有“书本派”学问,有“辞典派”学问。我觉得江老师做的是真正的大学问,他所思考的、他所著述的、他所提出来的一些观点和理念,是一种大的原则,是一种推动法治环境正常发展的理念和精神。我觉得这是真正的学问,是大学问。中国在这种变动状态、发展过程中,需要的正是这种大学问,而不是那种“注释派”“辞典派”“书本派”的学问,那种学问谁都能做,只要勤奋即可。但是这种大学问要有远见,更要有勇气,不是人人都能做到的,所以这正是我景仰江老师一个最重要的地方。

谈到这里,顺便说几句,我为什么想了这么多问题?在我们现在法治社会的发展过程中,经常出现波折,出现问题。具体的情况我不说,我只想谈谈有些问题需要我们一步一步地做,需要在理念上先得到一个澄清，否则很多具体问题永远都很难得到解决。

比如，我做律师以后，深切体会到，首先律师地位的问题都没有解决。我呼喊了十几年，但是到今天为止，法治建设30年了，律师为“坏人”辩护仍然还是“坏人”这个概念还没有解决，当然比起30年前、20年前有很多进步，但是还需要进步。再如，关于律师地位之后的问题，律师的职责所在是什么，律师职责的作用、原则是什么？就涉及一个很尖锐、很敏感又很重要的问题：律师和被告之间究竟是什么关系？

在六七年前，在研究证据开示的时候，我第一次在证据上提出一个问题：既然研究证据开示，那么律师在会见被告人的时候，能不能向被告人出示卷宗的内容？出乎我意料，当时有最高人民法院、最高人民检察院、公安部的领导，有我们的专家学者、律师在场，都感到很愕然，觉得：这不行，被告人怎么能有阅卷权？后来我通过一系列的事实来说明，法律规定在法庭上一切的定罪证据要经过被告人质证辨认才能使用、才能有效啊，那么在开庭前我们为什么不能够让被告知悉这些内容，并且做好开庭的准备呢？证据开示的目的是什么？证据开示对被告人要搞双重标准？律师权利来源于什么，是来源于被告人委托还是来自国家的赋予呢？

我为了解决这个问题，在国内国际的各种会议上多次提出来，得到了一定的共识。为了得到普遍共识，为了防止律师产生进一步的风险，在2009年11月初全国律协刑委会的年会上，我把这个问题作为专门的议题又提了出来，大家讨论得热火朝天遗憾的是还没有得到普遍的认可，也没有在立法上加以体现，紧接着不出一个月,就出现了大家都知道的问题。由于律师在给被告人宣读同案证言而被定罪,提出律师串供的问题,律师怎么能够出现串供的问题呢?

所以这个问题为什么我说出来,这一系列问题我们需要一步一步地把它解决掉,从理念上、从理论上、从立法上加以解决。可见,我们法治的发展包括律师制度的发展,是非常综合化的问题,我们的律师制度在中国来讲还是一个新生事物,仅仅 30 年而已,国外经过了千百年。所以面对这样的努力,我觉得我们每个人都有责任来做。

江平老师等老前辈的指导作用,我们都看在眼里,记在心里。我认为我们这一辈和下一辈的任务更加艰巨,我们面对一个巨大的工程,我希望作为其中的一员尽自己的努力,向江老师等老一辈学习,学习他们的精神,我们在后面紧紧跟上。谢谢。

我与张思之先生相识的历史机缘*

张思之先生是新中国律师界的标志性人物，以傲骨侠肠的气节著称，被业内称为“中国律师的良心”。思之先生新中国成立前就读于北平朝阳大学，新中国成立初期做过法官。1956 年重建律

田文昌、杨大民为张思之先生祝贺 80 大寿

* 本文写于 2013 年，载于“老三届”知青大型回忆文集《砺炼华年》。

师制度时，受政府之命组建北京市第三法律顾问处，是新中国律师制度的奠基人之一。在1957年反“右派”斗争中，刚刚创建一年的律师制度夭折，全中国仅有的数百名律师统统被列为“右派”分子，思之先生当然也未幸免，自此被劳动教养15年。

“文化大革命”结束后，“右派”平反，中国再次恢复律师制度，他又受命组建律师队伍。同时，在改革开放以后同时也是中国历史上最具标志的案件——林彪、江青反党集团案中，思之先生被指定担任李作鹏的辩护律师，并担任林、江两案辩护律师组的组长。时至今日，已经80多岁高龄的思之先生壮心不已，依然活跃在律师辩护的舞台上，是中国律师的泰斗和道德典范。

思之先生是我敬重的前辈、同行，也是挚友，在业内和学界，我们心心相通、志同道合。值得一提的是，我与思之先生相识的时间其实只有20余年，但是，我知道思之先生却是在将近半个世纪之前。这其中有一段鲜为人知的故事，也是一种历史的机缘。这段故事要从“文化大革命”说起。

1966年我在高中读书的时候，中国开始了轰轰烈烈、史无前例的无产阶级“文化大革命”。而在1966年6月初“文化大革命”刚刚开始，在我就读的辽宁省抚顺市第一高中就爆发了一场轰动全市的反革命事件。起因是：高三（四）班学生张阿毛响应号召于6月3日贴出了一张批判校党支部书记的大字报，于是被打成了反革命分子，遭到全校师生的批判和围攻。被定性为当时轰动全市的第一起反革命事件，被称为“六三”事件，张阿毛同学则被批判，认罪，检讨，成了学生中的第一个反革命分子。这也是“文化大革命”初期一个十分轰动的事件。

由于该事件性质严重，影响重大，为了肃清流毒，批判活动持续进行。后来,在6月20日的一次政治课上,在政治老师谈到这次"六三"事件时,由于我在课堂上表达了为张阿毛同学鸣不平的意见,引起了与政治老师连续两节课的争论。于是,我又因为张阿毛同学辩护而被打成了反革命,又引发了第二起反革命事件,被称为"六·二〇"事件。那一年,张阿毛20岁,而我只有19岁。还记得,在我被打成反革命分子后,由于我们二年五班的老师和同学支持我的观点,于是,我们二年五班全体被打成了"反革命黑窝",而我们的班主任唐永胜老师则被定为反革命黑窝的黑后台。

这就是"文化大革命"运动伊始,在辽宁省抚顺市连续发生的两起重大的案件。而在这两起事件中,"六三"事件的主角是张阿毛,是因他贴第一张大字报而引发,"六·二〇"事件中的主角是我,是因替张阿毛辩护而引发。

今天,时过境迁,这段历史已经翻过去了。而巧合的却是,我正是在那个时候从张阿毛那里知道了张思之先生。

在"文化大革命"开始前,我与张阿毛同学本不相识。我读高二,他读高三,不是一个年级。就是在我们先后被打成了反革命分子之后,才有缘相识并进而成为朋友。后来,在有一次交谈中,阿毛告诉我说,他有一位堂兄,在北京,是一位很有名的律师,名字叫张思之。在那个特殊的年代,律师离我的生活实在太远。更何况,那是一个砸烂公、检、法的年代,连法治的概念都被粉碎了,律师就更加无从谈起了。但奇怪的是,不知为何,张思之这个名字却一直留在了我的记忆里。

没想到,多年以后我成了一名法律人并来到北京工作,先在中国政法大学任教,后来又做起了专职律师。1996年在我出任全国律师协会刑事专业委员会主任以后,对思之先生有了更多的了解。才知道，他就是30年前张阿毛跟我提起的他的堂兄张思之律师。我顿时升起了一种似曾相识的感觉！万万没想到，30年前一次不经意的交谈，竟然蕴含了如此深远的历史机缘！而且，这种机缘又是因辩护而引起。

在那个践踏法治的年代，我居然闻知了一位律师界精英的传奇经历，而在30年后恢复法治的时候，我又居然有幸与这位精英并肩而行。共同的事业和共同的追求，使我与思之先生不约而同地走到了一起。这究竟是一种巧合？还是命运的安排？似乎是命中早已注定，我与思之先生本该是同道中人。

思之先生长我整整二十岁，但他的激情甚至比我还高涨，就像一个永不停歇的战士，在他面前不存在“退缩”二字。

在业内，我为自己有这样一位前辈和挚友而自豪；在中国，我为律师界有这样的精英和榜样而喝彩；对于个人而言，我为与思之先生的结缘而欣慰！

给青年律师的一封信*

田文昌带领京都所部分律师拜访老前辈、京都所名誉主任任继圣先生

在中国律师制度产生一百周年之际,《财新网》向我约稿,请我写一封信给中国的青年法律人,我觉得具有非常深远的意义。

这几年,我一部分的时间做案件,一部分的时间参加各种社会活动,更多的时间和精力放在学术研究和参与国家的一些立法修法活动之中了。精力有限,我已经很少接受这样的稿约。但这封信与时间精力无关,而是发自内心的,我很想写。青年是国家

* 本文2014年发表于财新网。

的希望，青年法律人是国家法治的希望，青年强则国强，我很高兴有机会能以这样一种方式与青年法律人交流。

清朝末年，清政府变法修律，引进包括律师制度在内的司法制度，但清朝很快即灭亡。

辛亥革命成功后，孙中山主政的南京临时政府起草了《律师法草案》，但南京政府仅存四个月就被袁世凯篡权。

1912 年 9 月 16 日，袁世凯主政的北洋政府颁布了《律师暂行条例》，标志着我国正式建立律师制度。至今整整一百年。但在旧中国时期，因独裁统治加内忧外患，法律秩序及律师制度被严重践踏而难以正常发展。

1949 年新中国成立后，律师制度连同国民党旧法一道被废除。

1954 年开始重建律师制度。

1957 年反“右派”斗争开始，在“律师替坏人说话”的声讨中，律师制度又被取消。

1979 年，在总结“文化大革命”教训的基础上，再度恢复重建律师制度。

在中华民族几千年的文明史中，律师制度的出现至今才只有一百年，而在此一百年中，律师制度得以正常发展的时间，又只有自 1979 年至今的 30 余年。

中国律师制度的历史如此短暂且多次中断，这种状况与西方国家律师制度发展的漫长历史相比，差距是十分悬殊的。这种差距表明我国的律师制度至今实际上还处于初创阶段，没有先人的成熟经验，更没有丰厚的历史积淀。

我相信每一个法律人都是从青涩走向成熟，由最初阶段的迷茫、摸索，走向成熟阶段的坚定、自信。但是，在没有前车之鉴的情况下，这种提升必将面临更多的艰辛。在青年法律人的成长过程中，理论知识的深化与更新固然重要，而职业技能的提高则更加重要，需要长时间的大量经验积累，这是每一个青年法律人必经的过程，而这一点则正是我国律师界所面临的重大难题，因为我们没有前人的经验可循。过去，对法律人的职业培训重视不够，数量很少。法官、检察官系统内部还好一些，律师行业培训则很少，老一代的律师们，都是“摸着石头过河”，各有各的一套，没有系统地培训过。又因为律师的独立性比较强，有的律师或把自己的经验视若珍宝，独家收藏，概不外传。仅有的少数培训又过于强调锦上添花，短期拔高，忽视了雪中送炭，忽视了青年法律人最需要的基础培训。所以导致的结果就是律师行业没有传承，每一个律师都是从零开始，自我摸索，非常不利于青年律师的业务成长。庆幸的是，这些年，培训得到了各个部门的重视，不仅部门内部的培训得到加强，各种专业的培训机构如雨后春笋般设立，不同的法律行业之间的联合培训也越来越多。比如，我们京都律师事务所，除了坚持内部培训外，还与国家法官学院、检察院等其他单位经常联合举办讲座、模拟法庭等活动，这对于加强律师、检察官、法官之间的了解，共同提高理论水平和实战技能很有效果。行业技能培训的发展给青年法律人的成长提供了条件，但对个人而言，必须善于利用这些条件，才会更快地实现自我提升。

对青年法律人而言，在提升理论水平和职业技能的同时，形成正确的职业价值观，树立正确的法治理念，更是非常重要的一个问题。为什么我们有些青年法律人，业务能力有了，但是路却走偏了，就是因为理念上的问题。理念问题很重要，它能使我们在法律之路上思想清晰，目标明确，不走或少走弯路。所以，在这里我想和我们的青年法律人着重探讨几个最基本的理念上的问题。

我从西北政法大学研究生毕业后，到中国政法大学任教，教了多年的刑法学，期间兼职做律师，1995 年辞职出来创立律师事务所，成为专职律师，又在法大、北大、清华、社科院法学所、国家检察官学院等多所高校做兼职教授。很多人称我为学者型律师，这与我的学者经历有关，但由于我最终走入了律师行业，我也经历了一个律师成长过程中的摸索、积累，我对律师行业更有思考，更有感悟。这封信，我更多地会从律师行业的角度去思考和分析一些问题，但这些问题并不是仅仅针对律师行业，而是我们整个法律行业都面临的问题，希望以律师行业为切入点，引起大家的共同思考。

一、法律职业共同体——法官、检察官、律师等法律人的关系

法律职业共同体，是所有法律人都必须首先了解的一个基本概念。因为，当你选择成为一名法律人的时候，就是选择成为法律职业共同体中的一员。我理解，所有的法律人，包括法官、检察官、警察、律师、法学学者等所有从事与法律职业相关的人员，都是我们的法律职业共同体中的一员。但由于法律职业共同体的概念在我国还是一个新课题，我们对它的研究还不多，认识还十分欠缺，所以，很多人，甚至是法律人自身，对其还不够了解。这也是导致我们在实践当中，同为法律职业共同体各部分不同主体之间发生矛盾的重要原因。

以控辩双方的关系为例，在我国恢复律师制度的初期，辩护

律师的作用基本上被曲解,某种意义上律师被认为是在协助司法机关办案。所以,控辩双方并未形成真正的对抗关系,是名为对抗,实为配合。后来,随着律师管理体制的改革和纠问式审判方式向抗辩式审判方式的转变,控辩双方关系又从一个极端走向另一个极端,出现了带有敌对情绪的冲突性对抗关系。

很显然,假对抗与冲突性对抗都不是正常的对抗关系,因而都不利于刑事诉讼活动的运行。窥一貌可见全身,对法律职业共同体的认识偏颇,将会成为我们法治建设发展过程中的一个重大障碍。因为在法治建设中,法律职业共同体是最基础和最核心的部分,有法没人,或有人没法,法治社会都不可能实现。

为什么会产生矛盾冲突的非理性对抗呢?原因是我们对共同体认识的偏颇。那么认识偏颇的原因又是什么呢?是我们对法治社会的基本结构认识不足,对各类法律人士的职责定位认识不足。比如前面列举的控辩双方的关系,要让它回到正常化的前提就是各自职责定位的科学化。

不仅控辩关系,在我国现阶段,法律职业共同体的其他群体也存在职责定位的困惑问题。其中最突出的问题,是将法官和检察官视为同壕战友,而将律师置于对立的立场上。在这种理念的支配下,法官、检察官被视为法律的代表,正义的化身,而律师则被当成了专门替坏人说话和为个人争利益的不光彩角色。于是,律师变成了法官、检察官天然的对手。常常有律师抱怨,自己被某些司法机关或个人视为异己力量,态度冷淡,甚至设置一些人为的障碍故意刁难。而法官、检察官又抱怨律师太刁蛮,总是提出来让他们难办的问题,甚至会联手共同对付律师。这种认识不仅影响到各自作用的有效发挥,也会影响到法律职业共同体的内部关系。

其实,我们只要理顺其各自的职责定位,就可以理顺其相互的关系。虽然从形式上看,法官和检察官代表国家行使司法权,体现为一种公权力;而律师则代表公民个人,体现为一种私权利。但是,从本质上看,在法治社会中公权与私权也是对立统一的,两者都需要保护,同时也都需要限制。无论是法官、检察官还是律师,我们都是法律职业共同体中的一员,只是因为角色不同而分工各异,但却是相互依存,互相制约的关系,共同担负着维系法治社会发展的责任,这正是法律职业共同体存在与发展的题中应有之义。在有些国家,控辩双方的角色是随时可以互换的,即律师可以接受个人委托作为被告的辩护人,也可以接受公诉机关委托作为公诉人出庭支持公诉,这反映出控辩双方关系的相容性。一位加拿大法官说过:法官不是全才,不可能精通每一种法律业务,但是,他可以通过律师的论辩去辨明是非。这反映出律师与法官的依存性。在美国,半数左右的总统出身于律师,这反映出律师绝非公权力的破坏者,而恰恰相反地表明,往往是最懂得如何维护私权利的人,才会更得当地运用公权力。历史上,凡是法学理论研究最活跃的时期,便是法治建设最发达的时期。这反映出法学理论对法治建设的引领作用,也反映出法学理论与司法实践之间不可分割的内在联系。

所以,正是法律职业共同体中的不同角色,构建了法治社会整体的系统框架,支撑并维系着法治社会的生存与发展。一方面,其中每种角色的作用都是不可替代的;另一方面,这些角色之间的关系又是相互依存的,这种依存的基础则是以相互制约或者对抗为前提的。

希望每一个青年法律人都认识到并且认同自己是法律职业共同体中的一员,认清自己的职责定位,只有法律职业者不同群体之间关系的相容性与互补性,才能形成法治社会稳定发展的坚实基础。所以,无论是法官、检察官还是律师,我们维护法治的目标都是一致的。大家应当抱着这样的信念,在和谐共处的基础上,以各司其职的方式,共同担负起构建法治社会的重任,在法治发展的道路上并肩而行。

二、法律人(律师)与正义

什么是"正义"? 正义是一种主观评价,不同社会中有不同的正义标准,生活中每个人的正义标准也不尽相同。正义观的不统一导致社会冲突时有出现,而社会冲突的难以解决又促使规则和法律的产生。法律将正义作为最高目标,一方面,通过法律规范形成对社会正义统一的评价标准和评价体系;另一方面,又通过实施法律维护和促进正义的实现。法律人以法律为信仰,法律的最高价值目标就是法律人孜孜不倦追求的目标,所以,毫无疑问,追求正义并实现正义既是法律人的职责要求,也是法律人的核心理念。

那么,职业道德和社会道德发生冲突的时候怎么办? 律师与正义到底是什么关系? 这是必须要弄清楚的问题,否则就会影响法律人的正义评价标准,影响法律人对法律适用的判断,也会使法律人自己在精神上难以解脱。

我国《刑事诉讼法》①第35条规定"辩护人的责任是根据事

① 2012年3月14日第十一届全国人民代表大会第五次会议《关于修改〈中华人民共和国刑事诉讼法〉的决定》第二次修正。

实和法律，提出证明犯罪嫌疑人、被告人无罪、罪轻或者减轻、免除其刑事责任的材料和意见，维护犯罪嫌疑人、被告人的合法权益”。我们可以清楚地看到，律师的职责就是依照法律程序从维护当事人合法权益的角度去阐明正义，而不在于必须代表普遍正义。律师职责的鲜明立场性，使律师不可能成为正义的化身和公平的代言人。同时，也正是这种鲜明的立场性，使律师成为维护正义和追求公平的一种不可替代的社会职业。这就是律师职业与公平、正义之间对立又统一的辩证关系。

律师不代表正义，因为他以维护委托人的利益为己任，而委托人作为冲突的一方显然不能代表正义。律师维护正义，因为他以最大限度维护委托人利益的方式扶正了法律的天平。所以，从形式上看，律师是委托人利益的代言人；从本质上看，律师则是构建法律公正的必备要素。

社会上有人这样看律师，将律师职业的表现形式与其本质作用对立起来，甚至将律师这种职业群体与公平、正义对立起来，视为社会的异己力量。例如，所谓“为坏人辩护就是坏人的帮凶”“律师恪守职业道德就会违背社会公德”等。很多青年律师也因为这种社会评价而困惑，苦闷。其实，冲破这种误区的方法并不复杂，变换一种角度去思考，就会变得更加易于理解。

我常常说的一个例子：哨兵在重要的岗位上站岗值勤，如果就在他面前不远的地方正在发生着严重的犯罪行为，哨兵应该怎么做呢？放弃自己的岗位，去制止违法犯罪行为的发生？还是坚守自己的岗位？任何人在这种情况下，都会接受内心的煎熬，但是，别无选择，他只能坚守岗位。道理很简单，那是他的职责所在。在工作岗位上他的社会角色就是一个哨兵，哨兵的职责只有一个，就是站岗放哨，而打击违法犯罪和见义勇为那是公安机关的职责和没有特定职责的其他社会公众的义务。如果哨兵违背了他的职责，没有能坚守岗位，那么，带来的可能是更严重的后果和损失。

这个例子说明每个人都有自己的社会角色定位。回到律师的角度，律师的职责就是接受委托，依法维护委托人合法权益，除此之外，再无其他。只要这样，律师就已经履行了他在整个法律职业体系中的角色分工，就体现了他维护法律公正的作用。律师不是检察官，更不是法官，律师不能也不可能超越职责范围，行使国家公权力，否则就是越俎代庖。如果原告律师出于公平角度去帮助被告，辩护律师出于社会责任感去指控自己的委托人，就会因角色错位而导致法律天平的倾斜，甚至会造成整个司法体系乃至社会的混乱。

只有在整个法律职业共同体中的不同角色各司其职，才能完成一个和谐统一的法治构建。在这个法律职业共同体中，任何人都不可能成为维护社会正义的独行侠，谁都不能把自己当成救世主。

律师的职业道德是与社会道德在根本上和谐统一的，律师职业的本质与社会公平正义是并不矛盾冲突的。当公权力与私权利发生冲突时，面对这两种权利的悬殊差别，律师站在私权利一边与公权力抗衡，是防止公权力滥用的重要制约手段，而这种制约又正是维护公权力的正当性从而使国家政权得以稳固所必需的。资本主义国家的律师制度发展了几百年并且日臻完善，足以证明律师制度的重要性以及与国家利益的高度一致性。

律师职责与作用的特点表明，律师是维护人权和维护社会公平、正义所不可缺少和不可替代的重要力量，但却不是唯一的力量。也就是说，律师不能包打天下，而只是维护人权与公平、正义的组成部分之一。律师的职责是维护正义、追求正义，而绝不是正义的对立物。但是，也不要将律师看作承载正义的使者，维护人间正义的天使，若如此，中国律师的发展将找不到出路。“律师既不是天使，也不是魔鬼；律师既不代表正义，也不代表邪恶，而是通过参与司法活动的整体过程去实现并体现正义。”

这就是我们律师的职责所在，应当以依法维护委托人的合法权益作为其职业道德的基本准则。当律师的职业道德与社会道德相冲突时，律师首先应当服从职业道德。而服从职业道德本身正是以维护法律公正的方式，从根本上维护了社会道德，维护了社会的普遍正义。弄清了律师的职责内容，我们就能清楚自己的角色定位，摆正自己的位置。我们每一个法律人，都是正义的参与者，通过法治体系中各项具体法律规定的适用，去追求和实现正义。

三、法律人(律师)的社会责任

社会责任，这是一个更深层次的问题，之所以向大家提出这个问题，是因为一方面，有些人将律师行业看得过于功利化；另一方面，由于我们律师制度的历史太短，律师还是一种新生事物，虽然在充满希望、困惑和困难的复杂环境中已经成长起来，但是许多人，特别是青年律师，还处于为立足和生存而挣扎的状态之中。这种状况下有些人就容易淡漠或者忘记自己的社会责任。在市场经济环境下，利益追求是生存的必要条件，但我们仍然不能忽视自己的社会责任。利己与利他是人性中并存的两种境界，人皆有之。对于利己的追求,我们无可厚非;对于利他的行为,人们赞赏有加。凡有人群的地方,每到关键时刻,总会有利他的壮举发生。这就是榜样,也是人性善的升华。其实,每个人都有可能成为利他的榜样。然而,在不同的场景下,也有可能会走向反面。古往今来,无论是个人还是整个社会,都是在利己与利他这两种境界的冲撞中前行。而在唤醒民众和推动历史发展的进程中,永远都离不开利他的境界和壮举。无论外部环境如何,作为一名法律人,都不应当忘记自己的社会使命,提升自己的精神境界,无论对个人,还是对社会,这都十分重要。

“律师的社会责任”这个话题,在各种场合都提出号召,希望青年法律人,尤其是律师,不要光忙于具体业务,还要抽出时间来多读一些哲学、社会学类的书籍,多参加各种社会活动。因为,当我们在读书,在参加社会活动的时候,我们的思想和行为都会受到启迪,理念和境界都会得到磨炼与提升,会更深刻地意识到自己的使命。

我认为,社会使命是法律人的职业天生就具有的内容,是我们职业的一部分。法律人的社会使命,尤其是律师的社会使命,无法摒弃,执业的过程本身就是一个唤醒并加深使命感的过程。无论自觉或不自觉,愿意或不愿意,当无助的当事人向你求救的时候,当巨大的冤情摆在你面前的时候,当你置身于社会政治生活、经济生活各种冲突的旋涡之中而又无法回避,当你以专业的敏感发现一些社会的弊端而又无法容忍,当你意识到以自身的专业能力还可以为实现公平正义做出一些贡献的时候,你就很难依然保持淡定、沉默而无动于衷,你就很难停留在仅仅为赚取些许律师费而例行公事的服务模式之中。

我们律师活动的舞台遍布于社会的各个层面，因为法律问题存在于社会生活的各个方面，无时不有，无处不在。所以，律师有更多的机会以全方位的视角去认识社会和体验社会，律师的活动也与全社会的脉动息息相关。这就使律师与社会政治生活和经济生活紧密相连，成为最能感受和维护社会公众切身利益，乃至与民主和法治共存的一种特殊职业。正因如此，律师这种职业群体才能成为政治家的摇篮，成为培养社会精英的基地。使命感的增强会使我们走向更高的境界。

我所看到和体会到的是，在中国，越来越多的律师体现出了日益强烈的社会使命感，他们在履行自身职责的同时，也发挥着一种社会活动家的作用，甚至也会像战士一样，勇敢地捍卫法律的原则和职业的尊严。做律师并不难，难得的是在做一名尽职尽责、依法执业的合格律师的同时，不忘自己肩负的社会使命，以自己的行动，提升律师的地位和境界。

同时，我们还必须看到，律师可以是战士，却不仅仅是战士，一个感受到自己的社会使命并愿意为之而尽一份努力的律师，不仅要提升自己的目标，而且要提升自己的能力。因为我们面对的不是普通的战场，我们活动的舞台更具政治色彩。所以，为了实现律师的社会使命，我们就必须提升自身的能力和层次，律师不是匠人，不是熟练工，而应当是专家，是社会活动家。这就要求我们不仅仅会简单地解释法律和运用法律，而是要理解法律的真谛，掌握法律的本质，做到对法律的深刻解读和运用自如。就实现的方式而言，就是要以推动法律的公平和法治社会的发展为己任，尽其所能而勇往直前。

我希望年轻法律人从一开始就抱着这样崇高的使命感，肩负起社会的责任。即使因为能力有限,暂时还无法肩负起它,但我们要始终牢记这份使命,不断地充实自己的理论知识和提高自己的综合素质,在职业过程中不断地历练自己,要做一个既有社会责任感,又有能力担负起这种责任的人。这是我对所有青年法律人的期望!

国家兴旺,法治辉煌的希望就在你们身上!

提升技能、更新观念，是青年律师培训的当务之急*

主持人给我这个题目——《新常态、新格局下刑事辩护业务的新思考》，这个题目其实很大，由于时间的关系我只能简单地谈一点看法。看到坐在下边的咱们这些律师，第一个感觉是“气不打一处来”，你们太年轻了，用周立波的话说都是“接我下班的人”，后浪推前浪，后浪要把前浪拍到沙滩上。

* 根据2017年3月9日田文昌律师在“新格局下刑事辩护业务的趋势与挑战”论坛上演讲整理。

但是,同时我看到了中国律师界的希望,希望就在你们这些人的身上。

一、法治现状:历史原因致诸多概念有待厘清

谈到常态,我想给大家先讲一点历史,中国的律师业在全世界的历史上是非常独特的,这是很奇怪的一件事情。在世界范围内,古罗马时期就有律师的雏形。可是在浩瀚的历史长河中,中国社会却独独地这么特殊,连律师的雏形都没出现过。大家知道中国历史上有“状师”,但“状师”不是律师,是在街上摆个桌子给人家代写文书的,被称为“刀笔吏”的“非法经营者”,他没有合法经营的权利,更没有在法庭上发言的席位。

在中国历史上律师的出现,仅仅才一百零几年。1911 年,孙中山当临时大总统的时候,起草了一个《中国律师暂行条例》,还没有公布就被袁世凯篡权了。袁世凯在 1912 年公布了孙中山主持起草的这个律师条例。也就是在 1912 年,中国历史上才第一次有了政府认可的律师制度。

接下来从 1912 年开始,到 1949 年,军阀混战、外敌入侵,律师制度根本就没有得到正常的发展。其间也出现了几个出色的律师,但是为数很少。这是中国历史上第一个阶段的律师制度。

第二个阶段,1949 年新中国成立后,取消了律师制度,一直到 1954 年才学习苏联的经验,完全按照苏联的模式组建中国的律师队伍。大家都熟悉的张思之老先生,就是北京受命组建律师队伍最早的先行者。据统计,从 1954 年到 1957 年,3 年左右的时间,全中国一共有 2000 个左右的律师。但是,到 1957 年反“右派”斗争一开始,全军覆没,一个都没剩,律师界一概是“右派”。

当时的律师，都是刑辩律师，没有民事律师，非诉律师根本谈不上。所以，刑辩律师最主要的罪状，就是为“坏人”辩护，因为替“坏人”辩护，所以他们也是“坏人”。我导师的导师，是当时中国法律界第一号大“右派”贾潜。贾潜老先生在边区政府当过法院院长，新中国成立后，担任最高人民法院审判日本战犯的特别法庭庭长，是既懂理论又懂实务并且革命经历资深的老前辈。结果1957年他成了法律界第一号的大右派。他的学生，我的导师，西北政法大学的谢士彬教授，当时是中国人民大学第一批硕士研究生，受老先生的牵连，毕业后被发配到陕西宝鸡的一个中学教外语。

1980年，我读研的时候，曾到北京专程拜访过我这个师爷。当时他已经80多岁了，是司法部的顾问，跟我谈了两三个小时，仍然思维敏捷，非常健谈。其中有一件事，我到今天仍记忆犹新，是一个现在咱们都没有想到的一个问题，或者说是没有重视的一个问题。

他说我们有很多混乱的概念，比如，什么叫刑事犯罪？在中国犯罪还有不是刑事的吗？我们如果分为破坏社会治安的犯罪、破坏经济秩序的犯罪还有一定道理。现在只把刑事犯罪当成了杀人放火的破坏社会治安的犯罪，而经济犯罪就不叫刑事犯罪，这个概念是混乱的。

大家想一想，对不对？老先生几十年前就提出来了，这个概念是乱的。我们很多概念是需要厘清的，由于时间关系我不展开论述。

那么接下来说，1957年以后中国律师制度废除了。接着在1966年又砸烂了公、检、法，法治被彻底废除了。

直到1979年改革开放以后，提出了依法治国的目标，才恢复律师制度。说是恢复，其实完全是重建。1979年到现在的三十多年，可以说是中国历史上从古到今律师制度发展最迅速的一个阶段，现在全国有了30多万名律师。所以从这一点上来讲，我们是很幸运的一代人，我们可以说是新中国律师制度的开拓者和践行者。

二、律师新常态：提升技能、更新观念

简单地回顾历史以后，我想跟大家说，新的形势下刑辩律师的新常态应该是什么样子的。

简单说有两个方面：一方面要提升技能；另一方面要更新观念。

30多年过去了，中国律师制度发展虽然成绩斐然，举世瞩目，但我个人认为，我们还是停留在一个非常初级的、很不成熟的、非常稚嫩的，在摸索中磕磕绊绊、蹒跚前行的艰难发展阶段。

在短暂的律师制度发展过程当中，我们学到了很多东西，创造了很多东西，但是因为我们没有历史的积淀，没有前车之鉴，律师业的发展受到种种限制。我们走到现在，一个最明显的进步，是我们律师和法官、检察官的专业化程度提高了，科班出身的人占据了主导地位，这是一个很大的进步。我们的知识层面，我们的理论功底，都得到了很大的提升。

但是，我们的操作技能却很差。

我经历过很多案件，接触过很多律师，别的不说，就说我们刑辩律师，真是百花齐放、百家争鸣，什么样的工作方式、方法都有。但是怨谁呢？不怨这些人，怨他们没有人去教，没有人去带。直到今天，我们还停留在一个仅仅有知识而没有技能培训的这样一

个初级阶段上。

法官、检察官的队伍也存在同样的问题，我们的技能培训都是空白的，反正你大学学了法律干什么都行，公、检、法、律师“通吃”，没有技能培训，这是一个严重的问题。

这不是个人原因，是历史原因，因为这段历史是空白的，没有人讲。所以这个问题就非常严峻了。我们在座的几位导师都是中国律师界叱咤风云的人物，但是我跟你们说，毫不夸张，将来真正证人出庭了，交叉质证了，他们谁都不会“玩儿”，我也不会，因为没练过。所以，现在我们要补上这一课，不补不行，不补就跟不上形势！

我参加过两次陈瑞华教授搞的模拟法庭项目，演示交叉质证。美国的、中国香港地区的、中国内地的，三拨人马，都是由真正的法官、检察官、律师来演示。一个同样的案例，美国的模拟法庭和中国香港地区的模拟法庭提出的问题没完没了，却没有废话。好像没话找话找出了那么多话来，问了两个多小时，真是打破砂锅问到底。问完了，我们在座听的也都听明白了。

而中国内地的这个模拟法庭却是真的找不着话，连半个小时都问不了，实在是不会问了。然后控辩双方拿出一沓写好的辩论词来，我念我的，你念你的，永远是两股道跑的车——找不到一个交叉点。

人家是以问为主，我们是以辩为主。说白了我们根本就不会问，好像变成辩论赛了，只会吵架。这怎么能行？这种辩论式的质证是没有意义的，就不能称之为质证。所以在这个问题上，我们的差别非常大。

我一再讲，如果真正有一天，像我刚才讲的证人出庭问题解决了，交叉询问的问题成为必需了，我们会“玩儿”吗？就像现在我们的法庭上，我们的控辩双方在这么简单的问话当中，有多少人知道什么叫诱导式发问？我们有些律师也一样，自己在诱导式发问还振振有词，人家提抗议提反对，我们还不服气。相反，该使用诱导式策略的时候我们又不会，控辩双方都存在这样的问题。可以说根本就不掌握交叉询问的方式和要领。

所以我说中国律师业的发展30多年，一个阶段差不多过去了，该翻篇了。从我开始，马上就要翻篇，你们这几位导师还能坚持个10年、8年的，完了也该翻过去了。所以，未来就是你们在座这些年轻人的。

我说的是个很沉重的话题，同时也是很严肃的话题，为什么？这不仅是年龄问题，更是理念更新和能力提升的问题。我们要正视这个现实，要尊重这个历史，不服是不行的，包括法学界也是一样。

从1979年恢复法治开始，我们的老一辈法律人奠定了中国法治建设的基础，做出了杰出的贡献。但是，当时受到条件限制，整个法学理论和法律实务基本上都是承袭了苏联的模式。后来，随着研究的深入，尤其是信息交流的扩展，欧美国家的法学理念和司法模式开始受到重视，年轻一代的法律人开始尝试突破苏联的框架进行更深入的探讨，如我们大家熟悉的，江平、高铭暄、陈光中、应松年、樊崇义等一批老一辈学者，属于改革开放后第一代法律学者，他们的学生们当属第二代法律人。目前，在第二代中有些人在努力有所突破，并且付出了很艰辛的努力，但我认为还没有太明显的成果，因为条件尚未成熟，难度太大。

现在，这第二代人也快翻篇了，我自己也应当属于第二代之中，也要翻篇了。而第三代已经赶上来了。我认为，在中国现阶段，第一代和第二代法律人都只能是开拓者，是铺路石，难以真正有大的突破。这是历史条件的限制，并不是个人水平的原因。中国的法学理论和法律实务具有突破性发展的黄金时代应当在第三代法律人身上。时势造英雄，这是时代赋予年轻一代法律人的重要使命！我们这两代人是心有余而力不足，而你们这一代一定要不辱使命。

三、如何提升技能：小班诊所式培训，要搞人人进入角色的头脑风暴

现在回到主题上，我们如何尽快地提升技能。

对于年轻律师来说，现在理论培训并不十分急迫，因为大家基本上都是科班出身。相比之下，更缺少的是技能培训，而且技能培训难度很大。理论培训可以讲大课，我讲过 2000 多人的课，效率很高，但技能培训超过 30 人都不行。因为技能培训需要诊所式培训，要每个人都进入角色、进入状态，要搞头脑风暴。

我前些年在美国哈佛和纽约大学等地方，一共参加了 3 次技能培训。后来在全国律协刑委会开展的与加拿大和美国合作项目当中也开展了几次同类培训，效果很好。但是这种培训人数不能超过 30 人。

因为它是以一种完全进入状态的模拟法庭为基础展开的，从分析案件开始，到法庭调查、质证，直到辩论整个全过程，每个人都要进入角色进入状态，这个效果是非常明显的。只有经过这样系统的培训，我们的辩护技能才能够有整体的提升，就像专业队和业余队的关系一样，业余队里面有很多能人，但是由于没有正规训练，就差一个层次。而一旦经过培训，就很快会夺魁，成为佼

佼者。

中国的刑辩队伍不乏天才,不乏佼佼者,缺的是没有正规化的严格训练。所以我一直在想把国外这种训练,逐步引进到中国来。我并不是说国外的就一定好,而是因为他们有历史,有传承,有在长期实践基础上的总结和提升,形成了系统、完整的模式和原则,这些正是我们没有的。

但这个有很大难度,第一个是由于人数所限,必须反复不断去轮流培训;第二个是环境和氛围,在国内培训会有一定差距。所以,中国律师如果要完成这种系统培训,我想 10 年时间都未必能完全做到。

但这种进度是难以适应形势发展的,因为我相信用不了 10 年,证人出庭问题一定会解决。真正解决了怎么办？所以,现在就必须得系统地学、正规地练。要抓紧培训,争取时间,一定要有紧迫感。否则就不能适应环境,就跟不上形势发展的需要。

抱柱导师营在与我探讨这个模式的时候,我也考虑,为什么它有价值呢,就是重在实务的培训,要是单纯讲课就不用采取这种方式了,实务的培训要一步一步地走,要言传身教,耳濡目染,这样实务能力才会有明显的提升。

所以,我希望第一期培训营能够把刑辩律师的实操能力培训作为重点内容,让学员真正学点真东西,真正把我们实务操作的能力提升起来,这才是我们的实效,是我们的亮点。

四、如何更新观念:如果不能改变执法者思维,至少要改变自己

另外,我说的是更新观念。

这一点更重要。30 多年的法治建设，我们的观念虽然已经更新了几轮，但现在还远远不够。最让人感到悲哀的一个问题是，对“无罪推定”的认识仍然存在重大分歧。

大家想一想，曾几何时，我们还不能谈“疑罪从无”，还不能谈“宁可错放不能错判”，甚至还不能谈“无罪推定”。到今天为止，刑事诉讼法还没有堂而皇之地写上无罪推定原则。多年来呼吁无罪推定原则的主要是理论界、律师界，但落实起来却阻力重重。十八届四中全会以后与无罪推定相关的一系列原则才得到公开认可、大力提倡。这是一个重大进步。

但在很多人的思想深处，直到现在，“疑罪从有”的理念还根本没有转变。这就是转变观念的重要性。

我们现实当中有很多需要解决的问题，无罪推定是一个大问题。

例如，我们这么多年来一直在讲，“既不冤枉一个好人，也不放过一个坏人”，我们是“不枉不纵”。

但是，当你难以达到这个目标的时候，当你的证据出现问题的时候，当你无法解决到底能不能做到不枉不纵的时候，究竟是“枉”还是“纵”呢？没人说了。结果是什么？结果是权力决定，谁嘴大谁说了算。没有确定性的具体标准，必然会导致主观随意性。

我们这边喊绝不冤枉一个好人，那边又说绝不放过一个坏人，那么当一个法官面临着追责的时候，他就会无所适从。多年以来，由于我们从来不敢提出疑罪从无的问题。导致的结果是，不提疑罪从无就是疑罪从有。在实务中就是宁可错判，也不能错放；相反，如果疑罪从无的原则能够得到肯定和落实，当法官被追责所面临的风险是“错判”而不是“错放”的时候，宁可错放而不可错判才会成为常态。

再如，刑事诉讼法的价值目标是什么？过去是讲打击犯罪，保护人民。大家仔细想过没有，这个提法的问题在哪里？表面上看，打击犯罪，保护人民绝对正确。一方面打击犯罪，另一方面保护人民错了吗？其实这是个偷换概念的说法，刑事诉讼法的立法目的是为了保护人民吗？还是为了保护嫌疑人、被告人？

保护人民的任务不是通过刑事程序法来实现的，因为打击犯罪本身就是在保护人民。程序法的主要任务是体现在对实体公正的保证作用上，也就是通过程序约束，来保障打击犯罪的准确性和正当性，具体来说就是在打击犯罪过程中依法保障嫌疑人、被告人的合法权益。历史上，刑事诉讼法的出现和发展历程，就体现了不断加强对嫌疑人、被告人人权保障的作用，就是沿着这条路发展下来的。所以它的目标是保障诉讼程序的正当性，从而保证不要冤枉嫌疑人、被告人，尽量减少冤假错案的发生。

保护人民应该从另外的角度来强调，而不是用刑事诉讼法来强调保护人民的作用。经过多年的讨论，刑事诉讼法终于在第二次修改的时候改了，强调打击犯罪，同时要保护嫌疑人、被告人的人权。这是非常重大的一个进步，这就是我们理论界今天所认可的“并重说”，即现行刑事诉讼法的价值目标是强调“打击犯罪与保障人权并重”。

但是，认真分析起来，这个“并重说”仍然是经不起推敲的。因为，“并重”虽然是一种美好的愿望，也可以说是一种理想境界，但是当现实问题与“并重”的目标发生冲突的时候，也就是在某一个具体案件中当打击犯罪与保障人权难以并重而必须做出取舍的时候，究竟是选择“打击”，还是选择“保障”呢？这就又涉及“疑罪从有”还是“疑罪从无”的问题。所以，这个问题与“不枉不纵”的冲突一样，也会陷入困境。再强调一下，“不枉不纵”“打击与保障并重”概念本身并没有错，都是一种最高目标的理想境界，问题只在于其内在的逻辑冲突。而刑事诉讼程序规则所要研究的正是如何实现这种目标和理想的具体的行之有效的方法论，并非这种目标和理想本身。所以，仅仅用“并重说”来定位刑诉法的价值目标，可以说是一种抽掉了方法论的“空谈”。而这种“空谈”所导致的直接后果，就是因缺乏具体标准进而形成标准的多重性和随意性，致使在司法实践中使人们无所遵循。

所以，理念问题是刑事辩护的深层次的问题、根子的问题。刚才我说第一个是提升技能，这是操作层面的，更新观念则是根本性的问题。

涉及观念更新的问题范围很广，内容很多。因时间关系不能展开，希望大家继续思考、深入研究。我们做律师的，没有权利、没有能力迫使法官、检察官、学者都去解决理念问题，但首先我们自己得解决。很多律师在跟我讨论问题时，我发现他自己都没搞清楚，他还站在另外一个角度上去思考，甚至还带有明显的有罪推定的意识，那他怎么能在辩护中发挥更大的作用？

有一个国外的律师讲了一句话，很有意义，他说你作为一个辩护律师，你要相信你的当事人，你才能进入状态；如果你都不相信你的当事人，怎么能帮他辩护？

有人批评我说你太偏颇了，你不公正。所以我说律师既不是天使，也不是魔鬼，既不代表正义，也不代表邪恶，我不偏颇，司法能公正吗？律师并不是天平本身，而只是天平一端的砝码，只有通过我们最大限度、最极致的辩护，才能在天平一端的砝码中加重我这一方的分量，从而才能使审判者做到兼听则明，才能求得公正。所以我说，律师虽然不代表正义，但是不等于他不追求正义。只是他追求正义的方式不同，律师追求正义的方式是通过最大限度维护当事人合法权益的活动来实现的，这种方式是由律师职业独具的特性决定的，也是律师职业的法定职责；相反，如果律师在诉讼活动中越俎代庖地自称公正或者自愿去充当公正的角色，反倒是对公正的妨碍和破坏。在刑事诉讼过程中，一个无罪的人，通过律师的辩护，可以重获清白；一个罪轻的人，通过律师的辩护，可以免受重罚；而一个犯有重罪的人，通过律师的充分辩护后仍被处以重刑，也可以在程序的正义中彰显法律的公正性。这就是律师辩护的作用。所以，对于观念的更新，一定要高度重视，要多学习、多研究、多讨论，真理越辩越明，要勇于向旧的观念挑战！

理念问题太多，比实务问题还重要。

在新的形势下，提升技能、更新观念，是当务之急。

最后，请大家记住我这句话：下一个历史篇章，是你们的，希望你们做好自己，担起重任，不辱使命，为中国刑辩律师业做出更多的贡献。

没有社会责任就不是合格的法律人*

田文昌在《法制网》接受记者采访

随着2017年全国高考的落幕，历经十年苦读的学子们交出了人生的一份答卷，而与他们一样“心随考动”的还有很多人，中华全国律师协会刑事业务委员会主任，京都律师事务所高级合伙人、名誉主任田文昌就是其中之一。

---

* 载于2017年6月12日《法制网》，记者：陈虹伟、王芳。

作为1977年恢复高考制度的见证者，田文昌与记者分享了他的高考经历和四十年来所见证的国家法治建设进程。

痛失高考机会　却意外圆了求学梦

“高考对我们这代人有特殊的意义。对我个人来讲，有更加特殊的感受和经历。”说到1977年恢复高考，田文昌感受非常深刻，因为他有着与大多数考生不同的求学经历，而这些看似偶然的经历，也最终成就了他与法律结下不解之缘的必然。

回忆起当年听到恢复高考消息的情形，田文昌记忆犹新，“当时，我作为老三届知青下乡回城以后已经在工作了，恢复高考是我们每个人都完全没有想到的事情。我经常说，从1966年‘文化大革命’开始到了1977年已经11个年头了，突然来了这样一个消息，大家真是奔走相告，欣喜若狂。”

田文昌对记者说，“在‘文化大革命’开始的时候，我才19岁上高中二年级，我们跟高考是一步之遥的，我们曾经以为这一辈子不可能再上大学了。所以，一听说恢复高考了，我们老高中的同学绝大部分都在仓促地准备当中纷纷报名，而且绝大部分都考上了不同的大学。可对我来讲，在特大喜讯到来的同时，又如同晴天霹雳，我痛失了高考的机会。”

是什么让田文昌与1977年的高考失之交臂呢？原来，从1976年到1978年，他患上了严重的腰椎间盘突出，眼看着身边的同学都考了大学，自己却因行动不方便，只能拄着双拐。可以说，那是他人生中最痛苦的一段时期。

但是，命运之门对田文昌来说并未就此关上。正所谓，塞翁失马、焉知非福。

“1977 年、1978 年这两年参加高考是不限制年龄的。那两年高考有的是父子同学，亲属同学的情况就更多了，那是非常有意思的一种状况”，田文昌回忆说，“1979 年的时候我康复了，但是1979 年以后参加高考就开始有年龄限制，我超龄了。就在我完全失望的时候，我偶然发现了一个机会，因为积压的年头太多了，国内有些院校招硕士研究生，可以以同等学力的年龄报考，能考上就可以破格考取硕士研究生，我在这种强烈愿望的驱使下‘胆大包天’地做了一个尝试，直接报考了硕士，从此以后改变了我的人生轨迹。1980 年我考取了西北政法学院，也就是现在的西北政法大学的刑法学专业。”

一系列的偶然　成就与法律结缘的必然

说起与法律结缘的故事，田文昌用这样两个词来形容：偶然、歪打正着。

1980 年，田文昌成为了西北政法大学的刑法学研究生，而这次选择在他看来，就是一个偶然。

田文昌说，其实，在此之前刑法是什么我基本上不知道，我真正感兴趣甚至迷恋的是音乐。我曾经几次考取了音乐学院附中，但是阴差阳错没有去读。“文化大革命”开始后，我不由自主地转向对政治的关注，我读了大量的经典著作、历史、经济、哲学书籍等。我对理工科完全没有兴趣，而对文科比较喜爱，可我看到高考硕士招生简章只有三种文科专业：哲学、经济学、法学。由于当时考取哲学和经济硕士学都要考高等数学，而我高中二年还没学高等数学，所以，“华山一条路”，只有一个法学可以选，就这样把我“逼上”了法学这条路，所以，我是歪打正着误入“法途”。

为什么会报考西北政法呢？据田文昌讲，身为辽宁人的他，原来报考的是吉林大学法律系的宪法专业，可是后来一了解，这位教授只招一名脱产硕士生，而且明确一定要名牌大学毕业的。田文昌感慨道，“我连非名牌大学都没上过，无奈中，我在报名截止前一天完全是慌不择路，像押宝一样的选了西北政法。所以说，我跟西北政法和法律有一种特殊的缘分”。

说起自己与法律相伴的偶然事件，田文昌觉得还远远不止这些。“我当时在工厂教育科上班，工作非常忙，家里负担特别重，复习时间又特别紧张，实际上我已经生病了自己却不知道。在考场上，第一门考得是俄语。恢复高考的时候，研究生录取外语是单独的分数线，低于50分总分够了也不能录取。而我在考试的时候，只答了一个小时就因劳累过度和精神紧张晕在考场上，后来监考老师把我架出去在外面的床上躺了一个小时。当我缓过来以后，三个小时的考试时间只剩下一个小时，我就求着老师把我架回来让我接着考。记得当时我已经坐立不住了，两个监考老师就在我身边扶着我的胳膊坚持答了一个小时。出乎我的预料，最后我的外语分是52.4，刚刚过线，而我从来没学过的刑法专业卷考出84.5分！这完全出乎我的预料，就是在这种情况下我考进了西北政法大学。”

从教授转型律师　融合法学教育与实践

大学毕业后的田文昌进入中国政法大学，成为了一名法学教授，而他并没有就此停下法律职业角色的转换。

“20世纪80年代，在大学授教课时，我特别注重案例教学，搜集了大量案例书上的例子给学生们讲课，觉得很得意、很自豪。

1985 年,我在中国政法大学的律师事务所做兼职律师,接触了社会实践之后我觉得,作为一个学者,我急切地需要更多地接触实践、了解实践、参与实践”,田文昌说,“在我亲身办了大量案件后,我再拿这些真实的案例给学生讲时,我发现以前我根本没吃透这些案例真正的内容。当我有了切身的体会以后,我再讲授给学生的感觉完全不一样,所以我更加认识到理论和实务相结合的必要性和重要性。”

“说实话,我从 1990 年开始犹豫了 5 年,到 1995 年我才终于决定离开大学校园做一名专职律师。这个决心很难下,当时我已经 48 岁了! 而且,我当时学生们是洒泪而别,我与他们的感情特别深”,田文昌很有感触地回忆道。

自此,他成为了全国由教授转做律师的第一个人,对法学教育和法律实务二者如何能更好地衔接在一起也有了更深层的认识。

田文昌坦言,“我认为,第一,大学的法学教育亟待进行大刀阔斧的改革;第二,律师的理论水平亟待提升。所以,我觉得中国的法学教育和法律实务必须能够紧密结合起来才能有新的提升。改革开放三十多年了,国家的法治建设取得了非常辉煌的成果。回顾过去,我们应当有一个新的提升,这其中一个重要的因素和前提就是一定要解决法学理论和律师实务相结合的问题。”

“我虽然转型做了律师,但我没有停止法律教学和研究,更重要的是我用理论根底来提升律师业务,来培养、培训律师队伍,并参与到国家的立法和修法工作中去,能够切实切身感受到自己的价值,对社会的作用更多了更直接了,这也是内心感到自我安慰的一个方面”,田文昌说。

37 载与法相伴　亲历国家法治发展

从1980年在西北政法大学初识法律至今,37年光阴匆匆而逝。在这37载中,田文昌不仅经历了个人的职业转型,他心中这颗法治的种子还随着国家法治建设进程的推进而跳动。

回顾我国刑事诉讼法律体系发展的重要进步,田文昌认为,其中一个重要标志是程序法的提升。“我读研的时候,没有选择程序法是因为当时瞧不起它,觉得实体法才是重要的。所以,从我的《与法治同行》论文选集中就可以发现,在初期阶段,论文的第一个主要内容是实体法,第二主要是总论,当时我既轻视程序又轻视分论,以为纯理论才是学问。到了20世纪90年代改革开放,随着我国法治化进程不断加快,程序法得到非常快速的发展。可以说,到今天为止,刑事程序法比实体法更加活跃。我认为,一个国家程序法的发展程度标志着法治化的成熟度,程序法的深入发展、理论的提升,真正促进了整个刑法体系的发展,更重要的是对司法环境的改善,对保证实体法起到非常重要的作用。”

“在程序法快速发展的同时,我们的实体法也有很大的提升。”田文昌认真地说,“我们都知道1979年的刑法、刑事诉讼法跟现在的比起来完全不可同日而语。这几十年的发展突飞猛进,但不得不承认由于历史等方面的原因,现在的刑事司法环境仍不尽如人意,还有很多问题需要进一步研究、发展,我们的司法环境、司法水平还有待改善,这是每一个法律人所面临的重要问题,也是我们肩负的责任。”

谈及律师在法治建设进程中的作用和责任,田文昌认为,律师行业从1979年发展到现在,在三十余年的时间里,已经有了30

多万律师与我国的法治发展同步提升。下一步，中国法治社会的发展再前进一步，直接伴随的是律师制度的健全和完善、律师地位的提高、律师作用的加强。“这是我们每一个法律人所期待的，也是我们每一个人应该为之努力的重大问题”，田文昌满怀期待地说。

对与那些即将通过高考成为法学专业的学子，田文昌寄语道，“任何一个高考学子都是雄心勃勃的，我希望大家都能够成功，但是我有两条建议。第一，高考不是唯一的路，没有取得高考的成功未必不能取得人生的成功。我经常对我的学生说，不管做什么，实现了人生价值就是你最大的成功。第二，如果你报考了法学专业，想做一个法律人，那么无论你具体从事什么样的法律职业，你就一定要认识到自己有一份社会责任，没有社会责任的人不是一个合格的法律人。”

陆

造梦工厂

综合化、团队化律师事务所的构建与发展*

田文昌在京都律师事务所与参加研讨会的专家学者及律师同行合影

一、市场主体需要综合化、团队化的专业法律服务

我国的市场经济与法律建设都处于初级阶段，经济与法治的结合尚处于磨合期，与发达国家市场经济的环境相比，我国的市场环境尚处于发展状态，既不成熟，也不稳定，与发达国家相对健全的法治环境相比，我国的法治建设也是正处于发展完善的过程之中，法律本身是以经济基础为根基的上层建筑。在经济基础尚

* 载于2005年《中国律师》。

处于发展变化的状态之下，同样也处于发展完善过程中的法律建设，犹如沙滩上的建筑，没有牢靠的根基，而且，社会公众的法律意识也相对淡薄，对法律服务方面更是缺乏了解，在这样的经济与法治环境之下，市场主体对法律服务的需求也处于一种游离状态，虽有需求，但对需求的目标却不明确，无论是自然人亦或是法人，其寻求法律服务往往都是出于一种消极求助的被动状态，虽然在一定程度上看到了法律服务的必要性，但看不到这种服务于自己的生活、经济活动之间的内在联系，找不到服务与需求之间的结合点。

与市场需求的状态相适应，我国律所提供的法律服务也往往是初级的、单一的、滞后的。

例如，企业与法律顾问之间的关系，或者为平日无沟通，直到火烧眉毛的时候才想起律师的松散顾问模式，或者为大事沟通，小事不问的半紧密型法律顾问模式，在这两种顾问模式下，因为律师不了解企业经营活动的全面情况，很难提供防患于未然的超前法律服务，更不能及时对突发状况及可能发生的问题作出明确判断，难以发挥出法律顾问的真正作用。

真正有效的法律顾问模式应当是紧密型的，法律顾问不仅应当过问并参与顾问单位的各种日常法律事务，而且应当随时掌握其运动过程的全面情况，在与顾问单位相互信赖的基础上，成为其决策者的高级参谋，只有这样，才能真正发挥法律顾问的有效作用，才能使顾问单位的决策者在摆脱法律困扰的情况下去大胆决策。从而才能使决策者有条件并有理由声称："有事去找我的律师。"

然而遗憾的是，目前在我国却很少能够见到这种名副其实的紧密型的法律顾问模式，而松散式模式成了普遍现象，这种现状足以反映出市场经济主体对法律服务需求的不明确，简言之，人们还只是从表面形式上承认法律服务的作用，但并不了解如何去体现和发挥这种作用。

随着市场经济的迅速发展，市场环境越来越复杂多变，市场主体面临的法律问题也更加集中、综合，不同的法律关系往往会相互交叉，十分复杂。因此，对法律服务的质量要求也越来越高，而且需要具有预见性的，能防患法律风险于未然的综合性法律服务。

二、综合化律师事务所应运而生

如何在竞争日益激烈的法律服务市场中保持优势地位，对任何一个律所来说都是一个巨大的挑战。

这就涉及每一个律所不得不面对、思考的发展方向问题。

纵观我国律师事务所的发展，概括起来主要有三种模式：

第一种是松散型的律所，这是目前我国律所存在的主要形态。这种律所的业务类型包罗万象，全面开花。但实际上，只是若干个律师挂名在一个律所之下，各显其能，各自为战，相互之间没有配合。这种松散的联合执业，具有短期优势，但长远来看，不具备市场竞争力。

第二种是特色化的律师，所谓特色化，就是以特色服务为优势，单科突进。诸如以某一种非诉业务或某一种诉讼业务见长的律所，或是以涉外业务著称的律所等。这种发展模式容易提升，占领市场快。

第三种是以团队化为基础的综合化律所。这种律所的特征是:以团队配合为基础,以律师个人业务专业化为支撑,以律所整体业务综合化为平台,在团队支持和充分发挥律师专业特长的基础上,向客户提供优质、全面的专业化法律服务。这种形式提升难度大,占领市场慢,管理成本高,而且必须以团队化的管理机制为基础。

这三种不同的律所模式,各有特色,其面对的服务对象也各不相同。但是,对于市场主体来说,最为需求的显然是第三种模式。诚如前面对市场主体需求的分析,在市场经济和法治环境还不够成熟,企业法律风险防范意识十分不强的情况下,企业经常会出现并发症式的法律问题。对于这种并发症式的法律问题,松散型律所或者单一特色化的律所是难以应对的,只有具备综合法律服务能力的律所才能够应对和化解。

所以,对于市场主体而言,综合化律所的市场需求量最大,后劲最足,将成为我国律所发展的主流方向。

三、综合化律师事务所的构建

管理机制团队化,个人业务专业化,是综合化律所赖以生存和发展的基础和前提。

对于综合化、团队化的律所而言,最重要也是最难形成的,是团队化管理机制。因为,具有各种专业能力的律师汇集在一起,组成一个具有综合服务能力的律所,并非难以做到。可是,这些律师能够形成一个随时可以协调一致,紧密配合的强大团队,却并非易事。

而这种团队建设的最大难题,则是缺乏一种科学、成熟的利益分配机制。

柜台制的松散型律所，之所以各自为政，人自为战，其主要原因就是缺乏科学、合理的分配机制。

以小团队为核心的山头化管理新模式的律所，之所以难以打破壁垒，形成全律所的整体团队，其主要原因也是缺乏科学、合理的分配机制。

许多律所在发展壮大过程中，到了一定规模就发生裂变，另立山头，还是由于缺乏科学、合理的分配机制。

之所以出现这种情况，其实是有其特定的历史原因的。

原因之一：是计划经济转向市场经济的时间太短，包括律所在内的民营经济组织的分配机制没有成熟的经验可循，还处于摸索和创制的阶段。

原因之二：是在打破平均主义“大锅饭”之后，由高度集中走向高度个人化，出现了从一个极端走向另一个极端的矫枉过正的倾向。例如，农村的公社化解体后，被禁锢多年的生产力一经解放，便走向了个体化；城市的个人承包制曾一度成为调动生产积极性的主流方式。这些现象都反映出一种矫枉过正的必然趋势。由于律所的体制也是在这种大环境中所形成，所以，存在这种高度个人化和分配机制不科学的问题，具有一定的必然性。

但是，正如一切事物发展过程中所经历的共同规律一样，矫枉过正之后，随着事物的发展壮大和不断成熟，又必然会回归到适中的状态之中。中国的市场经济如此，中国律所的发展也同样如此。

市场主体对法律服务的客观需求，是团队化、综合化律所生成和发展的外在诱因。因为在目前状态下，无论是分散型管理模式还是小团队的管理模式，都无法形成紧密配合的综合化服务能力,难以适应市场主体对综合化法律服务的需求。而律所内部管理机制的完善和律师专业能力的提升,则是团队化、综合化律所赖以生存的内在基础。因为,只有在科学、合理的管理机制下,才能切实发挥团队内部相互配合的作用和激励律师个人业务方向的专业化。而分配配机制的合理化,则是形成科学管理机制的重中之重。

计划经济体制下的平均主义大锅饭,由于抑制了个人的生产积极性而破坏了生产力;而过于分散的个体经济在激发了个人积极性的同时,又瓦解了团队配合的基础。所以,科学管理的目标就是既要保证能够充分调动个人的积极性,又要保证能够充分发挥团队的整体配合作用。简言之,就是既不搞平均主义,"大锅饭",也不搞各自为战的分账制,而是在坚持内部分工合作的前提下,寻求一种既体现多劳多得,又鼓励相互配合,并且能为每一个内部成员所接受的分配机制的平衡点。在这个平衡点的支撑下,每一个团队成员既能够相互配合,也能够各得其所。

当然,这个平衡点并不是一个简单计算的数字概念,而是在利益权衡基础上形成的一种共识。例如,在相互配合之中,虽然每个人都可能在某一方面各有得失,但这种得失并非固定不变,而是对每个人都具有一定的或然性。更重要的是,在相互配合下,全律所的整体利益会有明显提升,使每一个成员都能从中受益。

这种机制一旦形成,就会将分散的个人力量整合起来,同时,也能使律所不断增强凝聚力。因为,它会使律所成员感受到在律所内部共同受益的优势,使每个人都将自己的利益和荣辱与律所紧密地联系在一起。

由于缺乏现成经验，团队化、综合化律所的构建当然并非易事，并且也需要投入较多的精力，付出较高的管理成本。但是，这种机制并非没有成功先例，国外的大型律所早有先例，国内有的律所也有了比较成功的尝试。至于成本，从长远利益的角度，显然会物有所值，因为这种机制所带来的高效益是显而易见的。所以，我们有理由对构建团队化、综合化的律所充满信心。

当然，法律服务市场对律师服务的需求各有不同，各种规模和类型的律所，包括个人开业的律所都有各自的生存空间，也都能做到极致。所以，没有必要鼓励所有的律所都去搞团队化、综合化。只是对于市场主体而言，也就是对于大、中型企、事业单位而言，对这种律所的需求已经十分迫切。至少在一个城市中，应当有一定数量团队化、综合化的大型律所，而这种律所的构建，不仅是适应法律服务市场的需求，更是创造其自身的商机。

有胸怀，才能有发展*

——在京都律师事务所2012年年会(2011年总结会)上的致辞

——2012年是京都律师事务所的第三次创业！

——应当把律师自身价值的发展和律所的发展结合起来，由名律所培养名律师，名律师带动名律所。

——律师可以是战士，但不仅仅是战士，可以是勇士，但不能是一勇之夫。

——我们京都所发展到现在，还要做强、做大，如果管理不到位，就会出问题。

——诉讼业务是京都所的强项，现在要让非诉业务占据半壁江山。

---

* 载于2012年第1期《京都律师》。

2011年京都所从各个方面，无论是业务发展还是精神面貌都有了一个新的发展。2012年我们将面临一个更大的挑战，这一年，将是京都律师事务所的第三次创业。京都律所的发展目标，就是要真正实现团队化和综合化。眼下，一是要加强团队化管理；二是要发展非诉业务和国际业务。

一、打造综合化的旗舰所

在我们律师界，每一位律师都会考虑自己的发展。但是怎么发展，每个人都有不同的解读。

从律所的主体来看，大致有两种发展模式：一种是以个人发展来实现自身价值的，表现为单兵突进，一枝独秀；另一种是以律所的整体发展为目标的，以提升律所的整体实力为基础。这是两种完全不同的发展观和发展方式，我不是强调哪一种好，哪一种不好。我要倡导的是，应当把律师自身价值的发展和律所的发展相结合起来，由名律所培养名律师，名律师带动名律所。这样两个方面可以互相借力，加快双方发展的速度，这样的发展基础比较牢固，后劲大。

从律所发展的方向来看，1979年以后，中国律师制度发展了30余年。律所的发展方向，我概括为三种。

第一种是松散型。律所的业务包罗万象，全面开花。实际上是若干个律师挂在一个律所，各显其能，是一种松散型的联合执业。应当说目前大部分律所属于这种情况。

第二种是特色化。所谓特色化，就是以特色服务为优势，单科突进。这种模式容易提升，占领市场也快，而且管理起来也相对简单。

第三种是综合化。综合化是以律师个人的专业化为基础，借助律师所综合化服务的平台，以综合化服务为优势，全科并进。这种形式提升难度大，占领市场慢，管理成本高，成功的先例也少，我们大家都可以感受到。但是市场需求很强大，后劲很大。

目前看来，松散联合和特色化的占绝大多数，综合化的数量很少。

从律所的管理体制来看，也有几种情况。第一种是个人化。特点是各自为政，难以分工，难以配合。比如柜台制、分账制。这样的好处是管理成本低，利益冲突小。但是带来的问题是服务质量很难提升，方式就是作坊化。这种个人化和个人的联合开业一样，往往会阻碍律师个人专业化的发展。每一位律师都是多面手，但是水平堪忧。

第二种是小山头化。相对个人化而言，山头化的范围大一些。主要表现为若干个小团队，若干个小山头集合在一个大山头上。这种小山头的做法虽然它的服务能力优于个人化，但是仍然没有形成一个整体。大家可能都知道，一个合伙人带着一个业务部门，或者专做这种业务。他的副手、助理、秘书，都是他一个人发工资发奖金。这相当于联邦制的模式。这种做法在律师所形成一定规模的时候就要受到阻碍。

真正的团队化建设是什么？团队化要求律师和律所作为统一的整体，律所内部进行公司化管理，各个业务部门责、权、利明确，但是要服从律所统一的管理。

团队化管理模式最突出，也是最有竞争力的优势就是凝聚力强、服务能力强。只有这种方式才能适应市场经济主体的需要，为他们提供全方位服务。

京都律师事务所为企业提供的法律服务应该是全方位的，以全所的资源作为后盾。企业聘请律师的真正目的不是聘请单个律师来为自己服务。每一位律师都不是全才，都是有专业性的。

京都律师事务所的选择的就是综合化、团队化。以律所整体发展为目标，以团队化管理为基础，以律师个人业务专业化为前提，坚持律所服务综合化的方向发展的同时，还要培育人才，汇集人才，使京都成为一个人才辈出、精英荟萃的团队化、综合化、规模化的，属于全体京都员工的律师事务所。这是我们发展的大目标。

二、做好团队化，要有博大的胸怀

京都律师事务所要朝着综合化、团队化的大目标发展，要有博大的胸怀，没有胸怀就发展不下去。

胸怀包含很多层意思。比如，人要没有幻想，就没有理想，没有理想就不可能成功。你可以做不到，但是不能想不到。这就是胸怀的一种体现。

又如，对于利益，能不能乐于让利、勇于舍弃、不计小利；对困难能不能勇于面对；对真理能不能敢于低头；对错误能不能敢于承认等。这些都是胸怀的体现。

再往大了想。我们的律所，我们的律师都要承担社会使命，更需要有为实现社会使命的胸怀。律师制度发展了 30 多年，律师的社会使命是什么？

因为律师这种行业的特点，律师所有活动都和社会的、政治生活、经济生活紧密相关。我们的所有感受、想法都很难超脱于社会上各种复杂现实。我们接触的都是与社会上公平正义、民主法治有密切关联的大大小小的事。

我们律师的社会责任感、使命感，是由律师这种行业的本身特点所决定的。只是，有的人是自觉的或者不自觉的，自愿的或者不自愿的。但是，我们的社会上已经有一部分律师表现出强烈的社会责任感，他们做出了自己该做的事情。

律师可以是战士，但不仅仅是战士，可以是勇士，但不能是一勇之夫。我们律师活动的战场，远远比一般的战场更复杂，更变幻莫测，所以我们还要提升自己。

所以，从社会责任的角度，我们更要有胸怀。

回过头来说，对小事而言，对律所而言，要不要胸怀？一样。比如说律师所内部，机制的设置，利益的分配，人际关系的处理，人际关系包括部门关系，老板与员工的关系，律师与客户的关系等，都需要胸怀。可以说，无论大事还是小事，没有胸怀就没有发展。

三、2012年，我们发展什么？

2012年，京都律师事务所要做两件大事。

第一件大事是完善管理结构，提升管理水平。为了做到这一点，我们准备、酝酿、争论、寻求，花费了四五年的时间。一个松散式的、个人联合的律所的管理成本可以很少，也不需要管理成本。而京都律所要做团队化管理，就要加强成本管理。我们的合伙人，都担负着繁重的创收任务，又都不是管理的专业人才，管理起来很困难。经过反复的研究，我们确定要通过专业的部门，寻求专业的管理人员。这样的管理人员，能够把京都所的管理资源和对外开拓的资源整合起来。发挥京都所整体的开拓力量，把京都所的总体业务扩大，而不是仅仅依靠每位律师自己去寻求业务来源。我们京都所发展到现在，还要做强、做大，如果管理不到位，就会出问题。管理到位后，再来扩大、发展，根基就实在了。

第二件大事，就是要充实非诉律师队伍，完成业务综合化的战略。我们为了达到业务综合化的架构已经努力了很多年。尽管目前我们还是以刑事诉讼为优势，但是发展目标一定是一个综合化的架构。

目前，我们一方面稍强，另一方面相对较弱，但是我们的决心没有变。经过这些年的努力已经有初步成效了。希望在一年的时间内，我们全力以赴地招贤纳士，把人才吸引进来；将金融业务、证券业务、国际业务，这三项业务发展起来。我们一直说诉讼是我们的强项，要让出半壁江山给非诉业务。我们已经搭建好平台，欢迎非诉业务的人才进来。我们绝不搞武大郎开店，望各路神仙能够与我们一起共同发展。

以创新推动和巩固京都的改革*

——在京都律师事务所2013年年会(2012年总结会)上的致辞

2012年的年会上,我讲了京都所的两件大事:一是全面整合业务的结构,主要是加速非诉业务、涉外业务的整合,全面发展非诉业务。二是改善内部管理机制。应当说2012年我们成功地走出了这一步,为下一步的发展打下了坚实基础。2013年做什么?2013年要按照新的思路全面推进改革。

在去年的年会上,我还着重讲了"胸怀"问题。有了胸怀才能

---

* 载于2013年第1期《京都律师》。

兼容,才会有发展。今年我要讲讲“创新”。我们面临的是一个动作比较大的改革,所以我想跟大家谈谈如何创新。

简言之,创新就是变革。就哲学角度、历史角度而言,从大方面来讲,创新是生命的活力。就社会来讲,创新是社会发展的动力。大家知道亚洲古老文明非常先进,为何后来被欧洲文明所取代?欧洲通过创新而崛起,新兴的欧洲文明取代了亚洲古老的文明。而今天,亚洲,正因为创新又开始了新的的崛起。

有创新才有发展,没有创新就要衰退,这是一种规律。但为什么有时能创新,有时不能创新?有的人积极创新,有的人否定创新,有的人阻碍创新,有的人害怕创新?这有多种因素的影响。

第一,理念。常有的两种理念:一种是追求变革不安于现状;另一种是不思进取安于现状。对于创新,每个集体、每个个人都会有不同的认识。性格、环境、知识结构都可以影响你的想法。不同人对创新的认识和需求是不同的。我们该怎么样对待这个问题?怎么样提升我们的观念?是我们要思考的问题。

第二,信心。想不想创新?能不能创新?对前景的判断非常重要。如果对前景认识不足,就不会有坚定的信心。在创新上,有“2:6:2”定律:总是有20%的人坚持,20%的人反对,60%的人持随大流的动摇观点。关键是要坚定信心。

第三,决心,也可以叫“行动力”。创新必须有决心,不仅仅是领导者要有决心,每个人都要有决心,当然领导者的决心更重要。改革中的“2:6:2”定律是一种正常情况,但在这种定律客观存在的情况下,领导者的作用非常重要。时势造英雄是必然,英雄造时势是偶然。在同等环境下,勇于创新者就能推动历史,就能超常发展。这是历史发展的必然性与偶然性的结合。

第四，动力。创新的动力是什么？至少有三种情况：一是对更高目标的追求，不满足当前现状，自觉创新。自觉创新主动、准备充分，容易成功。二是竞争环境的推动，在激烈的竞争环境中，处于一种不进则退的境地也要创新。这种创新是“半推半就”的创新，是在推动下的觉醒，这时候创新，为时不晚，也可以成功。三是困境的逼迫，在困境的逼迫下不进则退，不变则亡，属于被逼无奈的被动的创新。这时候创新，为时已晚，创新会面临更多困难。这三种情况下的创新——自觉的、半推半就的和被逼无奈的——我们选择哪一种？我认为我们走向创新之路是第一种情况：自觉地、主动地去创新，成功概率会更高。

京都所为什么要改革？为什么要创新？现在尚没有出现逼迫我们改革的压力，但我们不能小富即安。为了走更远的路，追求更高目标，我们要主动地去创新，去改革。具体理由有以下几点。

第一个理由是开拓更大的市场。京都所的诉讼做得很好，但非诉讼领域还有较大差距。一个国家在正常的环境下，诉讼业务数量是有限的。但在非诉领域中，律师业务在不同环境会下有很大的差别。目前的中国，可以说非诉服务领域连1/10都未开拓出来。是人们还没有认识到，而且环境也没有迫使到要发展到那种程度。所以，随着市场经济、法治环境的发展，非诉领域会日益广阔。

第二个理由是：突破国界，向境外竞争。我们在非洲设了一个服务中心，非洲是一个新领域、新市场，非洲之外还有其他市场。向国际市场发展是京都所的一个很重要的目标。目前我们已经有了做国际业务的合伙人与团队，我们要坚持往前走。

第三个理由是管理模式要突破发展“瓶颈”。上次我在朝阳律师论坛上讲,全国律所到了今天都遇到了管理的障碍问题。多数律所还是处于各自为政,人自为战的状态。有的所几百人甚至更多,但没有任何团队合作,律师之间没有联系,实际上只相当于三个人的所。这种模式下,大所和小所没有太大区别。发展势头好一些的,要么是搞特色所,要么是搞小山头的所。当然,这些模式各有优势。但为了适应市场经济主体的需求,要搞真正综合化的所就必须有团队。而现在发展“瓶颈”的障碍就是团队机制设立不好。

社会发展到今天,信息化程度如此发达,分工日益细化,再搞个体化就难以发展了。机制设计好了,每个人就能既发挥自己最大作用,又能够最大程度受益。团队化的优势就是,每个人为了团队可能会对自己的利益做出一些不同程度的牺牲,但牺牲的利益远远低于他最终所得到的整体利益。即在加法变乘法的过程中,损失一点个人利益,但目标是争取更大的利益。如果主要以损失个人利益为代价来实现团队化,那这样的团队化就没有意义。团队化成功的标准是牺牲小利换取大利,这是我们检验的标准,也是我们努力的方向。同时,也是管理合伙人今年努力的目标,大家要一起配合将这个机制设立好。

第四个理由是为百年老店打基础,只有合理完善的管理机制才能长久发展。任老,这么大年龄还陪着我们,为什么?是因为大家的共同信念——京都所要成为一个百年老店。

第五个理由是为造就优秀律师搭台。我希望京都所能成为造就优秀律师的基地,而且能够成为律师奔向更高目标的摇篮。我们应该有这样的信心。我认为京都所不能出庸才,也不能留庸才。

京都所只要提升理念、积极进取、展望前景、增加信心、下定决心、高歌猛进,就一定能成功,而且在不远的将来就能成功。我有一个小目标:2015 年是京都所二十年大庆,我们要向世人展示一个令每一个京都人都引为自豪的、崭新的、耀眼的京都所!

坚持就是胜利*

——在京都律师事务所2014年年会(2013年总结会)上的致辞

田文昌在央视2013年年度法治人物颁奖典礼上领奖

一年一度的欢聚又开始了！每年的聚会我都要发点感慨，今年还得发点感慨。记得我前年讲的是"胸怀"，去年讲的是"创新"，今年我想说点什么呢？可能都猜到了我想讲啥。今天我还是想说两个字："坚持"。

为什么这么说，大家知道去年我们京都所提出第三次创业，开始了步伐比较大的改革，要真正实现综合化、团队化、专业化。今年我们京都所的改革可以说处于攻坚阶段，也是最重要、最艰

---

* 载于2014年第2期《京都律师》。

难的时刻。为什么这么讲？我不由得想起了10年前京都所第二次创业时遇到的困境，想起了一句名言：“历史往往有惊人的相似之处”。十年前，我们2002年搬到人寿大厦的时候，提出了第二次创业，那时也是想往综合化、团队化迈进，走出了第一步。大家知道，改革要有成本，要投入。我们到人寿大厦的时候，扩大了面积，提高了层次，增加了人员，我们的成本仅房租一项就增加了三倍半。当时虽然大家都在摩拳擦掌、信誓旦旦，但是这个成本骤然增加，经济上就出现了窘迫。而正在这种关键时刻，2003年来了，2003年是什么年呢？“非典年”，非常可怕的。“非典”来了以后，整个的业务量受到了极大影响，而且当时人寿大厦有几天都被封了起来，进不了人，我们合伙人开会都在什么百望山这样露天的地方。

本来在2002年年底，在改革攻坚状态中由于经济上的窘迫，有些人就开始怀疑，开始后退，有些合伙人离开了京都所。一部分现在留下的合伙人还是要坚持改革，但坚持下来以后，过了几个月，“非典”就来了，又面临第二次考验。但是在这种情况下，我们仍然投入成本，加大力度改革，我们终于走出来了。从2003年年底开始，京都所每年的业务收入以千万在上升，每年增加1000万元左右！告诉大家，2002年年底我们京都所的业务收入刚刚突破一千万元，2003年年底就到了1800万元，“非典”状态下是这样。2004年、2005年以后就是3000万元、4000万元、5000万元……就这么持续增长。我说这个的意思是什么呢？就是，关键时刻要坚持下来。任何改革都要付出代价，任何收益都要先付出成本，世上没有免费的午餐，成功的要诀就是贵在坚持。我又想起毛泽东的一句名言：“许多成功往往就存在于再坚持一下的努力之中。”

去年,正当我们加大力度改革的时候,又出现了与 2003 年类似的问题,不可抗力——“税改”,一下子税收增加这么多,税改对我们律师所产生极大的影响。面对这种情况,我很自然就想到了十年前的那种情况。就是我们在改革的关键时刻,都同样遇到了来自于内部与外部的双重压力!我的意思是说,我们要坚持下来,十年前我们走出来了,今天我们一定也能够走出来。税,经过一年的验证,没有什么太大的问题。一个是我们采取团队化管理的成本本来就很高,与那些低成本运作的律所在成本支出上差别较大,所以税额增加的比例会相对小一些,没有那么可怕的压力;还有一个,我们仔细想想,一个企业在有很多资本投入、冒着很大风险的情况下,年利润能有多少?20% 都不少了,30% 都是少见的,我们是身在福中不知福,我们已经够可以了。原来是习惯了,现在给你多加了一点,没什么了不起,从整个社会的平衡来讲也没什么好在意的。我们不要被吓到,不要吓得钱都不敢挣。而且我听说去年北京司法局也着急了,和有关部门商量,有可能还要宽松一些。我的意思就是说,在我们大踏步推进改革的时候,不要被这些不足挂齿的小困难所阻碍。能走出来,没有什么了不起。

我去年谈“创新”的时候讲,我们这种创新,目标是什么?团队效益是什么?我们不是要搞“大锅饭”,不是要大家投入进去之后牺牲个人利益,而是要扩大收益。怎么扩大?任何事物发展总有一个必经的历史阶段,这个阶段是什么?就是“准备”“转变”。任何发展都会有投入,会有不同程度的放弃和牺牲。但是我们不是无条件地要求大家像“文化大革命”的时候那样去无私奉献,我们奉献给谁呢?我们是奉献给自己。当我们完成这个转变和改革以后,用现在的话讲叫“共享改革带来的红利”。我们作出了三分牺牲,得到了十分、二十分的利益,那就是改革的成果。改革夭折了,前功尽弃;改革成功了,我们共同受益。这就是我们改革的目标,而且我们能够达到这样的目标。

所以我希望我们京都的每一个人,都是我们这场改革的直接参与者,而且都是直接受益者。我们在改革中,过程不是最终的,可能有各种碰撞、各种冲突,可能有各种分歧,如此等等。但这一切都是必要代价的一部分,是应当正常发生的一些现象。我们只有正确认识这些问题,才能化解认识上的分歧,排除前进中的障碍,才能加快前进的步伐,才能减少付出的代价,才能走出来。所以我特别希望在这个过程当中,所发生的一系列问题,都能被我们的大目标所湮没,这是我的追求。

我已经发现,也听到了一些反映,在我们这次改革的过程当中,有各种不同的声音发出来。我觉得声音发出来就是好事,如果禁言,万马齐喑,有话不说,那不是好事。我们为什么发声呢?因为我们关心它。因为涉及我们的切身利益,每个人都要发声,开诚布公地、坦率地发声。我希望,坚持2014。我希望,2014 年是迈向成功的一个起点。我希望,2015 年我们隆重地搞一次京都所20 年大庆,我希望在完成转变的基础上我们搞这个大庆,展示一下第三次创业以后全新的成果。

在谈到坚持的同时,我还想到另外一个问题。在我们改革当中,我还听到大家的一些反映,是关于对京都文化的理解。也有人提出疑问和困惑。这个问题与改革的过程密切相关,为什么?有一种说法认为京都文化是很宽容、很温馨的。可是在改革时加强制度建设就打破了这种温馨的环境,变得比较冷漠、层级清晰,比较公式化,大家失去了家的感觉。这个问题很值得我们思考,我想了一下，想出来一个目标，不知道大家觉得对不对。我们过去是温馨、和睦的，但是我们缺少规则。这也很正常，没那么多人，没那么多事。如果一个家庭只有几个人，就用不着那么多规则；人多了规模大了，没规则就会出问题，就比较乱，所以要有规则。规则怎么建立？我的设想是，京都文化应该成为“温馨而有秩序的大家庭。”我不知道这样的定位可不可以，同意吗？

怎么理解“温馨而有秩序”？首先我们要保持过去的那种温馨，那种平和，那种团结，而且还要进一步地提升。同时，我们要制定出科学而完善的规则。在一个良好秩序的维护下共享京都的温馨，仍然是个大家庭，仍然是温馨的大家庭，但这是个有秩序的大家庭。有人说这是冲突的，我认为这不冲突。

对这个问题，我有切身体会，我二十几岁第一次走向工作岗位，是当中学教师。我刚进校门老教师就跟我约法三章，教育我什么是教师。比如，教师要板起面孔，不能和学生称兄道弟拍肩膀；教师有错也不能认，教师永远正确，等等。我就觉得不对劲，接受不了，我是反其道而行之的。我在中学当教师，学生比我小八九岁，我就拍肩膀，开玩笑，从来没有摆架子，而且我错了就当众认错，从来都这样。但实践证明，关键的时候说话，我是全校威信最高的。说服人，得讲道理，不是靠威严。后来我在工厂教育科，当时就管曹律师他们，也是称兄道弟的，从来都是没大没小。你看曹律师现在都跟我没大没小吧？就是惯的毛病。（笑）但是说实在的，我是他们的偶像，关系特别好。曹律师就是踏着我的路走出来的。他也是自学考研，考的中国政法大学。在中国政法大学，我 1986 年当法律系副主任，后来我领导的那个法律系创收办公室，从办公室主任到每一个成员，个个都很有个性，有人认为他们是学校里的刺头儿。可是他们都非常能干，我与他们非常平等，甚至称兄道弟，只是奖惩分明，该批评的批评，关键时候给他们撑腰。

我举这些例子是为了说明什么呢，机关、工厂、学校我都待过，在管理这个问题上，不怕你没有架子，跟大家平等相待，但是也要有规则，没有规则不行。如果没有规则，只有一团和气，就没有秩序，也没有公平，最终则会导致人心涣散，离心离德。所以，和谐与秩序是统一的，并不是对立的。但是，现在我们的规则建得不是太好，所以现在我们要修补规则，把规则建得更完善，更合理。我一直认为，这种人文化的管理，这种和谐、温馨与严格而有序的规则，是可以统一的。我希望我们大家一起来追求这种统一。我们既不能板起面孔来训斥，又不能没有规则地放任，这应当是我们京都所的文化。我是从社会最底层走出来的人，我学的是法律，教的是法律，干的还是法律。我一生追求的就是平等、民主、规则，我容忍不了破坏平等、破坏民主、破坏规则的现象。我们大家都是法律人，法律人的目标应当是什么？平等、民主、规则。既然这是我们的事业所追求的目标，那么我们自己的律师所为什么做不到？

我们将来检验京都文化的尺度是什么，就是和谐、温馨而有秩序，哪一样缺了都不行。这种氛围、这个文化谁来创造？我们大家来创造！而且我们每个人都有责任和权利来维护这个原则。

我希望我们能在改革攻坚的阶段，坚持前行，争取改革的最终胜利！我们应该在改革过程中进一步发扬和提升京都所的文化，把京都所变成一个真正的温馨而有秩序的大家庭。

当若干年以后，我来这个家庭串门儿的时候，问起田文昌是谁，如果大家知道我还曾经为这里做过一点贡献，我就满足了。

好，谢谢大家！

造梦京都*

2015年是京都所创所20周年，也是京都所完成第三次创业华丽转身成功之年，还是京都所业务收入创下历史新高的一年，同时，又是中国的法治大环境整体回暖的一年。2015年，京都人追寻了二十年的“京都梦”终于踏上了第一级台阶，2015年是京都人值得庆贺和值得回味的一年。

二十年来，京都人风风雨雨，一路走来，享受过喜悦，也经历过辛酸，感受过成功，也遭遇过坎坷。

如今，当梦想已经走向现实的时候，京都人应当想些什么？做些什么？

“京都梦”的第一个目标，就是京都所实现综合化、团队化、专业化。二十年前，在京都所初创之际，只有十几个人的京都所是仅仅以诉讼见长的特色化律所。但是，综合化、团队化、专业化在创所之初就既定为京都所的发展方向。

如今，京都所“三化”的目标终于实现了。以综合化为平台，

---

* 载于2015年第1期《京都律师》。

京都所可以面向更广泛的服务对象,为客户提供全方位的法律服务。以团队化为支撑,京都所可以发挥团队配合的管理优势,确保服务模式的优质、高效。以专业化为保障,京都所可以造就和集合各专业领域的优秀人才,追求业务水平的精益求精。

"三化"是京都人走过了二十年才得以实现的目标,但这只是京都人刚刚踏上的第一级台阶。因为,"三化"的实现还仅仅是"京都梦"的开始,只是京都人踏上寻梦征程的第一步。"三化"的巩固、发展和提升还需要奋力争取,京都所还要谋求更高远的宏图,京都人面临的考验还会更多,需要攻克的难关还会不断出现。因为,在京都人的信念中,没有"满足现状"和"停滞不前"。

面向未来,京都向何处去?

在实现"三化"的基础上,京都所何时能够以自身的足够强大而走向全国,冲向世界?何时能够以无可阻挡的诱人魅力吸纳更多的精英加盟?何时能够以理论与实务成功结合的独特优势,成为造就律界精英的人才基地?何时能够以视天下为己任的社会使命感为推进中国的法治进程建言献策,尽一份绵薄之力……这所有的一切,都是京都人需要认真思考和努力实现的问题。

京都所走过二十年之后的今天、明天和未来,"京都梦"的内涵究竟是什么?这是每一个京都人都需要积极面对的美好憧憬和严肃课题!综合化、团队化、专业化只是京都梦的基础和初级目标,远不能称之为"京都梦"的全部内容。"京都梦"的内涵应当更丰富、更深刻、更温馨、更诱人、更恢宏、更震撼……

"京都梦"是全体京都人的梦,是京都所的创建者和后继者不断追寻的梦。"京都梦"的构想,要由所有的京都人不断地去创造、去丰富、去描绘、去追寻。

京都所的第一个 20 年过去了，作为京都的创始人，我欣慰之余更觉惭愧。对于人生而言，20 年实在太长。为什么不能快些，再快些？历史是以加速度方式前进的。下一个 20 年，一定要再快些！

京都所的年轻一代们，一定要加快步伐，千万别懈怠！京都是你们的，你们才是京都所走向辉煌的造梦人！

著名演员唐国强先生在京都律师事务所 20 周年答谢宴上题词

梦想与担当*

——在京都律师事务所2015年年会(2014年总结会)上的致辞

田文昌年轻时在青年点拉小提琴

我明显地感受到,我们是在一个欢欣鼓舞、欢声笑语的气氛中迎来了2014年的年会,跟去年的气氛相比不可同日而语。大家还会记得去年年会上我讲的话,2013年是我们最艰难的一年,是我们京都所的第三次创业的开始,同时,我们的改革又碰上了

---

* 载于2015年第2期《说都律师》。

税制的改变。所以呢，可以说是内在因素和外在因素双重的压力使得我们2013年的路走起来很艰难。我当时讲到历史有惊人的相似之处，因为10年前2003年的改革，是第二次创业加“非典”，也同样是内外交困，但是我们充满信心，咬紧牙关坚持改革，终于走出来了。接下来便是一路顺风。所以，我相信2013年我们也一定能够走出来。今天，我和大家共同感到欣慰的是，我们真真正正、彻彻底底地走出来了！

2015年是我们京都所20周年这样重要的一年，在这个时刻到来之际，我们京都所业务类型的整合基本完成了；我们京都所管理架构的改革基本完成了；我们京都所的业务创收又达到了历史新高，第一次冲破了一个整数；而且我们收入的增长率达到了60%，这是京都所历史上从来没有过的。不仅如此，党的十八届四中全会以后，全国范围内的法治环境也有了回暖的趋势。所以，应当说这一年我们所有的好事都赶在一起了，这是个好兆头！

大家还记得我每次年会上的感慨都不一样，2011年我讲的是“胸怀”；2012年我讲的是“创新”；2013年我讲的是“坚持”，就是希望在我们改革中遇到困难的时候能够咬紧牙关坚持下来，我们如今走过来了。

那么，2014年讲什么？杨大民前些天让我给2015年杂志写个卷首语，我写了个“造梦京都”。所以，我这次想讲的话题是“梦想与担当”。为什么讲这个话题？因为我们20年走过来了，可以说完成了京都的第一个梦，但是这个梦仅仅是开始，后面的梦还更多、更美、更加引人入胜。这个梦是要全体京都人来创造的，尤其是京都的下一代、年轻的一代要接着做下去。

其实我们每一个人的一生当中都有梦想，小孩有小孩的梦想，青少年有青少年的梦想，成年人、老年人也有梦想。梦想是一个人奋斗的目标，梦想是前进的动力。每一个人的梦可能不同，但是往往随着年龄的增长，梦在变化、梦在消失。但一个有追求的人，他的梦是不应当消失的。一个有梦想的人往往是想入非非、充满激情的；一个没有梦想的人往往是满足现状、随遇而安的。所以，要想事业发展，无论是对个人而言还是对一个集体而言，离开了梦想就没有前进的动力。我年轻的时候，尤其是在学生时代，就比较爱幻想。同学们经常说我不切实际，好高骛远。后来我破格考研的时候，更是遭到很多人的讽刺挖苦，但我还是走出来了。现在，回顾起来，可以说，当时虽然有梦想，也许走不出来，但如果没有梦想，就一定走不出来。

大家想一想，历史上，大的环境也好，小的环境也好，没有梦想就没有进步。中国历史上的春秋战国、诸子百家，西方的文艺复兴，其实都跟梦想有关系。再如人类历史上的农业革命、工业革命，每一次大的变动，大的提升都跟梦想有关系。科学的发展更是离不开梦想。所以我们现在提出“中国梦”，也不是偶然的突发奇想，应当说有一种历史的必然性。但我要强调的是，到了信息时代，世界会有更大的改变。大家一定要注意，信息时代是一个最富于梦想的时代，我一直认为信息时代给人类历史所带来的变革会超出以往一切的变化，什么农业革命、工业革命，什么文艺复兴，都与之无法相比！大家看到，信息时代打破了一切界限，打破了所有的壁垒，每个人都能得到充分的发挥，才智的发挥无边无沿。过去我们会受到限制，一些有才能的人发挥不出来，可现在我们看看互联网的威力，只要你有本事，有思想，你就都可以表现出来。可能被人们很不重视的、不以为然的一些人，一些无名的小人物,一下子就可以成为举世瞩目的豪杰。这就是信息时代的魅力和魔力。所以我一直认为,到了信息时代以后,什么是学问?恐怕要重新认识了。过去知识就是学问,你掌握了很多知识就可以当教授、当专家,有人说某某教授像一本“活词典”,什么都知道;某某教授用一本发了黄的讲稿讲了一辈子,资历非常深。现在我们再看看,“活词典”有用吗,一台电脑比你多少“活词典”都好使,而发了黄的讲稿早就被扔进故纸推了。所以,我觉得在信息时代学问的概念和内涵早已经改变了,它不是知识,而是创见,创见才是学问。

所以,我现在把人的认识分为四个阶段:从糊涂到明白,再到糊涂,再到明白。就是糊涂——明白——再糊涂——再明白。什么意思呢?人从小是糊涂的,从糊涂到明白,也就是从无知到有知过程,是指学到了他人的知识。比如说我们中学毕业了、大学毕业了,特别是大学毕业了算一个阶段。我们学到了前人现有的知识,就是由糊涂到明白了。但是这只是了解了别人的知识而已,并没有你自己的创见。想想当我们读大学、读研究生的时候,学了很多东西,但那主要是学习,还来不及思考。而后来学多了以后,就会发现其中的问题,于是就要提出批判,提出讨论了,那么你就开始思考。就是说由糊涂到明白之后,又引发了新的思考。那么可以说他走向了第二次糊涂,第二次糊涂就是从有知到思考的过程,是思考和创造的阶段。经过这一个非常长时间的思考,甚至有人一辈子也没思考明白,他就停留在这一阶段了。如果真思考明白了,做到了大彻大悟,那就是真的明白了,但做到这一点是不容易的。

我们要想想我们每个人现在处在哪个阶段,我觉得我们绝大部分人、有知识的人,还处在第二个阶段——明白阶段,我们应当鼓励自己走向第二次“糊涂”,就是思考和创见的阶段。当然,有人只是满足于停留在第一次明白的阶段,不愿意再去思考了,也应当算是明白人了。我可以大言不惭地说我现在已经走入了第二次“糊涂”,我一直在思考,在创见,但是我远远还没有达到“明白”的程度。

我讲这个分类什么意思?就是说又回到刚才那句话,在信息时代,什么是学问?一定要注意我们的创见性,不是吃别人的剩饭,不是满足于书本上学到的别人已经掌握的知识,而是要适应新的时代要具有自己的创见。做律师、做学者都会面临这个问题。

那么,创见又离不开梦想,没有梦想的人永远没有创见。所以我把创见和梦想又连在一起了,它们确实是有必然联系的。比如我说一句看似玩笑又不是玩笑的话,我这个人就老喜欢梦想,这几年,我一直就想一件事:我就在想咱们吃饭太浪费时间了,浪费人力物力,不就是需要补充能量吗?所以,我就认为50年之内肯定会实现我这个想法:吃饭就是补充能量块,往嘴里一塞就完了,可以根据不同的人设计不同的能量块。实际我们想想汉堡包、三明治跟这有多大差别?我在国外开会的时候经常是一人发个三明治,一边吃一边开会。但是说要想“解馋”怎么办呢?很好办,一个礼拜拿出两次三次专门“解馋”,大吃大喝使劲吃,其他时间塞能量块就完了。我把这话放着,咱们年龄最小的人记着点,50年之内肯定能实现,我可能看不到但是有的人能看到。其实我是打个比方,举个例子,但是生活当中、事业当中如果没有幻想,不会做梦的人,永远都不会有太大的发展。所以,我希望大家能够展开想象的翅膀、憧憬美好的未来，共同造好我们的京都梦。

但是，只有梦想还不够，还要有担当。担当是什么？是责任、是成功的前提。梦想是成功的动力，担当是成功的前提。没有担当就没有底气，就没有责任，当然也就没有成功。我们可以说大事小事都有担当，比如，一个小孩子打碎了玻璃杯，有的孩子就不敢担当，马上说不是我干的，有的孩子就敢于担当。我觉得从小这个教育就很重要，每件事能不能有担当非常重要。过去说穷人的孩子早当家，是说他敢于担当；宋江虽武艺不强却可称王，也是他敢于担当。有些人有才、有智，有些知识分子很聪明，很有学问，但是由于他不能担当，只能被人驱使；有些人没有多大的才气甚至没有文化，但他可以拉杆子造反，他可以指挥别人，其实也是因为他有担当。

我前段时间发了一篇文章《律师的社会使命》，还发了一篇《给年青法律人的一封信》，都谈到了社会责任和担当的问题，做律师不是搞自然科学的，你面对的社会关系很复杂，你更需要担当。律师的职业特点，决定了律师的社会使命，无使命感的律师是无灵魂的律师。为什么律师群体中会出政治家？会出总统？正是由律师职业的特殊性质所决定的。很多人做律师开始时只是为了谋生，但做到一定时候就会有更高更远的追求。这就是责任感、使命感的生长，就是价值观的提升。那么不说社会责任，即使从我们自身的切身感受而言，在我们的职业生涯中也时时都需要有担当。比如，一个有担当的律师，他做案件就能够得到别人的信任，包括他接谈案件的时候也能够得到当事人的信任，人家就愿意把事情托付给他。在与司法机关打交道时，如果他是有责任感、有担当的，那么人家也愿意跟他打交道。

可以说，就职业特点而言，担当这种责任感对律师的要求更高、更重要！因为，我们肩负的是当事人的重托，是利益和权利的托付，甚至是身家性命的托付！所以，对于律师而言，担当不仅是成功的前提，而且也是从业的道德基础。一个缺乏担当的人，绝对不会是一个成功的好律师。

当然，现实中，不同人担当的角色和程度会有不同，但有一个规律：成功与担当永远是成正比的。担当越多者，成功机会越多！

对于一个成功人士来说，梦想与担当缺一不可。无梦想——无目标；无担当——无成功。有梦想而无担当者，只能陷入空想而一事无成；有担当而无梦想者，只能安于现状，难成大事。既无梦想也无担当者，则只能随波逐流，任人摆布。

所以，我今天讲这个话题——"梦想与担当"，就是希望我们京都的律师们、京都的每一位成员，都能够认真思考一下这两个问题。我们既要富于梦想又要勇于担当，这样做无论对个人的成长还是对京都所的发展都有非常重要的意义。我一直认为，律师个人的成长与律所的发展是相辅相成，密切相关的。律师依存于律所而发展，律所是家，是平台，也是后盾，同时又是培养人才的基地。一个好的律所环境可以造就好的律师，相反，也会将律师带入歧途。当然，各自为战的独行侠也可以发展，而且也有先例，但毕竟会由于缺乏根基和后盾而举步维艰。以律所团队为后盾者才会发展得更快更健康。

我希望，我们每一个京都人能够做一个富于梦想、勇于担当的、新时代的弄潮儿。希望大家一起努力！

京都梦还在远方*

20 年，他带领京都律师事务所踏上一次次新征程；20 年，他带领京都律师事务所翻越一座又一座高山；20 年，他多次在重要时期为京都律师事务所指明方向；20 年，他和京都律师事务所的小伙伴们不断分享一份又一份惊喜和硕果。

他就是京都律师事务所创始人、现名誉主任田文昌。很多人都只知道他是国内知名度最高的律师，是业界公认的“国内刑辩第一人”，却很少知晓他还是一名优秀的律所管理大师以及名律

* 载于 2015 年 7 月《法制晚报》。

师导师，他参与创办的京都律师事务所成为“金字招牌”，他曾“传帮带”的多位“徒弟们”如今已成为律师界的“顶尖高手”。

20年，一路走来，他有怎样的体会？他有怎样的情怀？他有怎样的困惑，他有怎样的喜悦？他有怎样的梦想？于是就有了这次对话，借此机会近距离了解田文昌以及他与京都的故事。

一、谈创业历程：转型期京都一度陷入困境

记者：中国的律师事业，与中国的法治进步、经济繁荣息息相关。请您谈一谈京都律师事务所20年来走过了怎样的历程？

田文昌：京都律师事务所从1995年创建，经历了几次飞跃，我们通过改革，排除前进中的障碍，加快了前进的步伐，从特色所到综合所，真正实现了综合化、团队化、专业化。

记者：关于律师事务所的发展与管理，您有很深入的研究，我知道您有一个很形象的比喻：综合性律所如同综合医院。

田文昌：是这样的。我认为，律所就像是医院，如果只有内科，没有外科，那么就会丧失外科患者；反之亦然。满足法律服务市场的需求是京都变革的外在诱因，完善律所管理水平和提升律师专业能力是京都变革的内在动因。

法治经济条件下的市场主体面临的法律问题是多种多样的，特色化的律所无法满足客户复杂的法律服务需求。尤其是在我国市场经济和法治环境还不够成熟、企业法律风险防范意识十分不足的情况下，企业经常出现并发症式的法律问题。这种并发症式的法律问题，只有具备综合法律服务能力的律所才能应对和化解。

记者：相对于特色化律所，综合所在服务客户方面有何优势？

田文昌:特色化的律所,就是以特色服务为优势,单科突进。诸如以某一种非诉业务或某一种诉讼业务见长的律所,或是以国际业务著称的律所等。这种发展模式容易提升,占领市场快,而且易于规范化管理。改革前以诉讼见长的京都,就属于这一类型的律所。

而综合所的优势在于,律所是以律师个人业务的专业化为基础,以团队化的管理体制为支撑,借助律所系统化综合化的服务平台,全科并进。这种律所的市场需求量大,后劲足。

特色化路线无论对于律所自身的发展还是对于提高法律服务质量,都具有一定的积极作用,尤其在律师制度发展的初期更是如此。然而,这种模式虽然可以提供符合企业某一方面需求的法律服务,却难以应对客户面临的各种错综复杂的法律事务。

记者:过去,京都所在您的引领下,以刑辩著称,可以说早已“功成名就”。如果京都要改革要转型,这需要很大的勇气和信心,也需要具备战略的眼光和智慧。

田文昌:确实如此。从决定转型的那一刻起,我心里就很清楚,这将不是一条平坦的路。但是,这种转型并非突发奇想,而是京都人的初衷和不懈的追求。

2002 年,作为转型的第一步,京都将办公场所从金融街搬到人寿大厦,办公面积一下扩大三倍,管理成本陡增。尽管当时所有合伙人都表示,宁愿今年不赚钱也要推进改革。

但是 2002 年年底盘点后,京都果真出现了收支相抵的情况。有人开始动摇了,提出“转型是否合理?”“改革是否冒进?”甚至有合伙人提出疑问:“办律所的目的究竟是要赚钱还是要办事业?”我当时回答,既为了赚钱,也为了做事业。只不过是要如何处理短期目标与长期目标的关系问题。

记者：听说当时有一些合伙人离开了京都？

田文昌：由于大家理念有别，终究难以达成一致看法，京都出现了较大的"震荡"，三分之一的合伙人选择离开。但这种离开是好合好散。分手时约定，各自分头尝试。我对离开的人讲，你们成功了，就向你们学习；京都成功了，欢迎随时回来。

有些困难猝不及防。2003 年，留下来的合伙人正准备大干一场的时候，"非典"降临。突如其来的天灾，似乎是在刻意考验京都改革的决心。人寿大厦被封，本来对转型坚定不移的合伙人开始担忧：2003 年盈利目标的预期不仅会落空，甚至极有可能继续亏损。

但是，我却不这么认为，通过市场大体走势的判断，我预估 2003 年可以继续盈利。幸运的是，经过大家努力，年终盘点的结果没有让我们失望，比我的预期还要好。2003 年难关过后，京都的业绩一路飙升，改革的信心更强了！

目前，律所的管理成本比例一直在稳步下降。实际上我们的管理成本是逐年递增，但是创收增加的幅度更大。只是简单地通过压缩成本的方式提高律师收入并非明智之举，应该不断增加创收。

二、谈律所管理：做好团队化，选准选对航向

记者：您认为律所管理的关键是什么？

田文昌：管理的精髓在于：设计好机制，把握好方向。我常说，只有选对了航行的方向，才能最终抵达终点。

做好律所管理，最重要的是团队化。这要求律师和律所成为

统一的整体，律所内部进行公司化管理，各个业务部门责、权、利明确，但是都要服从律所的管理。

团队化管理模式是最有竞争力的，其优势是凝聚力强、服务能力强。从长远的眼光来分析，只有这种方式才能适应市场经济主体的需求，为企业和单位提供全方位的法律服务。

京都一直致力于加强团队化管理，以全所的资源作为后盾。当然，团队化管理对于非诉业务而言，相对比较简单，“非诉业务”天然需要团队化管理的配合。

但团队化管理对于诉讼业务而言则是个难题，因为从事诉讼业务的律师单兵作战的机会较多，对律师个人的综合能力的要求也更高，律师之间收入的差距也较大。更大的难题则是，在一个诉讼业务与非诉讼业务并存且并重的律所里，如何合理地设计机制？这是京都面临的最大挑战。

记者：团队化管理对许多律所来说都是一个大难题，京都在团队管理方面有何妙招儿？

田文昌：京都的经验是，利益分配要有一定的“大锅饭”成分，没有“大锅饭”成分，各干各的，就不能形成团队。但是“大锅饭”一定不能太多，更要充分体现多劳多得原则，否则就会造成优秀人才流失，律所失去增长引擎。一定要在二者之间寻找平衡点，这个点找好了就能促进共同发展，就能做乘法，找不好就会做减法，甚至会出现分裂。

管理是一门学问。京都所大胆尝试了非律师管理合伙人管理律所的模式。专业管理人才的引进，给京都所带来了全新的管理理念，对律所的人力资源管理和薪酬体系进行了创新和改革。

当然，律所文化也非常重要。京都要实现综合化的目标，必须具有海纳百川，强强联合的博大胸怀，没有胸怀就无法发展。这就要求全所上下形成一种包容的氛围，进而让每一位京都人形成一种独特的文化气质。京都所就是一个温馨而有秩序的大家庭。

记者：京都所提出要“纵横协作”，请您详细介绍一下？

田文昌：简言之，纵向，是指专业化分工使京都律师团队在各业务领域均有杰出专业技能及深度法律服务经验；横向，则是指团队化合作使京都律师团队紧密配合、资源共享，有效提升解决客户各种复杂法律事务的综合能力。

京都所以各专业领域律师深厚的专业功底和丰富的执业经验为基础，设置了公司业务、知识产权、破产清算、房地产、矿产及环境资源、金融、对外投资与国际贸易、跨境纠纷解决、刑事诉讼、行政诉讼、民商诉讼与仲裁等 20 余个业务部门。

同时，为适应客户需求，京都还成立了四个跨领域、跨行业的专项法律服务中心，分别是企业法律风险防控中心、非洲法律事务中心、文化产业法律事务中心和家族信托法律事务中心。

“客户为本”是京都企业文化建设和持续发展的根基。京都的各项工作完全依照每位客户的具体需求而专项展开，旨在以度身定制的高端服务模式为客户保驾护航。京都服务的客户类型广泛，包括国有企业、民营企业，以及其他类型的企业法人及自然人客户，还包括政府间国际组织、外国驻华使馆、外资企业、合资企业。

只有扎实地做好专业，优化律师团队，积极开拓新业务，健全管理机制，发扬包容的律所文化，京都才能立于不败之地，才能不断向前发展。

记者:您在《给青年律师的一封信》中谈到:律师要勇于担当,律师的职业特点,决定了律师的社会使命,无使命感的律师是无灵魂的律师。请问律师如何实现自己的社会使命?

田文昌:多年来,京都律师多次以律师身份参与刑法、刑诉法、律师法等多项立法研讨活动,提出了很多有价值的建议。

我国第一部以律师协会名义起草出版的《刑事诉讼法修改律师建议稿》,是由我所在的全国律协刑事业务委员会起草的,这是中国律师界第一次以律师名义向立法机关正式提交的建议稿。

我一直认为,"以个案推动立法"是律师最应该关注也最能发挥作用和最能体现社会责任感的一个重要方面。因此,京都律师们善于和勇于从办案体会中总结经验,随时提出理论研讨和立法、修法以及司法改革的各种建议。

多年来,京都所还举办和承办了许多关系到立法和司法改革的重大、敏感问题的理论和案例研讨会,在法学界引起了较大的反响和关注。

记者:京都所在践行社会责任,投身公益事业方面,这些年做了哪些努力?

田文昌:法治程度的不断深化,是推动社会的重要力量。京都始终奉行"推进法治,回报社会"的宗旨,积极开展多种普法活动,广泛投身法律援助、社会捐助等各类公益事业。

例如,我们开展了京都"泉计划",党支部倡议开展爱心助学活动,全所律师踊跃捐款,为"泉计划"募集资金,使多名贫寒学子受益,实现了自己的青春梦想。

京都所还开展了高校"京都杯"系列活动,其中包括清华大学模拟法庭系列活动、北大法学院模拟法庭大赛、国家法官学院模拟法庭、中国政法大学“刑事法论坛”等活动，在高校举办专题讲座，更是京都律师的长项，意在帮助在校大学生提高专业素养。

记者：京都所已经走过了成长的20年，走过了发展的20年，十八大四中全会强调要全面推进依法治国，律师将大有作为。您对京都所今后的发展有什么憧憬？

田文昌：“京都梦”的第一个目标，就是京都所实现综合化、团队化、专业化。20年前，在京都所初创之际，只有十几个人的京都所是仅仅以诉讼见长的特色化律所。

如今，京都所“三化”的目标终于实现了。以综合化为平台，京都所可以面向更广泛的服务对象，为客户提供全方位的法律服务。以团队化为支撑，京都所可以发挥团队配合的管理优势，确保服务模式的优质、高效。以专业化为保障，京都所可以造就和集合各专业领域的优秀人才，追求业务水平的精益求精。

记者：“三化”目标已实现，京都人还有更大的目标在前方？

田文昌：是的。“三化”是京都人走过20年才得以实现的目标，但这只是京都人刚刚踏上的第一级台阶。因为，“三化”的实现还仅仅是“京都梦”的开始，只是京都人踏上寻梦征程的第一步。

“三化”的巩固、发展和提升还需要奋力争取，京都所还要谋求更高远的宏图，京都人面临的考验还会更多，需要攻克的难关还会不断出现。因为，在京都人的信念中，没有“满足现状”和“停滞不前”。

面向未来，在实现“三化”的基础上，我们问自己，京都所何时能够以自身的足够强大而走向全国，冲向世界？能够以无可阻挡的诱人魅力吸纳更多的精英加盟？何时能够以理论与实务成功结合的独特优势，成为造就律界精英的人才基地？何时能够以视天下为己任的社会使命感为推进中国的法治进程更多地进言献策，发挥更大的作用……这就是京都所奋斗的目标！

“京都梦”是全体京都人的梦，是京都所的创建者和后继者不断追寻的梦。“京都梦”的构想，要由所有京都人不断地去创造、去丰富、去描绘、去追寻。

只要我们努力，梦想一定成真！

梦想征途:健康是基石*

——在京都律师事务所2016年年会(2015年总结会)上的致辞

每年一次的聚会今天来的人最多,每年都让我说几句,我想了一下,2012年我讲的是胸怀,2013年讲的是创新,2014年讲的是坚持,2015年讲的是梦想担当。2016年讲什么,我想了想,讲一个你们都想不到的问题:健康。

---

* 载于2016年第1期《京都律师》。

为什么讲健康,京都所20年造梦,打下了坚实的腾飞的基础,2016年是京都所全面腾飞的一年,已经上了跑道。我们这个题目很好,“京都有我,梦想绽放”。我们做了20年的梦,现在开始成真了。我们上了起飞的跑道,在梦想的征途上,要谈谈健康的问题。特别是2005年的基础打得非常好,经过20年的努力,创业、转型,到了2015年,大家回忆一下,我们打下了多少坚实基础,我们综合化专业配置基本成型,团队化建设基本成型,业务成长、业务培训取得非常好的成果和经验。比如,去年最成功的美国刑事辩护律师培训,我们费了一番周折,培训获得了极高的评价,无论是美国纽约大学培训方、被培训方以及作为京都所组织的一方都获得了极高的评价。这种培训将来带动我所其他部门都可以开展,而且达成了一个非常实质性的共识,纽约大学愿意与京都所,并联合中国政法大学成立“京都刑辩研究中心”。这个中心我们可以搞论坛、培训等,在这种培训的模式下,京都所的其他业务都可以如法炮制,联合国内国外的高校。如果这种培训搞起来,我们京都所的业务能力又会提高一大步。

京都20周年的庆典,大家都感同身受,庆典的外界反应是前无古人后无来者,我们不自吹自擂,我们的规模和效果非常好,就我们内部的感受,我都感受到了,所庆以后全所上下整个的气氛都非常好,信心都增强了,最典型的就是各部门为了今天的年会,排练节目的热情超过了以往任何一年。我从来没感受到这么高的热情,这么积极主动的精神,看来通过这次活动,我们京都所涌现了一批明星和导演(冒牌的),虽然冒牌也很可嘉,心气高了。

我们2015年的全所收入,比2013年翻了一番,这在京都所历史上是从来没有的,照这样翻下去,两年一翻,过上五六年不知道要翻多少，这个基础非常好，奠定了京都所全面腾飞的基础。

腾飞需要健康，我们都知道，京都人很累。这么多年来，同样是做律师做业务，京都人做业务精益求精一丝不苟，无论是诉讼与非诉讼。我们到一些法院办案子，一些法官都吃惊，说没有你们这么办案子的，你们的卷宗搞得这么细，你们的阅卷笔录搞得这么有水平，你们下这么大功夫，帮着我们看卷，帮助我们分担了很多工作。我们的非诉团队也是这样，做了一些像样的成果出来，我们很累，我们的培训没有间断，我们去年的所庆一次性出了20多本专著，这在中国律师的历史上是绝无仅有的，是下功夫做来的，所以我们很累，我们认真，我们要提升自己。还有我们京都所的律师多少年如一日转战大江南北，疲于奔命，新来的年轻律师马上就满天飞，马不停蹄，京都所律师有很多人有不同航空公司的金卡银卡，这又说明一个特点，所以我们京都人很累。我知道大家累，我很少表扬大家，我不喜欢表扬，我喜欢激励，可能与我的个人经历有关。我成长一辈子不是夸出来的，都是逼出来的，所以我不爱夸人，动不动我还要鞭笞鞭笞，恨铁不成钢，不过我现在觉得钢口差不多了，快要练出来了，要腾飞的时候我要讲讲健康了。

年轻的时候我特别爱读传记，我读过毛泽东的青年时代，毛泽东讲了两句话，我特别印象深刻。“体者载德智之车”，所以他要“文明其精神，野蛮其体魄”，他年轻时参与各种锻炼，一个人没有坚强的体魄是不行的。健康包括两个方面：一个是体魄的健康；另一个是心理素质的健康，这两个方面都不可以缺少。

体魄的健康是第一位的，“载德智之车”，我深有体会，我年轻的时候还是很爱运动的，但是1983年研究生毕业到北京，几乎三十年不锻炼,每天就苦于做学问,人有惯性,越来越不愿意锻炼,所以身体越来越差。最近这几年,我才开始健身,大家都知道,我健身的效果非常好,我曾经夸下海口,一年以后武力征服京都!所以现在我发现京都律师已经开始了健身,很多人都在加强健身,希望京都2016年掀起健身热潮来,大家都把锻炼自己的身体放在重要的位置,身体锻炼好了,效率提高了,活力增强了,磨刀不误砍柴工,我们会有更高的效率,做更多的工作。

所以身体好还比较好办,更重要的是心理的健康,一个人的成功心理素质往往比知识和能力更重要,有的人很有知识和能力,因为心理素质脆弱,一事无成。心理素质对律师这个职业尤其重要,大家都知道,我们每年每天每时每刻都承受着超强的心理压力,特别是我们做刑事诉讼的律师,面对超强的心理压力,心理素质不好,根本就无法做下去。所以心理素质是心理健康的重要体现。

我个人体会,心理素质体现在四个方面,第一是自信。没有自信就没有成功,很多人问我成功的秘诀是什么,我说我都谈不上成功,至少我争取成功的原则和方式是努力加自信,有努力没有自信,有自信没有努力都是不行的。我年轻时候的同学很多人智商都比我高得多,但是很多人缺乏自信没有走向成功。当然,自信不是夸夸其谈。没有自信就没有成功。

第二是坚韧,没有坚韧就没有进取,律师尤其如此,我们是在充满荆棘的道路上前进,如果缺乏坚韧,我们很可能在某个阶段就被压垮,就灰心丧气。而我们在前进道路上无论走得多快多好,一旦被阻断,就前功尽弃,所以我们要有坚韧的性格。

第三是乐观。没有乐观就没有幸福,很多人庸人自扰,自寻烦恼,他永远不会有幸福感。但是很多人处境艰辛,他能够在乐观心态的支持下一步一步往前走。所以有乐观才有幸福,没有乐观就没有幸福。

第四是豁达。没有豁达就没有朋友,律师是社会科学,不是像陈景润那样两耳不闻窗外事,律师满脑子都是“窗外事”,不想知道“窗外事”就不要做律师,在我们这个职业中,没有豁达的心态就没有朋友,没有朋友就一事无成。

我的一生体会是这样,包括对人的判断也是这样,我们所很多律师说你看不准人,眼睛不够锐利,老看错人。我说不是看错,人都有缺点弱点,不能求全,看对了人,他有缺点不要紧,看错了不是主要的,能容纳他,这样我们才有自己的朋友和事业。京都所的胸怀是海纳百川,绝不搞武大郎开店,绝不排斥能人,绝不嫉贤妒能,海纳百川才能发展壮大,去年我们全年进来一百多人,包括我们这些合伙人团队,希望来者比我们更强更好,比我们做得更大,这样京都才能发展壮大。所以京都律师们今年要有好的体魄,同时必须有健康的心态,形成一个京都式的心理素质,自信、坚韧、乐观、豁达。在这样的基础上,京都就更加具备了全面腾飞的条件,这是我对每个京都人的希望。希望京都人在这个基础上携手并肩创造新的辉煌!

谢谢大家!

营造“京都发展加速度”的新常态*

——在京都律师事务所2017年年会(2016年总结会)上的致辞

今天我要讲的关键词是“腾飞”。首先表示感谢。2016年是京都所成绩斐然的一年。这种成绩的取得除了我们自身的努力之外，还有赖于我们京都所众多朋友的支持。感谢我们的专家团队，各方面的同行、朋友，多年来一如既往地支持、理解、帮助京都所。

* 载于2017年第1期《京都律师》。

在此，我首先对在座的和不在座的支持过我们、帮助过我们的朋友们表示衷心的感谢！

今年的年会是参加人数最多的一年，超过了220人。这种盛况说明我们不仅人强马壮，而且士气高了。为什么？因为2016年是京都历史上最辉煌的一年。所以，我想说，2017年是京都所插上翅膀、全面腾飞的一年！

经过20多年的努力，我们三次创业，已经成蓄势待发之势。回顾20多年的历程，我们经过不断的努力，可以说今天已经创造出京都所快速发展的运行模式。接下来，我们要营造出“京都发展加速度”的新常态，这也是我们2017年所面临的主要任务。为什么要提出这个任务呢？有四个重要的前提：

第一，京都所的业务类型综合化已经形成规模，整体架构已经搭建完成。京都所是以刑事诉讼起家的，以诉讼见长，其中刑事诉讼领先。经过20多年的努力，我们完成了综合化业务类型的整合。现在，我们完全有理由，有信心，有能力说我们已经成为综合化的大所。

第二，律所管理团队化的基础已经奠定。非律师管理合伙人模式就是我们京都所这么多年的一个创新和尝试。京都所采取聘请专业的管理人才，进行公司化管理，这在中国可以说是首创。在这种机制的磨合下，我们团队化建设的基础已经打好。这种团队化的建设和团队化的管理为京都所的发展奠定了一个非常好的基础。

第三，京都所律师的专业化水平全面提升。这些年来，我们通过内部培养和外部引进，整个律所已经人才济济。内部培养帮助年轻人不断地提升，外部引进不断扩充新生力量。这么多年我们不仅引进了大批不同领域的专业律师人才，还引进了一些来自法、检系统的原高级法官、原检察官做我们的高级合伙人和高级顾问。对京都所未来发展来讲，他们的加盟使京都所如虎添翼。这都是我们为2017年全面腾飞储备的重要力量和资源。

第四，律所的整体创收能力已经呈现出稳定增长的态势。这些年，我们的创收快速增长，2016年收入比2015年增长30%。在增长数字的后面，还有两个值得注意的因素。2016年，我个人创收减少了一半；律所整体创收增长了30%。这说明了什么？说明后继有人，说明京都所整体创收能力的提升。还有一点，去年非诉讼业务收入大幅度增长，说明我们的综合化建设的效果已经显现。所以，业务类型综合化已形成规模；律所管理团队化已奠定基础；律师的专业化水平全面提升；整体创收能力呈持续增长的态势。有了这四个方面的前提，京都所未来的发展已经形成厚积薄发之势。2017年，我们会有一个很大的突破和进展。那么，前提已经成立，基础已经奠定，目标实现起来就指日可待，但是大家还需要努力。

为了实现这个目标，我提出个人的四点希望：

第一点，希望京都所的每个人能够增强信心，奋力进取。怎么做？我们把多年积蓄下的能量，充分挖掘出来，在2017年形成一种喷发之势，要有新的突破。这是我们主观努力的心态，一定要有这种信心。

第二点，我们各个部门要专业互动，相辅相成。具体体现在两个方面：

一是我们充分发挥团队配合的优势，把加法变乘法。团队建设的目的是什么？如果只是简单相加，是没有优势的。我们做团队建设就是为了把加法变乘法通过协作互动，成倍、成数倍地提高我们的效率，增强我们的能力。所以，我们一定要做到团队之间的互动，才能实现加法变乘法的目标。

二是在加强团队配合的同时，希望各个专业部门能够打造品牌，各领风骚。每个专业部门要发挥各自的长处。刑事业务部有刑事业务的长处，金融部以家族信托为依托已经打开一个非常好的局面，民商诉讼在刑事诉讼影响带动下，也应当迅速成长起来。除此之外，我们的房地产与基础建设部、公司业务与破产清算部、涉外业务部、知识产权部、资本市场业务部、企业风险防控中心、非洲法律事务中心、政府法律服务、文化产业事务中心，也要有各自的亮点。

一个综合化的大所再综合也不可能包罗万象。但如果我们有三个、五个亮点出来，打造三个、五个明星品牌的专业领域，就能把京都所的整体局面撑起来了。所以，这一点非常重要！我非常希望，我们在加强团队配合的同时，每位律师、每个团队，能在每个领域发挥自己的长处，各显其能，各领风骚。我们把单独的努力、小团队的努力和京都所整体努力结合起来，就能达到我们所追求的目标。

第三点，要更新观念，勇于创新。现在是信息时代、大数据时代。这是一个非常神奇的时代。人类历史上什么农业革命、工业革命，任何一次变革都无法与信息革命相比拟，信息革命将改变全人类。在这种情况下，如果我们不能及时更新观念，就无法跟上时代的脚步。更新观念，在操作层面，具体表现在两个方面：一个是更新方法；另一个是更新服务领域。

更新方法又表现在两个方面：

一方面，我们要把传统的法律服务技能掌握好。为什么这么说？中国律师的历史太短。从改革开放后到现在的30多年里，在我们短短的律师业发展历程中，很多律师还没有掌握好基本技能。所以，我们要先把现有的知识掌握好。我们的各种研修，我们与纽约大学的联合培训，都起到这样的作用：要先把自己打造成一支真正的、名副其实的正规军。另一方面，在此基础之上，我们还要努力创新。在信息时代大潮到来的过程当中，我们会发现很多新的事物、新的问题，要适应新的形势才能跟上时代的脚步。我们既要学习传统的律师服务的技能，又要努力创新。

另外就是服务领域的创新。服务领域的创新也包括两块内容：

第一，是老话题，中国有14亿人口，30多万名律师，但是还有很多律师吃不饱饭。而国外的律师就要多得多，如美国有100多万名律师。这说明什么？说明中国的法律服务市场还有许多领域远远没有开发出来。比如，非诉业务可以说有80%的领域还没有开发出来。目前，有很多领域不让律师参与，不用律师参与，或者我们律师不知道自己应不应该参与。法律服务市场上有很大一片的“处女地”等待开发。我们首先要把这些领域开发出来。

第二，我们还有不断出现的新领域，比如说最时髦的互联网领域，现在可以说是大浪滚滚而来，我们律所也不甘落后，也在进行这样的尝试。对新领域的开发不能落后，落后就没有发展空间。在信息时代的大潮当中，敢于创新，有信心，就能有所发展，否则就只能被淘汰。

不能以为近两年我们形势很好，就可以停滞不前，那样肯定要被淘汰。所以一定要不断地更新观念，勇敢创新。

第四点，从京都所的长远发展来看，我们每个人，特别是每个老合伙人都应当自觉地激发活力。常言说“后生可畏”，我在这里说“后生可敬”。京都所的未来是属于年轻人的。京都所20多年的发展虽然走得不错，但是很多观念也在不断受到冲击。那么，未来靠谁？要靠京都所的后续力量，靠京都所的年轻人。所以，我一直对京都所的年轻人，对已经来到京都所的年轻人和尚未来到京都所的年轻人充满期待。只有不断地注入新的血液，吸收年轻人的活力，京都所才能更快地向前发展。当然，同时，我也要提醒年轻人：当前是信息时代，而且是社会变幻莫测的时代，这种社会环境是造就人才的时代，同时也是容易摔跟头的时代。我们要有信心，有勇气，要努力前进，与此同时，更要切记不能浮躁。如果有信心，有勇气，我们就会有所建树，就会成功。如果我们没有勇气，就会被淘汰。如果我们过于浮躁，就会身败名裂。

我希望京都所的年轻力量充分考虑以上因素。年轻律师在理论功底与操作能力的锻炼上，一定要勤奋起来。与此同时，心态要平和。律师一定要有好心态，没有好心态一定做不了好律师。

以上是我提出的四点希望。

最后，我希望大家一起努力，让京都所在2017年真正腾飞起来，共同营造出“京都发展加速度”的新常态。

谢谢大家！

柒

业务杂谈

律师提前介入的意义与工作方式*

田文昌参加凤凰卫视“一虎一席谈”节目录制

《中华人民共和国刑事诉讼法》(以下简称《刑事诉讼法》)修正案①已经全国人民代表大会第四次会议审议通过。新《刑事诉讼法》的出台,是我国法治建设的一个重要的里程碑。其中,关于律师提前介入案件的规定是在刑事程序立法和律师制度方面的一项重大突破。律师提前介入刑事案件,可以加强侦查阶段中的制约作用,

* 载于1996年第3期《北京律师》。

① 1996年3月17日全国人民代表大会第四次会议《关于修改〈中华人民共和国刑事诉讼法〉的决定》第一次修正。

减少侦查环节中的违法性因素;可以加强对当事人(包括犯罪嫌疑人和刑事被害人)权利的保护;可以改变纠问式的审判方式,增强审判活动的客观性和公正性;可以加强律师在刑事诉讼中的权利和作用;同时,也增加了律师参与刑事诉讼的难度和工作分量。律师提前介入刑事诉讼,无疑会对刑事侦查和审判产生重大推动作用,但同时也必须看到,律师将面临的是一场重大挑战和严峻的考验,甚至会为此而付出必要的代价。

一、律师提前介入的喜与忧

新《刑事诉讼法》第 33 条规定:“公诉案件自案件移送审查起诉之日起,犯罪嫌疑人有权委托辩护人。自诉案件的被告人有权随时委托辩护人。”第 40 条规定:“公诉案件的被害人及其法定代理人或者近亲属,附带民事诉讼的当事人及其法定代理人,自案件移送审查起诉之日起,有权委托诉讼代理人。自诉案件的自诉人及其法定代理人,附带民事诉讼当事人及其法定代理人,有权随时委托诉讼代理人。”修正前的《刑事诉讼法》第 66 条规定:“犯罪嫌疑人在被侦查机关第一次讯问后或者采取强制措施之日起,可以聘请律师为其提供法律咨询、代理申诉、控告。犯罪嫌疑人被逮捕的,聘请的律师可以为其申请取保候审。受委托的律师有权向侦查机关了解犯罪嫌疑人涉嫌的罪名,可以会见在押的犯罪嫌疑人,向犯罪嫌疑人了解案件有关情况。”上述规定不仅扩大了律师参与刑事诉讼的权利,而且大大提前了律师介入案件的时间,使律师的工作由被动转为主动。

根据新《刑事诉讼法》第 33 条的规定,律师可以提前了解案情并进入调查取证阶段,这样,律师的调查可以与侦查活动几乎同时进行,有利于更主动、更充分地掌握对被告有利的证据。这种转变是对过去律师只能从侦查卷宗中发现问题,事后补正又难以改变木已成舟的被动局面的重要突破。

根据新《刑事诉讼法》第40条的规定,律师可以代理被害人参加诉讼,并可以提前接受委托为自诉人提起诉讼。在原《刑事诉讼法》实施时,由于刑事被害人不作为诉讼当事人,无权在法庭上主张自己的权利,当犯罪嫌疑人因种种原因未能被立案侦查或起诉时,则更是告状无门且无法取得律师的帮助。近年来,这种现象已经比较多见。新《刑事诉讼法》实施后,法律在赋予被害人此项权利的同时,也规定律师可以帮助被害人行使这项权利,这不仅扩大了律师的工作范围,也大大加强了律师的地位和作用,改变了律师只为被告担任辩护人的身份和工作方式。

根据新《刑事诉讼法》第66条的规定,在犯罪嫌疑人一经被侦查或采取强制措施后,律师即可为其提供法律帮助。这是在人权保障和律师权利扩大方面的最显著的突破。原《刑事诉讼法》实施过程中,由于刑事被告人在侦查阶段无法取得律师的帮助,在漫长的侦查和羁押期间与世隔绝,既无法了解法律也无法行使申诉和控告权。因此,这一阶段常常是被告人权利被侵害和形成错案的主要环节。新《刑事诉讼法》实施后,这种现象无疑会大大减少,其关键就是增加了律师在这个环节的制约作用。

新《刑事诉讼法》关于加强律师作用的规定不仅仅是上述几个方面,但仅就上述几项内容而言,就足以反映出律师参与诉讼地位的极大提高。可以说,新《刑事诉讼法》赋予律师以更多的权利,对律师提出了更高的要求,刑事律师更加任重而道远。

然而,在充分肯定新《刑事诉讼法》上重大突破和成果的同时,仍然不能忽视其尚存在的缺憾。尽管这种缺憾是在现实条件下难以避免的。这种缺憾将会给刑事律师的工作带来新的难度乃至风险,这正是律师界面临的忧虑,也是律师界所必须正视的现实。同时,这也是立法机关亟待妥善解决的问题和矛盾。

例如,新《刑事诉讼法》第37条规定:"辩护律师经证人或者其他有关单位和个人的同意,可以向他们收集与本案有关的材料……""辩护律师经人民检察院或人民法院许可,并且经被害人或者其近亲属、被害人提供的证人同意,可以向他们收集与本案有关的材料。"该条中的两个"经同意"和一个"经许可",事实上相当程度上限制了律师的调查取证权。在当前的我国公民法律意识本来就薄弱又对作证顾虑重重的情况下,这种限制将会给律师调查取证带来很多困难。

又如,新《刑事诉讼法》第38条规定:"辩护律师和其他辩护人,不得帮助犯罪嫌疑人、被告人隐匿、毁灭、伪造证据或者串供,不得威胁、引诱证人改变证言或者作伪证以及进行其他干扰司法机关诉讼活动的行为。""违反前款规定的,应当依法追究法律责任。"该条规定表面看似合理,但实质上其负面作用是比较大的。其一,这个规定没有对等性。侦查机关的调查、取证与律师的调查、取证是控辩双方的对等行为,而且是侦查在先,律师调查在后,在此意义上侦查机关已经占据了天然优势。在此情况下,对于违法调查,违法取证的限制性规定理应是对等的。然而,第38条的规定却仅仅限制了律师,似乎只有律师才可能出现上述问题。这种规定应当说是既片面又不公正的。事实上,侦查机关的巨大权力更容易产生违法侦查和取证的问题,十几年来的司法实践已经证明了这一点。因此,这种规定本身就将律师置于一种与侦查机关不平等的地位,而这种对于律师调查取证的歧视,将直接影响到对刑事当事人权利的保障。其二,"威胁""引诱"的界限难以划定,"其他干扰司法机关诉讼活动的行为"极易做出任意解释。在通常情况下,"威胁""引诱"是可以界定的。但是,在比较复杂的案件中,由于案件的具体情况不同,由于当事人的知识水平、心理素质、思想动机和顾虑程度等各方面因素不同,可能对律师的询问产生不同的心理感受或错觉。在此情况下,"威胁""引诱"的理解就可能出现偏差。如果是出于因控辩双方不同角度而产生的偏见,则更容易对"其他干扰司法机关诉讼活动的行为"做出任意解释或扩大解释。比如,在司法实践中常常发生证人或被害人对侦查人员和律师作出不同的或相反的陈述的现象。造成这种现象的原因包含三种可能:当事人自身态度的变化、侦查人员的违法取证、律师的违法取证。如果不做严格解释,允许任意解释,则难免发生一种可怕的现象:当律师调查取证的内容与侦查机关所指控的内容不同,特别是当原证据内容发生重大改变时,律师就有违法取证之嫌,甚至被指控为违法取证而追究其法律责任。这种事例过去已经发生过。令人担忧的是,在新《刑事诉讼法》实施后如不采取慎重措施将会发生更多。其三,对违法取证的制裁机关规定不明确,容易产生职业报复行为。根据原法律规定,侦查人员违法取证(指刑讯逼供)的,由检察机关追究责任。新《刑事诉讼法》又没有规定对律师违法取证的追究机构。如按原来规定,无论对于侦查人员还是律师,追究机构都只能是检察机关。若如此,显然难免发生不对等的职业报复问题。控辩双方本是处于对抗状态中,却由控方来追究辩方违法取证的责任，而控方违法取证的责任又是自己来追究。这种规定显然是不公正的，它使律师处于极为不利的地位。

新《刑事诉讼法》中的上述问题的严峻性将摆在刑辩律师面前，也会摆在立法机关面前，不容忽视。当然，新《刑事诉讼法》不可能立即再做修改。但立法机关应当尽快通过立法解释或实施细则等方式作出妥善解释，在律师执行职务中作出相应的豁免性规定，以确保律师在执行职务中免遭非法侵犯。而刑辩律师则应在现行法律的规范内迅速增强自身的适应性：一方面，律师在调查取证中应当循循善诱，进行深入、细致、耐心的法治教育宣传，以合法方式取得当事人的信任和帮助。另一方面，必须严格约束自身行为，掌握调查取证的分寸和方式，尽量避免在调查取证方式上引起歧义。

《刑事诉讼法》修正案的重大突破是显著的，其立法进步的积极意义不可估量，是我国刑事立法中的一个可喜的重大成果。但是，其仍存在的上述缺憾也是令人担忧的。实现由忧向喜的进一步转变将是每一个律师和法律工作者义不容辞的责任。

二、律师工作方式的转变

律师作用的增强与其工作方式的转变是紧密相连的。根据新《刑事诉讼法》的规定，律师介入刑事案件的方式比原来有三个方面的重大。

(一)律师介入刑事案件的时间延长

由于律师可以在案件移送审查起诉之日介入案件，使律师的工作时间大大延长。所以，律师必须改变过去那种已成定式的工作方式。律师阅卷、调查、见被告、出庭四个程序连续进行，办案多数是“短、平、快”。今后,律师必须学会新的办案方式,将工作重点转向侦查阶段。在侦查阶段,既要不失时机地了解案情、收集证据,又要发挥与侦查机关相互制约、相互配合的作用。这种转变为律师由被动变主动创造了条件,但如何利用这个条件而真正变为主动,将会面临一系列新的问题。这些问题只能在实践中解决。

(二)律师工作范围的扩大

根据新《刑事诉讼法》的规定,律师介入刑事案件走出了单纯进行刑事辩护的传统模式,增加了担任刑事被害人代理人和为犯罪嫌疑人提供法律帮助的新内容。概括起来,刑事律师的工作包括三项内容,两个阶段。三项内容是:刑事辩护人、刑事被害人(包括自诉案件)代理人、犯罪嫌疑人律师。两个阶段是:审查起诉与审判阶段、侦查阶段。在这三项内容和两个阶段中,律师扮演着不同的角色,发挥着不同的作用。因此,律师必须提高自身的业务能力。改变工作方式,更重要的,是改变过去那种单一而又定型的思维方式,以多角度,全方位的思维去办理类型不同的案件。客观地讲,在旧《刑事诉讼法》实施中,不仅仅是侦查人员和审判人员由于固定于一种传统思维方式中会出现“走过场”的问题,律师也并不例外。现在,新《刑事诉讼法》从立法上打破了旧模式,但执法者和律师如何在操作中建立起一种新模式,除了潜心探索之外,更重要的是实现观念的转变。如果认为律师在这个问题上具有天然优势而不注重转变观念,则是一种天真的偏见。简言之,在新《刑事诉讼法》时实施后律师的紧迫任务是:转变观念、进入角色、适应角色。

（三）律师法庭辩护方式与内容的改变

与律师提前介入相适应的庭审方式的改革，必然导致律师法庭论辩方式与内容的改变。这种改变主要表现在两个方面：

1. 辩论与法庭调查交叉进行。在过去的开庭审理中，法庭辩论与法庭调查是分阶段进行的，律师可以根据完整的案卷内容和调查材料预先准备好辩护词或辩论提纲。所以，既省力又可能"走过场"。在新的庭审方式中，由于控辩方的举证、质证成为审判活动的中心和重点，所以，法庭调查变得真正重要，而且许多辩论的内容已经包含在举证、质证之中，法庭调查与辩论将交叉进行。在此情况下，定式的思维已不存在，事前准备辩论词已不可能，而在法庭调查中若保持沉默则必败无疑。如果说，新《刑事诉讼法》对律师提出了新的挑战，那么，最直接，最明显、最严峻的莫过于法庭辩论方式的改变。每一位律师都将在这种改变中接受考验。

2. 法庭辩论的重点由实体转向程序。在过去的法庭辩论中，控辩双方辩论的焦点往往是实体法中的定性问题。这种现象与我国历来重实体轻程序的执法意识相联系，也与实体法过于抽象和旧的庭审方式密不可分。在今后的控辩式审判方式中，由于举证、质证活动的加强必然使辩论的重点由实体而转向程序，即对于使用、认定证据的辩论将变得非常重要，而且这种辩论又必须准确、有力、不失时机。在这一点上，我国目前的法庭辩论方式和国外差距很大。所以，我们的律师如若想适应尚需付出很多努力。值得注意的是，由于国外的刑事实体法具体、明确、可操作性强，很难做出任意解释，所以，在法庭辩论中对于实体法内容的辩论并不重要，也不困难。但是，我国的情况大不相同，由于我国刑法条文比较抽象，所以，在辩论的重点有实体而转向程序的同时，对于实体内容进行辩论的分量并不会相应减轻。这意味着法庭辩论的内容并不仅仅是“转向”，而是在转向的同时大大增加了。法庭辩论重点的转移和内容的增加，对于律师的业务素质提出了更高的要求，每一位律师只有及早认识到这一点，才能在新的庭审方式中不负众望。

综观新《刑事诉讼法》的规定，律师提前介入的意义深远，但忧虑也甚多。随着律师活动舞台的扩展和作用的加强，律师所面临的困扰和障碍也相应增多，律师工作方式的转变，则对律师的业务素质和敬业精神提出了更高的要求。面对现实，面对中国的法治建设，每一个律师都应以加倍的努力去迎接这场新的挑战！

法庭辩论技巧*

——在司法部刑事辩护律师高级培训班的演讲

田文昌在高校为学生举办讲座时的场景

法庭辩论技巧这个题目应当说是一个比较深的课题，要把这个题目讲好是很不容易的，我没有任何自信能够讲好。既然来了，今天就与在座的同行一同探讨。我只能讲一些粗浅的体会，

* 载于1996年第11期、1997年第1期、1997年第2期《中国律师》。

希望在我讲的当中和讲后大家能够提出一些问题我们互相探讨、互相研究，大家可以随时发问，我讲话的时候不怕打断，因为在座的各位恐怕比我有更深刻的体会，比我讲得更好。说实话，我也没作什么准备，原来我在政法大学讲座时讲过一个类似的题目：《法庭论辩艺术漫谈》，当时并没有稿子，只是聊天式地即席发挥，后来研究生们帮我整理出来，这样才有了一点基础。今天我想结合新《刑事诉讼法》出台的一些相关内容来谈谈法庭辩论技巧这个话题，供大家参考。

一、新《刑事诉讼法》①中规定的关于刑事辩护和刑事案件代理当中律师工作的内容和方式

根据新《刑事诉讼法》的规定，律师参与刑事案件的工作内容和阶段有了比较大的变化。可以分为三项内容和两个阶段（或三个阶段）。这只是我个人的认识。

三项内容：一个是被告辩护人，这是和原来的规定一样的。再一个是被害人代理，这点在原刑事诉讼法中没有规定，后来逐步地开始了这项业务，我们律师在有些案件中作了被害人的代理人，但是这个问题没有得到普遍认同，有些省市的法庭拒绝律师代理被害人出庭；有的可以代理，但只有在民事部分才有发言权，刑事部分没有发言权。现在新《刑事诉讼法》中明确规定了这个权利，可以说加大了律师业务的范围，增加了律师的工作内容。当然这个规定更重要的意义是对被害人的保护更明显、更明确

① 1996年3月17日全国人民代表大会第四次会议《关于修改〈中华人民共和国刑事诉讼法〉的决定》第一次修正。

了，因为过去被害人没有诉讼地位。不知大家注意到这个问题没有，我们的刑事诉讼法中诉讼当事人是单方的，这是非常可笑的。在十几年前第一部刑事诉讼法刚刚出台时我就反复提到过这个问题。所谓诉讼，必须是双方的，有诉有讼。可是在我们的刑事诉讼法中公诉人代表国家，不算当事人，被害人也不算当事人，所以在进行诉讼的法庭上，只有被告一方当事人，这是非常不完善的规定。但当时既已规定，也只能那样了。十几年之后，这个问题终于解决了，应当说这是一个很大的进步：被害人作为当事人了。由于被害人作为当事人，被害人就有抗辩权，特别是被害人有了告状的权利。我这几年遇到过许多被害人告状无门的案子，公安机关不给立案，检察机关不给立案，被害人找到律师，律师也无能为力。新《刑事诉讼法》出台之后，这项工作就可以做了，律师可以代理被害人去起诉。在公诉案件中，如果公诉机关不提起公诉的话，被害人也可到法院提起诉讼。这是一个很大的进步，随着这个进步的出现，律师工作的内容也增加了，律师的作用也加强了，这是第二项内容。

第三项内容更新，那就是对犯罪嫌疑人提供法律帮助，如在第一次讯问以后，或者被采取强制措施以后，犯罪嫌疑人可以聘请律师提供法律帮助，代为申诉、控告、申请取保候审等。这个规定也是一个大的进步，所以律师的工作内容又加了一项。这就是律师工作的三项内容：为被告辩护、为被害人代理、为犯罪嫌疑人提供法律帮助。

那么两个阶段又是什么呢？我认为审查起诉和开庭审判可以作为一个阶段，因为它们都是诉讼阶段。在这个阶段，从审查起诉时，律师就提前介入了。这个阶段由过去的只是起诉以后律师才能介入延伸到审查起诉时律师就可以介入，所以律师的工作量加大了。当然，如果分得细一些，审查起诉与开庭审判也可以分为两阶段。

另一个阶段就是被采取强制措施或者第一次讯问之后到审查起诉之前，为犯罪嫌疑人提供法律帮助。当然，根据目前新《刑事诉讼法》的规定，这个阶段律师工作的内容还不是太具体，现在谁也说不清楚究竟能干些什么。根据目前的立法内容来看，应当说规定得比较空泛，在今后的实践当中可能会进一步解决这个问题。总之，究竟能做些什么，这是个很值得研究的问题。

那么，概括起来，律师工作的三项内容和两个阶段（或三个阶段）与原来的刑事诉讼法相比，可以说律师的作用加强了，工作量增多了，工作的难度加大了，这不是一般的加大，而是加大了许多。

第一，调查取证难度加大了。我们的《刑事诉讼法》规定，调查取证时证人和作证的机关可以不回答律师的提问，可以不作证，因为我们要征得别人同意才能取证。这种拒绝权原来还没有这么明确，这一次更加明确了。我认为这一规定对我们律师非常不利。在几次座谈会上我都提出这个问题，不仅是我，许多律师还有学者都提出这个问题，这是个难度很大的问题。而且，虽然我们的介入时间早了，但主动权基本上控制在控诉方，所以说在这个问题上，律师的调查取证是相当困难的，这是第一个难度。

第二，了解案情难度加大了。因为我们不能看卷宗了，看到的卷宗也不会那么具体了，所以了解案情更加困难。过去虽然律师介入的时间晚，但是介入时全部的卷宗都在法院，我们可以仔细研究，从卷宗里发现问题，虽然很被动，有时就是从鸡蛋里挑骨头，挑不出来你就没辙，但是毕竟你还是可以看到全部的案卷材料,包括证据材料在内,你都可以看到。可是,根据新《刑事诉讼法》的规定,公诉机关给法院的材料本身就比较简单,律师看到的也只能更加简单,许多关键的内容和证据他们就不一定附卷。所以,对律师来讲,思维方式应当有重大改变,不能够只凭卷宗来了解案情。这也是一个难度很大的问题。

第三,风险加大了。这次《刑事诉讼法》规定,如果律师在调查取证过程中有诱证等其他制造伪证的行为,要追究法律责任。可以说这对律师是很不公平的,我在会议上多次呼吁过这一点,因为调查取证当中更容易违法的是侦查机关而不是律师;事实上经常违法的也是侦查机关多于律师;现在仍在违法的更是侦查机关而不是律师。这是因为侦查机关实施违法取证的权力和机会比律师更多。那么,如果公平地把侦查机关和律师放在一起规定还可以,但事实上却没有提及侦查机关,而是单独针对律师列了一条,这样问题就比较大了。特别是有这样一个问题(我在一些文章中也写到过),律师和侦查机关是控辩双方平等而又对立的两个方面,侦查机关搞违法取证的时候,由侦查机关自己来追究,而律师要是发现有这个问题,却要由律师的对立方侦查机关来追究。毫不隐讳地讲,这在立法原则上是有问题的。如果由第三方来处理还可以,现在是在对立的双方中由其中的一方来追究另一方,这种规定明显有问题,很难避免职业报复行为。当然,现在立法已经出台,至少暂时是无法修改了,这是一个很严峻的现实。那么,我们面对这个现实就要充分考虑到这个风险,要知道自己的工作该怎么做。最危险的一条是关于律师作伪证,诱使证人改变证词的问题,这个问题是难以明确界定的,是说不清楚的。在过去和现在,已经屡屡发生过这类事情:检察机关、公安机关调查以后，律师再找证人，证人改变了证词，而且有些证词原来是在逼供下出具的，现在经过律师的教育或自己的思考、自己的反省而改变了证词，这是律师工作的贡献，律师并没有采取非法的手段，但是已经有一些律师被抓起来了，因为你改变了我的调查，所以我就认为你改变的手段是非法的。就在最近几天，我还频频听到北京和外地律师被抓的消息。所以说这个问题难度是相当大的。那么，是不是由于律师的调查取证在后，而事后调查就不能改变侦查机关的调查，一旦改变，就有违法取证之嫌呢？应当说，根据目前的现状，这个嫌疑很难避免。所以说，这个问题是相当严重的。正因如此，我曾经在今年以来的大大小小的包括很高层次的会议上多次呼吁、警告、预测，我说在新刑事诉讼法实施以后，全国将有一批律师被抓起来，这是个很严峻的现实，但是从宏观角度来讲，这也是中国法治建设向纵深发展的进程中所必须付出的一种代价，包括我本人也准备付出这个代价。然而，更严峻的事实已经出现了，现在已经陆续抓了一些人。我听一些个别的检察人员和公安人员讲，已经做好了准备，要抓几个律师。如果一个地方抓几个，全国就要抓几千了。当然我们不希望这个现实出现，也不会这样严重，但是这个问题的确是不可回避的。我说这句话并不是言过其实，而是希望同行们意识到这个现实，更慎重地、更稳妥地、更负责地、更严格地做好我们的工作。不能因噎废食，工作还要做，问题是怎么做。一些年轻的律师，像初生牛犊，没有更多的经验，再不慎重，可能由于自己的原因而导致这种结果，这是更加需要注意的。反之，不是由于我们自身的原因，而是由于对方的原因出现了这种情况，我们也应尽力防止。新刑事诉讼法起草过程中各方争论相当激烈，但总的来讲，进步是很大的。

尽管有许多难以突破的困难，但新刑事诉讼法应当说是在新中国立法史上的一个重大突破，这点是应当肯定的。对于律师来讲，这个重大突破出现之后，应当说是面临着一场挑战，如何做好刑事辩护和代理工作是值得长时间深入探讨的问题。关于律师工作的风险，我希望在座的同行们能充分认识到，注意到，以便最大限度地予以防止。

第四，回到我们的主题上：辩论的难度加大了。因为庭审方式改变了，所以法庭辩论的方式、内容都有了新的变化。这点对我们每个人来讲都是非常陌生的。那么，法庭辩论难度为什么加大了？表现在什么地方呢？

二、法庭辩论难度加大的原因

法庭辩论的难度加大主要是由于控辩式的庭审方式所引起的。

一方面，在控辩式审判中，由于庭审前律师不能全面地了解控方的证据内容，应变能力就变得更加重要了。

与目前情况所不同的是，以后起诉机关移交给法庭的案卷内容很简单，这样，我们对很多问题都会措手不及，不可能了解那么透彻，所以，必须有很强的应变能力。我们不可能事先准备好辩护词，甚至连质证的提纲都难以事先拟好。过去我们把辩护词都打印好了，法庭调查提纲至少也拟得相当详细，将来恐怕办不到了，因为不知道对方的底细，对方会拿出什么关键性的证据我们事先甚至都不能了解，所以法庭调查质证的提纲我们也难以准备。那么，就有相当一部分内容要由法庭上的应变水平来决定，这是增加法庭辩论难度的一个很重要的原因。

另一方面，控辩式的审判方式将会使法庭辩论的方式和内容发生两个重要转变。

一个转变是由集中辩论向交替辩论的转变。

过去我们法庭的审理泾渭分明，先法庭调查，后法庭辩论。可能大家都有体会，我们有些律师在法庭调查当中常常难以把握这个程序，有时就把论的内容提前了，而且发生这种情况时往往要受到法官的制止，让你留待辩论的时候再谈。过去的方式都是这样的。那么，将来的方式恐怕就不一样了，因为它是边质证边辩论，很重要的一部分辩论内容挪到法庭质证中了，这样就加大了法庭质证的力度和分量，质证当中就要融进辩论的内容。法庭调查之后的辩论当然还要有，但是前边质证当中已经开始了对证据的辩论。试想，如果对于控方证据的真实性、有效性、合法性我们不能及时提出否定的理由来，就等于认可控方证据。反之，我们如果不能举出对我方有利的证据并且能说明它的有利之处，又怎么能使这个证据得到认可呢？所以说，在质证阶段，一旦失去机会，质证就会失利，这是个非常重要的问题。面对这种情况，我们必须把辩论的某些内容融合在法庭质证之中。如果我们注意到一些文学作品和影视作品所反映的国外法庭审判的情况，就可以发现他们的法庭辩论常常是在质证当中交替进行，若干个轮回地进行辩论。所以，在新《刑事诉讼法》实施后，我们必须注意到这一点，在质证阶段要不失时机地提出自己的观点和理由，这样才能否定一些不真实的证据，坚持我方的证据。这是第一个转变，即由集中辩论向交替辩论的转变。

另一个转变是由以实体辩论为主向实体与程序并重的转变。

过去在我们的法庭上，辩论的内容重点是实体法问题，这点恐怕大家都有体会，我们辩论的重点主要是定性准不准，罪与非罪及此罪与彼罪的界限问题，重点都是在这些方面，对证据的辩论并不突出。但是在国外的法庭上，恰恰相反，他们打的主要是证据仗，这一点在一些影视节目中也可以反映出来，这是一个很重要的差别。我曾讲过，我们的律师到国外去，肯定会不适应，尤其是英美法系国家，我们是重实体轻程序，他们是重程序轻实体，辩论的内容和方式差别很大。

为什么会有这种差别？

第一，我们国家历史上一直延续到现在的一种重实体轻程序的观念，把程序法没有放在一个很重要的地位。

第二，实质上的有罪推定。在我们司法人员的意识中，深深保留着一种有罪推定的思想，这个问题在座的同行们一定会深有体会。有罪推定与无罪推定的问题在我国法学理论界争论了几十年。无罪推定的原则是资产阶级革命胜利以后资产阶级刑事诉讼法中一个重要原则之一，它是对封建制刑事诉讼法和刑法的一个最根本性的否定。直到我国新的刑事诉讼法颁布之前，关于无罪推定的争论，曾经出现过几次高潮，几起几伏。遗憾的是，每当有学者提出无罪推定时，就会被一棒子打倒。我也曾经提出过这个问题，但没有专门长篇大论来论证这个问题，因为那时正在有人被批判。这个问题是相当严重的，这种观点的存在，对律师的辩护特别不利，大家可能都听过这种普遍的说法：许多公安和司法人员认为，放人就要证明他无罪。我在讲课时曾经问过许多司法人员，有些罪定不上，证据不足时怎么办？他们的回答是：我不能证明他无罪，我就不能放他。这是一种根深蒂固的思想，即有罪推定的思想。我经常对他们讲：“宣告一个人无罪不等于他事实无罪，只能说明我们不能证明他有罪，只要不能证明他有罪，就得宣告他无罪。”但这个说法很难被接受。前几年有好多文章，包括权威的立法人员所作的解释中都有一种观点：“我们既不搞无罪推定，也不搞有罪推定，我们讲的是实事求是。”多年来一直是这样讲。我不客气地讲，在这个意义上实事求是只是一句空话，谁都强调自己是实事求是，但重要的是，如何做到实事求是？做到实事求是的原则是什么？根据是什么？说到底，无非是一个无罪推定和有罪推定的问题。我们这么多年来反对无罪推定的结果实际上就是搞有罪推定，这个问题相当严重，是对我国法治建设的一种障碍。好就好在这次刑事诉讼法基本上肯定了无罪推定，这个问题早就该肯定，在联合国的有关公约中明确写上了无罪推定，而我国也参加了这个公约，所以当然应当承认这个问题。这次原则上是承认了，比如说任何犯罪嫌疑人没有被法院认定有罪之前都不能视为有罪，这个表述至少在一定程度上包含了无罪推定的内容，还有些相关的表述，这是一个相当大的突破。只有转变这一思想之后，在防止错案方面才会有重大的进步，对搞好律师工作也是有利的。实质上的有罪推定观念使我们的律师工作包括法庭辩论的难度加大，因为一个“实事求是”的抽象性概念掩盖了程序上的违法性和主观臆断性，所以不重视程序。可见，我们律师在法庭辩论当中怎样打破这种错误观念，怎样阐述自己的观点，怎样在证据不足时否定对犯罪的指控，这是个很重要的问题。

第三，我们不是严格的罪刑法定。罪刑法定也是资产阶级刑法当中最根本的一条原则，这条原则的核心是，法无明文规定不为罪，不处罚。我国刑法和刑事诉讼法都没有这样规定。国外有两种做法，有的将罪刑法定原则规定在刑法里面，有的规定在诉讼法里面，英美法系国家一般是规定在诉讼法里面，还有一些国家把这个内容规定在宪法里面。可是我国这几个法中都没有明确规定。在1979年刑法、刑事诉讼法出台之后，学术界一直在讨论我们国家是不是罪刑法定原则，有的说是，有的说不是，有的说基本上是罪刑法定原则，有的说是以罪刑法定为基础，以类推为补充的原则，有的说是有限的罪刑法定原则。有一位学者说得很有新意，他说，我们不是罪刑法定原则，而是罪刑合法原则，因为类推和罪刑法定是尖锐对立的，但如果法律规定有类推，就不能说它不合法，所以说是罪刑合法原则，即只要没有超出法律规定的范围就视为合法。可见，罪刑合法原则和罪刑法定原则差之千里，是不一样的。这次修改刑法时大家意见比较一致，主张废止类推。这次新刑诉法的出台在一定意义上也推进了罪刑法定原则的贯彻，将来我国刑法应当明确把这一原则确定下来。我最近准备出一本书，书名为《罪刑法定原则在中国》，我在书中谈到了罪刑法定的概念、内容、起源、历史发展过程和现状，中国现行法律与罪刑法定原则的冲突以及将来怎么办等一系列问题。罪刑法定原则如果不明确下来，我们律师工作的难度也会相当大，因为定罪量刑的随意性太大，法官主观臆断的权力相当大，这也是律师在法庭辩论中难度大的原因之一。

第四，我们的实体法规定得过于空泛、抽象，伸缩性太大，在理解上很容易发生歧义，这也是一个非常现实的问题。大家知道，我国刑法非常简练，只有192条①。一些外国学者说：非常欣

---

① 指1979年7月1日第五届全国人民代表大会第二次会议通过的《中华人民共和国刑法》。

赏你们的法律,非常欣赏你们的概括能力,你们的法律言简意赅,不过我们是无论如何接受不了的。他们这些话的含义很明确,是认为我们的刑法太简单了。在英美国家陪审团的成员要求非常严格,必须是德高望重的、受人们尊敬的,但还有一条,不能是法律专业人员。很多人都可以报名参加陪审团,经过审查之后就可以成为陪审团的候选人,当一个案子出现后,就可以从中挑几个参加陪审团。所以针对这种情况我就问:“你们陪审团成员不懂法律,怎么能够来定罪呢(因为法官没有定罪权,陪审团才能定罪,法官只是作为顾问,定罪之后进行量刑,至于能不能定罪,由陪审团表决,法官没有权力)?”他们解释的一个很重要的原因就是他们的实体法规定得相当具体细致,绝大部分情况是可以对号入座的。所以说律师也好,控方也好,主要是在案件事实上下功夫,把陪审团从情感上、道义上打动了,使他们产生某种倾向和确信。所以双方必须有充分的证据,证据仗打得很具体很激烈,主要是证明犯罪事实是否存在,当然也包括行为人的动机、目的和背景等。可是这一点在我国却很难做到。我国有陪审员,但陪审员的作用大家都很清楚。因为我们的法律连律师与法官都争不清楚,有时连最高人民法院、最高人民检察院都搞不清楚,甚至连我们很多高层的专家论证会都搞不清楚,陪审员怎么会清楚呢?我在一些重大疑难案件中,经常请专家开论证会,我也应邀参加过一些有关部门举办的论证会,我很少遇到过观点完全一致的,大多数都有一些争论。这种现象说明法律是一门科学,理论很高深,有争论是正常的。但是恐怕更重要的是反映出我们的立法太抽象了,给人留下那么多争论的余地。立法不一定都那么科学,任何一个国家,任何一个时代的立法都不可能无可挑剔,都是不断补充和完善的，但是立法一定要明确，不能给人那么多空子可钻。我们国家法律的空子是比较多的，谁都可以钻，这是我们亟待解决的问题。目前为止，刑法修改的草案已出了好多稿，现在已经变成30几章500多条，恐怕还要增加，这是一个大的进步，估计一两年之内能够出台。

我讲这些是说明在国外的法庭上重点是在证据的辩论，是打证据仗，程序问题占了很重要的地位，而我国的法庭上程序的内容较少，主要是在打实体仗，这是过去，将来新《刑事诉讼法》实施以后，程序上的问题增多了，在程序中辩论的难度增大了。但是，由于我国目前刑事实体法的立法现状所决定，在法庭辩论中我们实体上的内容并没有减少，过去是重实体，轻程序，现在是实体与程序并重，并不是因为程序上的分量加大了就减少了实体上的分量。所以说，我们律师面临的是双重的难度，比在国外做律师更难，我们是这边顾着程序，那边还不能忘了实体。当然这不是单方面的，我们难，控方也难，难度是对等的。但是我们对自己就要提出更高的要求，程序与实体这两个问题都不能忽略。律师要适应这个转变。

好，现在我们来总结一下，刚才讲到新《刑事诉讼法》实施后在法庭辩论中将要发生两个转变：一个是从法庭调查与法庭辩论分阶段进行向法庭调查质证与辩论交叉进行的转变；另一个是辩论中由重实体轻程序向实体与程序并重的转变。要适应这两个转变，不是件很容易的事情，我们每个律师都应当做好充分的思想准备，要探索、要锻炼、要提高。律协前几天开了几个会在研究这个问题，全国律协准备搞这样几个动作：一个是搞模拟法庭，现在我正在拟写模拟法庭的提纲。准备先各搞一个美国律师和香港律师的模拟法庭,因为许多人包括我在内到底怎么搞控辩式审判都是空白。搞了这两个模拟法庭之后,再搞国内律师的控辩式的模拟法庭。把这三个模拟法庭搞好之后,制成录像带,发给全国每个律师所一套。这是初步定下来的一个打算目的,是为了使大家能够尽快适应这种庭审方式。另一个动作就是在全国范围内搞律师的辩论大赛,大学生辩论赛搞了这么多次了,我们律师若不搞辩论赛就非常遗憾了,真正该搞的应该是律师。准备在几个省市先搞,通过中央电视台合作来搞。我们争取年底之前把准备工作做好,这也是对提高律师法庭辩论水平的一个促进,也显示一下律师的实力,律师出来表演,大家看一看。这个辩论赛的提纲也正在准备。

适应新的论辩方式确实要有一个过程,更主要的是多学习。

三、法庭辩论中律师的优势和劣势

从形式上讲,应当说控方是主动的,辩方是被动的,因为控方掌握证据在先,始终处于攻势的地位。辩方掌握证据在后,处于守势的地位。

但是,辩方律师也有天然优势,这个优势就是举证责任,因为是控方举证,辩方反驳,这是很大的优势。控方必须保证证据的真实性、合法性、一致性和排他性,这一点对控方来讲压力很大。因为“谁主张,谁举证”,民事审判上也是这样。首先,控告的证据要真实,要经得起推敲;其次要合法,不能违法取证;再次要一致,不能自相矛盾;最后证据要有排他性,特别是间接证据,我们知道,间接证据必须形成一个完整的、一致的、无法攻破的证据链条,必须具有排他性,否则多少个证据加起来也没有用。在这一点上，作为辩方律师只要攻破控方证据就可以取胜，并不一定要举出反证。这个优势很大。也就是说，只要攻破一点，这一证据就不能成立，就打破了控方证据，控方就要失利，这点的确是律师的优势。

我讲这个问题的意思是我们应当了解自己在法庭辩论中的位置，在法庭辩论中的劣势、优势各是什么。对于劣势的一面，我们应有充分的思想准备，在优势这一方面要更加充分发挥，这样才有利于取胜。

但是辩方的优势也不是绝对的，有时也有例外。比如，正当卫的问题，我碰到过好多这样的案子。应当说我国对正当防卫的研究在理论上比较薄弱，立法上不够具体，实践中问题非常多。我们在政策上一再讲，鼓励正当防卫，鼓励人民群众用正当防卫的方式同违法犯罪行为作斗争，来维护社会的安定，要放宽防卫的条件。但是由于理论上研究得不够，实践当中往往是左的倾向占主导地位。实践中防卫的案件很难辩护，明明是防卫的，常常被定为防卫过当；明明是防卫过当的，常常连防卫的性质都被否定，总是要有些偏差，所以说防卫的案件很难辩护。但我现在说的不是这个问题，而是说在防卫案件的辩论中律师的位置变了，辩方往往会处在劣势的位置，因为举证责任变了。一般情况下是控方举证，但是防卫案件中却往往要相反，因为杀人、伤害这样的事实确已发生了，事实在先，控方只要拿出这种事实就可以了，但如果律师认为这是防卫，就要提出防卫的证据。所以，此时对防卫成立的举证责任就落在了辩护人身上，这时候，律师就处于劣势。而且实践当中，防卫案件常常是没有多少证人的，往往是一对一的，这个问题难度相当大。所以在这一点上，我们应当有充分地思想准备,遇到这样的案件,要尽可能充分地寻找证据,要不然即使明知是防卫,拿不出证据也是不行的。

再如,精神病的问题,也比较困难,你怀疑他有精神病,你就要举证。当然精神病要由鉴定机关来认定,但提出鉴定要求本身你就要有一定的证据作基础,否则人家凭什么给你做鉴定呢?我办过一些怀疑有精神病的案子,有的确实被鉴定为无责任能力,有的被鉴定为有责任能力,总之,该是什么就是什么,我们责任尽到了。但是无论如何,你必须提出鉴定的理由,并且要有一定的证据支持这种理由才行。在这方面,律师也是处于劣势的位置。所以说,辩方律师的天然优势并不是绝对的,有些问题上你也要承担举证责任,这样难度就比较大。

四、法庭辩论的目的和侧重点

应当说,律师进行法庭辩论的目的是使自己的观点能够被接受,而不是哗众取宠,这一点非常重要。我见过一些律师,确实有这种毛病,他们的口才不错,思维很敏捷,但是他们并不考虑实效。在辩论中,只注重以各种华丽的辞藻来展示他的才华,常常博得掌声和喝彩声。当事人往往喜欢这样的律师,他们会感到解恨,感到精彩,感觉到压抑了多时的情绪终于得到发泄。由于当事人不懂法律,所以不知道后果,有时就图一时痛快,这是可以理解的。但是律师不能这样,因为这样讲了之后并没有什么实际的作用,这样的表演并未充分表达他辩护的理由,而且还很容易刺伤控诉方,甚至刺伤了法官,有的律师对法官也百般嘲笑,结果谁吃亏呢?还是当事人吃亏,没有起到律师应有的作用。法庭辩论的目的是什么?是为了在辩论大赛上的表演呢?还是为了辩论理由的成功呢？这一点是不言自明的。所以，这种表演次数多了之后，当事人也会有所察觉，也不会欢迎，因为他光是说的好听，却没什么效果。这样传来传去对律师的声望也不好，而且司法机关也容易形成对立情绪。所以，应当引以为戒。

那么，法庭辩论的侧重点是什么？与目的一致，法庭辩论的侧重点应当是晓之以理，动之以情，言之有据，并不在于攻击对方，这是非常重要的。有的律师只是沾沾自喜于把对方打败了，把对方驳得无话可讲了。要知道这一点是远远不够的，重要的是结果怎么样，法官是不是理解了、采纳了。律师在辩论中应当特别注重晓之以理，动之以情，因为你的目的是让人家接受你的观点。所以，侧重点是在于表演，还是在于对实际效果的追求，这个问题非常重要。

在法庭辩论中，论题的确立，辩论内容的展开与调整，辩论方式与技巧的选择和运用等一系列问题，都不能偏离法庭辩论的目的和侧重点。所以，这个问题是法庭辩论取得成功的首要前提。在这个前提确立之后，法庭辩论技巧才可以得到有效的发挥，才会有用武之地，才不会浪费口才。

五、法庭辩论技巧的具体运用

这个问题比较庞杂，我只能就个人体会较深的几个方面，结合具体案例来谈谈感受，不可能全面展开，更谈不上系统性。

（一）辩论要抓住要害突出重点

抓住要害，突出重点，这不仅在法庭辩论中十分重要，在法庭调查和庭前准备中也同样重要。有些比较复杂的案件，内容很多也很乱，这时候一定要抓住要害，突出重点，不宜面面俱到，避免冲淡了主题。有些案件很复杂,甚至涉及十几项、几十项犯罪事实。而且,关键是有的案件涉及的证据内容及其他一些内容太多太乱,如果在有限的庭审时间内不能抓住要害,往往会被牵着鼻子走,陷入一种难以解脱的境地,不利于把重点问题说清楚。大兴安岭朱佩金的案子就很典型。这是一件因承包经营而被指控犯罪的案件,被告被关押了 5 年半,起诉书指控他贪污近 40 万元,诈骗近 40 万元,再加行贿共 3 个罪名,案件审理历时长达 7 个年头,最后被宣告无罪。这个案子检察院侦查了 3 年多,起诉到法院后,法院又审了一年多,到我去开庭的时候就只有 7 天,就在 7 天时间里我们两名律师除了阅卷和会见被告,还要调取一系列证据,包括坐十几个小时火车到泰来农场和老来农场两个监狱去取证,而且因时过境迁取证相当困难。所以,我看卷的时间只有 3 天。3860 多页的卷宗,就是不睡觉也看不完。怎么办?我通过对一些主要线索的分析,终于找到了关键问题,从根本上否定了犯罪的性质,其他一些次要问题有的一翻而过,有的干脆不看了。因为此案的关键是承包合同的性质和方式,只要把个人承包的基本性质和“大包干”的承包方式弄清楚了,就足以否定贪污和诈骗的问题。所以,对其他一些次要问题就可以泛泛地翻阅,甚至可以略过不看。这样一来,不足 3 天,我已经把案件全部吃透了。后来同院长交换意见时,他问我看完了卷宗材料没有,我回答说,“我都看明白了。”他会心地笑了。这个院长是科班出身,很有水平,他知道我不可能看完卷宗。但当我全面地分析案情,陈述理由之后,他既满意又吃惊,对我的工作效率感到惊讶。后来在法庭辩论中涉及其他一些枝节问题我一律不予纠缠,就抓住这个要害问题不放,从根本上否定了犯罪性质。假如我陷入那些琐碎的枝节问题之中,那就非常麻烦了,就很难把握住重点,甚至连基本案情都吃不透。事实上,开庭的情况表明,公诉人和审判长对案情都没有吃得很透,尽管他们研究、调查了几年时间。为什么?因为他们没有抓住要害,没有厘清法律关系。

(二)善于抓住和利用矛盾

新《刑事诉讼法》实施后,法庭调查质证中必然融入辩论的内容,这时如何进行辩论,如何使辩论更有力度,是个很值得研究、探讨的问题。法庭调查中,主要是举证和质证,事先一定要有一个举证、质证的基本思路,在庭上则要不失时机地寻找对我方有利的线索和机会,一方面要善于发现对方举证中的矛盾,另一方面一定要避免自相矛盾。有些情况下,在法庭调查中不宜过早地暴露自己的思路,以免使对方有所防备,使一些重要证据无法核实。法庭调查当中这些技巧是很重要的,这不仅是在刑案的辩论中,在民事案件和其他案件中也一样,凡是涉及法庭辩论的都有这样的问题。下面,我就个人的体会举几个相关的例子供大家参考。

前几年我在广东办了一件行政诉讼案,我方代理香港的3家公司和越南船长诉湛江海关扣船没收货物违法。这件案子一审胜诉,但后来二审败诉了。尽管二审败诉了,我认为这案子是非常成功的,这案子随时随地我都想把它翻过来。案情是海关扣了一艘越南船,运的是香港公司的货物。这船的合法航程是从香港向越南运货,提单等手续齐全。航行至越南与中国的分航点之前,在琼州海峡的国际航线上,遇到了12级台风,所以船驶入广东湛江境内紧急避险。在抛锚停靠当中被公安机关和海关查获,2000多万元的货物被扣留。假如该船是在国内航线上行驶中被扣留,认定走私是没有问题的,但它是在避险中被扣的,而且是处在国际航线上的分航点之前，所以认定走私是缺乏根据的。那么，海关认定走私的关键性证据是什么呢？其中之一是24名船员和船长的口供。但是，阅卷时我发现被告把第一次口供全部隐匿了，没有向法庭提交，只提交了第二次口供，而第二次口供虽然承认是走私却有许多破绽，这些口供中有的前后矛盾，有的相互矛盾，显然是不真实的，被逼出来的。在法庭调查中我首先以此为突破点，我开始并没有否定这些口供，只是举出了其中的各种矛盾，当对方被质问得不能自圆其说的时候，就乱了阵脚，跳起来了。在慌乱之中，对方代理人极不冷静，声色俱厉地说："我们重证据，不轻信口供，那些口供都是胡说八道，不能算数。"结果，本来被当作王牌证据使用的口供首先被他自己否定掉了。于是，我立即提请法庭将被告代理人的这些话记录在案，并声明在口供的真实性和效力问题上，原被告双方已经达成共识，请法庭调查下一个问题。口供的证据效力之争就这样结束了。这时，对方才发觉上当，追悔莫及，但为时已晚。由此可见，一些关键问题在交叉质证时必须及时抓住，一旦失去机会或者一朝失误，就容易陷入被动局面。

再举一个例子，还是刚才我讲的那个行政诉讼案，这个例子发生在二审阶段。当对方的第一个王牌证据——船员的口供被攻破之后，第二个王牌证据是三份电报底稿。海关向法庭提供了船上尚未发出的八份电报底稿，这八份底稿中有三份是最重要的，这三份底稿虽然也是间接证据，但是可以反映出该船具有走私嫌疑。因为按正常手续是从香港运货到越南，在越南办了手续后，不卸货，再从越南转到广西，这样就是合法的，是边贸政策所允许的。而海关扣船的理由，就是认定该船假借到越南的名义，直接驶往广西北海市，这样就会由于没有从香港到广西的合法手续而构成走私。在这三份电报稿的内容中，确实可以反映出从香港直驶广西的嫌疑，至少可以反映在主观上有这种动机。所以，海关将这三份电报稿作为第二张王牌证据。但是经过分析之后，我发现这些电报稿的真实性值得怀疑。第一，这些电报稿是在该船搁浅后草拟的，而在拟稿之前，船上的发报机天线已被风刮断，收、发报已经无法进行。这种情况下拟写电报稿是没有意义的，这种做法违反常理。第二，这八份电报稿都是复印件，海关拒不提供原件。第三，据我方初步调查，这最重要的三份电报稿的拟稿时间是在船被扣押后船员已经失去自由的第二天。这是最大的疑点，若果真如此，这些电报肯定是假的，因为任何人都不会在失去自由的情况下再主动去为自己制造罪证。但是，由于时间紧迫，我们当时无法取得直接证据来揭穿这个伪证。于是，就只能在法庭上斗智，设法在法庭质证中寻找对方的破绽。为了麻痹对方而防止他们说假话，我并不直接提出这个问题。而是东一下西一下地将各种问题混在一起连续发问，在他们摸不清我方思路并且公开嘲笑我的提问不着边际的情况下，我突然轻描淡写地问起了扣船的时间和船员第一次被讯问的时间。但是，就在对方准备回答这个问题的时候，被审判长制止了，说是后面专门安排时间调查这个问题。审判长的这个举动，进一步加深了我的怀疑。于是，我在纸上写了几个大字摆在面前，防止在混战中这个问题被漏掉。果然不出我所料，在以后漫长的法庭调查中，我又两次提出这个问题，每当对方要回答的时候，都被审判长制止了。这样，我总共提出三次，被制止三次，但是每次提问都是单独提出，故意避开电报底稿的问题。所以，对方一直没有弄清我提问的真实用意。最后,直到在审判长宣布法庭调查结束的时候,也没有调查这个问题。这时候,我严厉地向审判长提出质问:“审判长,我三次提出扣船时间的问题,你三次制止,表示安排专门时间调查,现在却宣布法庭调查结束,是忘记了呢,还是不想调查?”审判长迟疑了半天,说:“可以调查。”我当即要求对方宣读办案记录,结果真是不出所料,是前一天下午两点钟扣的船,限制了所有船员和船长的人身自由,并于当时进行了第一次询问,录了口供,而这3份电报稿的拟稿时间却是在第二天早上8点钟。宣读完之后,对方律师才反应过来,企图改变说法,但是为时已晚。我当即要求法庭将此记录在案,并提请法庭责令对方将办案记录提交给法庭。这一段艰难的调查、质证,终于揭开了电报底稿之谜,接下来,便开始了充分占有主动权的步步紧逼的辩论,攻破了对方第二张王牌证据。

第三个例子,前年,我在东北办了一个比较大的贪污受贿案,是一个企业家的案子,因时间关系,具体案情我不多讲,只讲其中有一笔贪污1.6万元的证据问题。公司出纳员证明说,这1.6万元是她分成若干次送给被告的,每次都是被告指示出纳员到银行取款,取款后不许让别人知道,单独交给被告。但在证词中我发现了几处矛盾,一个是出纳员说:“我每次给他钱都没有留存根”,而且又说(在卷宗里反映出来),“我怕他不认账,所以就把存根都给他了。”这句话是矛盾的。又说:“还有一次是他让我到一个地方去送钱,我不认识那个人的家,是他告诉我如何走法,他在门口接我,也不让我进屋,把钱交给他我就走了。”而在另一次的调查笔录中她又说送钱时看见了屋里有人在打牌,有人在睡觉。更重要的是,我经调查得知,送钱的这家就是她原来的男朋友的家,既然如此,她为什么还需要在被告的指点下才能找到家门呢?根据这些疑点,我坚持要求法庭传这个出纳员出庭作证。法庭调查时,我步步紧逼,穷追不舍地向出纳员发问,结果,她慌乱之中,破绽百出,无言以对,竟在法庭上哭了起来。这时候,我又抛出了一个关键性的反证:我已经查明,这个出纳员最后一次取款的时间是在被告被抓起来之后。举证之后,我当即向法庭指出:"很显然,作为证人的出纳员是不可能到看守所去送钱供被告贪污的。因此,贪污这笔钱的真正罪犯是谁,已经不言自明。"通过这一场质证,得到了一个必然的但又超出了我们律师职责范围内的结果:被告贪污这 1.6 万元的事实被否定了,但是,作为证人的女出纳员被抓起来了。

实际上,法庭辩论与法庭调查、质证本来就是不可分割的,两者或者是环环相扣,或者是前后呼应。在法庭审理中如何能够及时、准确地击中要害,不失时机地运用证据,发现、寻找证据或者否定证据,其中确实是有些技巧问题的。在庭审方式改革之后,这些问题会更加突出。

我再讲一个例子,就是大家都知道的李强律师诉贵州遵义公安局的行政诉讼案。李强是中国政法大学的教师,也是我的学生,是华联律师事务所的兼职律师。他代理一个经济纠纷案件时,因为遵义公安局非法干预经济纠纷,把他的委托人抓了,他向公安部和高检等部门反映了情况,告了公安局。结果被公安打成轻伤害。这个案子也是我代理的,打了两审,第一审胜诉下,对方拒不出庭,是缺席判决。后来对方又提起上诉,二审又维持原判。这个案子的影响是比较大的,国内外律师纷纷通电声援。在二审开庭时,对方有一个代理人还是有些辩论水平的,准备得很充分,口才也不错。他们精心策划后制造了一个抓李强律师的借口，说李强律师唆使委托人进行诈骗，但在法庭质证中这个谎言被揭穿了。在法庭调查中我问了几个问题：第一个是公安局对李强立案的时间，对方回答是 1994 年 3 月 31 日。过了一会儿我又问，公安局认定李强涉嫌诈骗的根据是什么？他回答是李强唆使委托人转移赃款。第三个问题我又问他认定李强唆使委托人转移赃款的根据是什么？对方回答是根据他的委托人即案件当事人韩××的供述，说韩××供认是李强让他转移的。三个问题全问完了之后，真相就已大白。因为韩××即李强的委托人被抓走的时间是 1994 年 4 月 7 日，而他们对李强立案时间却是 3 月 31 日，这里明显发生了时间倒置的问题，因为委托人供述李强唆使转移赃款在后，对李强立案在前，所以，对李强立案根据的谎言不攻自破。在接下来的法庭辩论中，我在代理词中列出了一份对方在李强案中详细的活动时间表，前后一对照，破绽百出。这时候，对方已经没有任何反驳余地了，因为他们犯了一个无可挽回的错误，而这个错误——时间差，被我及时抓住了。后来，《中国青年报》等一些报纸在报道这个案件时把这个时间表也登了出来。像这些关键性的问题，千万不能忽略，不仅要抓住不放，而且还要及时，不可错过时机。

（三）深入浅出，生动形象

法庭辩论是一场关于事实、法律和理论的争论，常常会涉及一些复杂、疑难的理论问题。同时，由于辩论的对手不同，有时候简单的问题也会变得复杂化。在这种情况下，在有限的时间内能够有针对性地使一个复杂的理论问题深入浅出，往往会收到明显的效果。

在前面提到的朱佩金案中有一个涉及法庭辩论的典型例子。其中有一笔指控被告诈骗 20 万元,理由是被告人制造两个假文件实施诈骗。两个假文件是什么呢？其实是两封便函。这两封便函的内容是完全真实的,唯独查不清的就是这两封便函怎么出来的,被告说是单位的书记兼经理(“一把手”)让他写的,起草了以后,拿到文印室打印后盖章,公章确实是真的,也有这回事,只是没有备案,文印室没有底稿。实际上地区的一个林产公司没有那么严格的程序,没有备案也并不希奇,由于是“一把手”让他起草的,他又让文印室打印的,所以文印室的人不能证明是“一把手”亲自对他说的,“一把手”又没有书面指示,更重要的是“一把手”死了,死无对证。所以公诉人和法官都一口咬定这是假文件,他有一百张嘴也说不清。就这么一个问题,庭上调查了近一个上午,还是说不清楚。我一再讲,真假的区别关键在于内容是否真实,伪造是指虚构事实,现在已证明了文件的内容是百分之百的真实,充其量就是文件怎么形成的说不清楚,退一步讲,即使是他私自搞的,但他没作假,是真实的,这就不能说是“伪造”,不能说是“假文件”,所以,不能成为认定诈骗的根据中在法庭辩论中,任凭我从事实、法律和理论上反复论证,也还是无法说服对方。正当我感到哭笑不得,无可奈何的时候,急中生智,打了一个比喻,我说:“私生子是不是假孩子？如果公诉人认为私生子就是假孩子,那么认定这两个文件是假文件似乎情有可原,否则就没有理由认定这两个文件是假文件。私生子无非是程序不合法,但生出来的仍然还是人,除非是狸猫换太子,才能说是假孩子,只要生出来的是人,你就不能说孩子是假的。”出乎我的意料,这句话真的起了作用,法庭上的真假文件之争就此结束。休庭以后,很多人心悦诚服，法官也认为这个比喻用得好，便采纳了我的辩护理由。后来省高院刑庭庭长还专门对这个比喻大为称赞，认为有些情况下用这种恰当的比喻比讲道理更有说服力。应当说，这种比喻很通俗，也谈不上文雅，但有的情况下它就能起作用。也难怪，在那种紧张激烈的辩论中难免有人一时反应不过来，但“私生子”这样的一个比喻却很容易点中要害，既通俗，又有效果。可见，生动形象的比喻往往会取得意想不到的效果，它可以使一些理论性较深的问题深入浅出，通俗易懂。

（四）语言表达要注重方式

在法庭辩论中，还要注意语言本身的表达艺术，其中很重要的一条，就是让人家听得进，听得懂，给人家留下反应和理解的余地。大家都知道，语言的连贯性是很重要的，做律师的不能结结巴巴，张口结舌，要连贯地表达一种意思。但反过来切不要忘了另一条：要给人留下理解和琢磨的余地。律师的口才在法庭上是需要充分表现的，但滔滔不绝、连珠炮似的发言并非是贯穿始终的唯一方式，这一点我的体会非常深刻。因为我是教师出身，所以非常注重讲课的效果，比如，讲课时我要看学生的表情和反应，因为我讲的是我已经理解的甚至深思熟虑的内容，可人家听着却是新的东西，那么，要不要让人家思考一下？要随时根据听众的反应来调整自己讲授的内容和速度，不能强求别人的思维跟你一块走，没有人的脑子是计算机，有的人只顾自己不顾别人，像机关枪一样一路小跑地讲下去，自我感觉很好，可到头来别人却什么也没听进去，等于白说了。所以我们一定要明确，我们说话的目的是给别人听，一定要留下充分的余地让听者去反应、理解和思考。否则人家连听都听不懂，又怎么会接受和采纳你的主张？所以，我们的语言表达应当丰富多彩,应当有针对性地变换语速和语调,有时甚至需要一定时间的停顿,让人家重视你的话,琢磨一下你所讲的内容,这样才会使你的语言具有一种磁性,才会使别人愿意听,听得懂,能够品出味道,从而能够专心地听下去。这时候,你的发言就会有感染力,就会有魅力,就会收到最佳效果。我曾有幸遇到过几次精彩的法庭辩论,虽然双方争执到了白热化程度,但每当我发言的时候,全场鸦雀无声,真是静到了连地上掉一根针都能听到的程度。这种气氛首先是由我讲话的内容和方式创造出来的,继而又为我更充分、更自如地表达自己的意思奠定了基础。所以,人们会认真地听我讲的每一句话,我又会在高度放松的境界中充分地敞开思路。当时,我本人和听众,包括法官和另一方当事人似乎都忘记了时间,没有人打断我,直至我发言结束的几十秒钟之后,才突然打破了沉默。我感到,当法庭辩论达到了这种气氛的时候,可能就接近了最佳状态。当然,这种情况并不多见,我只是有幸遇到几次而已,但这应当是我们努力的目标。

我也遇到律师辩论的两种极端现象:一种是张口结舌,说话没有逻辑性,词不达意,别人听不懂,这当然不好;另一种是说得很利落,很洒脱,但就是太快,又太平淡,不给人以思考的时间。这有什么用呢?你说十句话,可人家却什么也没听进去,与其这样,还不如说一句话让人永远也忘不了。可见,发言要注重效果,不能只图自己痛快。否则,就无异于吵架和发泄,就背离了辩论的目的。

(五)说理也要讲究策略

法庭辩论中,既要重说理又要讲策略,在关键时刻要善于选择最容易使人接受的理由和辩论方式。在辩论的时候我们可能有很多的道理,但是如何表达,选择什么样的落脚点才会使对方易于接受,这一点非常重要。有时法庭辩论很激烈也很精彩,但水火不相容,双方陷入僵局,又确有各自的道理。在这种情况下,如果仅仅是各执一词,一味僵持下去,也并不见得总是上策。反过来,如果能够不失时机地跳出圈外,找到一个有可能打破僵局的新的思路作为切入点,侧面迂回地发起新的攻势,就很可能取得成功。

例如,不久前我在江苏办了一个受贿案,是同邓斌非法集资案相关联的。邓斌案中有五朵金花,其中第三号人物(被判死缓)是此案的行贿人黄某,我的被告是受贿人,是当地的一个领导干部,也姓黄。被告托黄某买了一处房子,价值 12 万元,他没有给黄钱。被告供称,因为他只有 9 万元,不足以支付房款。所以,他将 9 万元作为集资款交给黄,待集资返利后就会远远超过 12 万元(因集资利率很高),再用这钱补齐房款。后来黄将房子手续办了,钥匙交给了被告。这时被告感到房子比较贵,找到了更便宜的房子,于是他没有办房产证,也没有住进去,房子一动没动,同时,他又找好目标,打算把这房子转卖给别人,他另买的一处房子也联系好了,后来就把房子钥匙还给了黄某。但是,在此期间该房的钥匙已经在他手里放了一年多。起诉书认定他受贿了这套房子(12 万元),主要理由是:第一,买房没有交钱,集资款和房款是两码事。第二,钥匙在他家放了一年多,退还钥匙是在邓斌案发之后,是为了掩盖罪行。这件案子可以说控辩双方在证据上都比较欠缺,如果按照无罪推定原则来适用证据,作无罪辩护还是比较容易的,但在目前情况下就相当困难。针对这种情况,我在第二轮辩论中就采取了一种新的思路：我首先客观地摆出了控辩双方对此案认识的两种截然相反的思路，而后再对此两种思路作了分析。我指出，按控方思路去分析，“被告为什么要黄某以自己妻子的名义买房？为什么自己有 9 万元却不交房款而交了集资款？为什么房子钥匙在你手里放了一年多？为什么归还钥匙发生在邓斌案发生之后？如果将这一系列问题联系起来，站在控方的角度，越分析越是受贿。”反过来，我又从辩方的角度提出了另一种被告不构成受贿的思路。然后指出，从这两套完全相反的思维模式来看，虽然见仁见智，各有理由，都有符合逻辑的一面。但是，在这两种可能性之中事实却只有一个。因此，如何认定，以什么原则来认定被告的行为性质就成为问题的关键。首先，第二种情况(辩方的思路)比第一种情况有更多的证据支持，更有说服力。其次，退一步讲，即使前后两者分量相等，那么，在控方的思维模式和证据不具备排他性，从而无法否定辩方证据和思维模式的情况下，也同样是不能作出有罪认定的结论的，至少是证据不足，而证据不足就不能认定有罪。我的这种辩论方式超出了公诉人和法官的意料，但是效果很好。庭上公诉人顿时感到无法反驳，休庭后公诉人表示我的理由确有一定道理，值得考虑。法官态度则更明朗，采纳了无罪辩护的意见，并明确表示辩护意见精彩而客观。所以，有时候讲点策略换一种方式还是非常必要的。

(六)把握主攻方向，切忌偏离主题

在法庭辩论时，还要注意一个十分重要的问题，就是一定要把握住自己的思路和主攻方向，不要让对方牵着走，以免误入歧途而不能自拔。有时候，对方会有意识地避实就虚，转移话题，然后攻其一点，不及其余，达到改变辩论主题的目的，这时候一定要

反应敏捷，切勿上当。

两年前我在广西玉林办了一件133名客户集团诉农业银行的期货纠纷案。这个案子影响也比较大，国内10余家报纸曝光，新华社发了国内动态清样。基本案情是农行与外商合作搞非法外汇金融期货交易，结果加拿大外商把钱全骗走了。这案子开庭前对方没有提交答辩状，我当时就有察觉，估计到他们可能要搞突然袭击，但袭击的方式和内容我却无法预料。这次开庭是比较热闹的，我方是100多个原告，5位律师，因为除了我代理集团诉讼之外，还有其他的共同原告单独委托的律师，对方是两个被告3位律师，再加上十几个诉讼当事人和诉讼代表人，庭上一共坐了20多人，简直是一场混战。应当说，对方的律师阵容是比较强的，其中主辩的就是法大毕业的研究生。不出所料，答辩一开始对方就企图转移话题。原告起诉的是他们非法经营外汇期货，经营中有大量欺诈行为。可对方一开口就讲他们根本没有经营外汇金融期货，他们搞的是外汇见证业务，然后就大谈见证业务的内容，见证业务与金融期货的区别，简直就像作学术报告。有的律师一时反应不过来，就想着这个话题去同他辩论。我立即识破了对方的意图，是想改变主题，金蝉脱壳。而且，我对外汇见证业务并不熟悉，如果跟着他的思路去理论，势必陷入被动。所以，我在辩论时立即跳出了外汇见证业务的圈子，针锋相对地直奔主题。我首先宣读了广西壮族自治区有关部门的几份文件，指出，这些文件已经明确定了玉林农行非法经营外汇期货的基本性质，所以，关于被告开展业务的性质和内容已经不存在争议。然后指出，关于外汇见证业务的内容及其与外汇期货业务的区别问题与本案无关，如果作为学术探讨可以专门安排时间，但在法庭辩论中无此必要,除非法庭同意把开庭变成学术讨论会。这样一来,终于破了对方突然袭击、避实就虚的招数,使辩论的基调回到了主题。如果当时稍不慎重,只是出于急于反驳的心理,顺着见证业务与外汇期货业务两者区别的思路去辩论,就会被引入歧途,不仅扭转了辩论的主题,而且会使自己陷入一个陌生的领域,造成被动。

(七)法庭辩论中的应变能力

在法庭辩论中,常常会遇到一些意想不到的情况,对于这情况如何应付,这确实是对律师应变能力的考验。在法庭上,有些情况是不可能提前做好准备的,所以,应变能力对于律师来说非常重要。《三国演义》中孔明说郭嘉:"坐说立议,无人可及,临机应变,百无一能。"就是说郭嘉没有应变能力。可见,缺乏应变能力的只能做谋士,不适合做律师。

我在 1990 年至 1993 年承办的那个"河北省企业家商禄"案,就出现过这种情况,这个案子影响较大,好多报纸都报道了,《民主与法制》曾连载八期,题目是:"著名企业家商禄为何被数罪并罚",这个案子历时 3 年,从有期徒刑十八年打到无罪。商禄案开庭审理时曾有过这样一段插曲:公诉人借发表公诉词的机会,宣读了一篇"文革"期间大批判式的文章,历时 50 分钟,严重地污辱了被告的人格。商禄当时是 59 岁,公诉词从他十几岁上初中时开始,分析他所谓的犯罪思想根源,例如从十几岁开始,就借人家钢笔不还,占小便宜,从而养成了爱占便宜的恶习,所以导致了贪污公款。还说厂里有句顺口溜"商禄说话十句话九句空",甚至讲厂里许多女工都被他玩弄了,完全是个大流氓,如此等等,罗列出一大串罪状,但是一件具体事实都没有。当时商禄气得脸都白了,我与另一位律师也感到十分气愤。这种情况我们是万万没有料到的，如果不加驳斥，就等于放任，难以维护被告的合法权益，而且会使被告因心理严重失衡而过于激动，影响审判效果。可是驳斥的角度又不好选择，因为他打出的旗号是分析犯罪根源。所以，当时我确实是既气愤，又紧张，真是有些无可奈何的感觉。后来，我强制自己冷静下来，考虑对策，终于找到了反攻的突破口。对方花了足足50分钟，洋洋洒洒地宣读这篇精心撰写的杰作，然而，这50分钟也给我留下充分思考的时间。公诉词不仅充满了污辱性的语言，而且还列举了一大堆起诉书中没有指控的“罪行”，按照公诉词的说法，其中有些行为不仅已构成犯罪，而且比起诉书中指控的罪行还要严重。于是，我把其中的一些内容和数字迅速记下来，这些内容成了我驳斥对方的重磅炮弹。在开始辩论的时候，我针对公诉词首先作了一些一般性的驳斥，比如法庭上控辩双方应有的态度，公诉人的立场，公诉人和辩护人的关系和地位等。进而指出：“法庭既不是控辩双方互相攻击的场所，也不是控方污辱、攻击被告人的场所，法庭上的每一句话都要有事实和法律为依据，‘十句话九句空’，空在何处？必须拿出事实来。难道顺口溜也可以作为公诉词的内容？也可以作为指控犯罪的依据吗？如果可以这样做，那么，‘以事实为依据，以法律为准绳’，岂不成了一句空话？”最后，我直指要害，点中了对方致命之处，我重复了公诉词中列举几项已经足以构成犯罪的却又在起诉书中没有指控的事实。严肃地指出：“上述行为早已经构成犯罪，而且犯罪的程度远远超过了起诉书中指控的其他罪行。但是，对于这些罪行公诉人却没有向法庭提出指控。原因何在？这个问题公诉人必须作出解释。辩护人认为，这种解释只存在两种可能：要么是公诉人袒护被告，避重就轻，在起诉书中回避了更加严重的罪行，若如此，就是徇私枉法；要么就是公诉人无中生有，污辱诽谤，将莫须有的罪名强加到被告身上，借发表公诉词之机肆意贬低被告的人格。除此之外，不可能再有第三种解释。因此，公诉人对此必须承担责任！”这个问题，的确是个要害，一旦抓住，对方是无法解脱的。因为他无法作出解释。你说人家构成那么多犯罪，你为什么不起诉？这样一来一下子扭转了整个局面，法庭上一片骚动。休庭后，十几名旁听的记者找公诉人要公诉词，但公诉人就是不给。此后，任何人都再也没有见到这份公诉词。

我对这个例子的体会是，遇到突然情况时一定要冷静，应变的前提是冷静，如果缺乏冷静，就难以找出应变的对策。这件事在开始时我就不够冷静，只是感到气愤加紧张，而且是越气愤，越紧张，真是有点发懵的感觉。如果继续懵下去，肯定会十分被动，幸好我终于冷静下来了。反过来，一旦你找到了反击的对策，对方就会陷入尴尬的境地。所以，换一个角度来讲，当你进攻的时候也不能盲动，不能没有退路。否则，反倒会引火烧身，自找麻烦。

又如在东北那个企业家的案子中，就是那个出纳员做假证的案子，在法庭辩论结束之前，也有一个小小的插曲。那个公诉人的辩才是很不错的，在当地很有名气，在整个辩论过程中思路都很清楚，但是在最后却出了一点问题。在最后一轮辩论中，我指出，认定被告有罪的证据明显不足，但被告在经济问题上确有错误，这一点辩护人并不否认，被告作为一名企业管理者，在改革的大潮中放松了警惕，确实犯了一些很严重的错误，对此应当引以为戒。我是从宏观角度来谈这个问题的，意思是要分清犯罪与错误的界限。结果公诉人不假思索，自以为抓住了我的话柄，立即反击说:“看来,连辩护人都不得不承认被告确实犯有严重的错误,问题不是很清楚了吗?既然如此,还有什么好辩的呢?”大家想一想,这句话纯粹是自找麻烦。这句话本来是多余的,完全可以不讲,他只是想找个漏洞攻我一下,结果反把自己绕进去了。当然,我也可以不作回击,但作为律师在那种情况下似乎不该放过反击的机会。所以,我立刻回答:“我非常赞同公诉人刚才所说的一番话,不能否认,被告人确实犯有非常严重的错误,但是必须提醒公诉人,错误不等于犯罪。”话音刚落,听众席上立刻反应过来,我听见前排有人说:“掉进去了,掉进去了!”意思是说,公诉人掉进自己的圈套了。很明显,错误与犯罪怎么能混为一谈呢?可见,在关键的时候,一句话被抓住了,就显得特别被动,这一点是很值得注意的。当然,这种例子中的失误并不会涉及什么实质性的问题,纯粹是一些技巧。但有时在不失体统的情况下,利用某些技巧来取胜,还是可以收到一些辩论效果的。但是,在法庭上一定要避免人身攻击,切忌用恶劣的语言攻击对方,作为律师,应当看重自己的身份,也应当尊重别人。

我也时常遇到在法庭上恶意攻击的现象。有一次我在江苏某地办案,我们4 个教授出庭,办一个共同犯罪的案子。公诉人在法庭上拍着桌子说我们4 个教授连起码的常识都不懂,语言十分尖刻。面对这种情况,我们都没有采取以牙还牙的做法,而是用一些得体的语言予以回击。这个案子辩论的焦点是强奸的概念,因为它涉及强奸的次数。这个案子有 8 个被告,强奸、轮奸了很多女孩,确实是一起恶性案件,但起诉书认定的事实和证据出入很大。这些被告年龄都不大,多数是 20 岁左右,有的还不满 18 岁,大多数是汽车司机。他们开着车领着一些女中学生出去玩,玩的当中,有的没有发生关系,有的是自愿发生两性关系,有的确实是强奸。但是起诉书认定,凡是一起去玩并发生关系的都是强奸,没有发生两性关系的也是共犯。公诉人坚持说,在这些被告中玩的概念就是强奸,所以认定强奸的人数和次数很多。这种认定是很不严肃的,而且在辩论的时候语言十分尖刻。针对这种情况,我与人民大学的周振想教授商量一下,决定就在“玩”的概念上展开辩论。我们从事实、证据和法律依据等各个方面,轮番论证了“玩”与强奸的本质区别,当然也时常点出对方所暴露出的一些真正的常识性错误,指出了究竟什么问题才属于常识。这场辩论的确使对方显得很不自在,我们收到了反击的效果。但是尽管如此,我们并没有使用过激的言辞。我认为,对于律师来讲,一个很好的素质很重要,包括人格素质、语言素质、心理素质等都非常重要。不能为了一时的痛快而有失你的身份,使人觉得你没有层次,没有涵养,没有深度。

六、赢得法庭辩论的理论基础和工作基础

前面我支离破碎地谈了一些辩论当中的技巧问题,既不全面,也不一定科学,仅供大家参考。现在我要谈的是,技工归技巧,它毕竟只是赢得法庭辩论的因素之一,而并不是赢得法庭辩论的基础。那么,赢得法庭辩论的基础是什么? 首先,要有扎实的理论功底,你没有理论功底,你就要犯错误,你再有技巧也没用,只是哗众取宠,只是嘴上功夫。其次,要有扎实的工作基础,就是说要充分地调查取证。你没有证据作基础,凭什么去辩论呢? 有些律师连案卷都不看,被告也不见,大致了解一下情况后,就上法庭去辩论,效果如何他不管。我听说有这样一个律师,卷

宗不看,被告不见,什么时候见被告呢?在开庭前几分钟把被告提来的时候同被告说几句话,就视为会见被告。出庭时连辩护词也没有,就是在法庭上跟人家耍聪明、斗嘴,这是极不负责任的。你没有深厚的理论基础,口才再好也没有用,即使你是个演讲天才,你也讲不出真正有深度的理论内容和法律依据来;你没有调查研究,没有取证,也讲不出事实依据来。所以,当你在法律依据和事实依据都很缺乏的情况下,你再能讲也是毫无意义的。希望同行们一定要注意这个问题。法庭辩论是一种技巧,但在这个技巧的背后,有大量的工作要做,同时,还要以深厚的理论功底和工作经验为基础。要不然,你这种技巧是没法发挥出来的。前面我曾经讲过,在法庭辩论的某些关键问题上,用一个恰当的比喻,就能起到很好的效果,比如我刚才说的私生子不是假孩子的比喻,确实产生了意想不到的作用,类似的情况我想大家都有可能遇到过。重要的是,当遇到这种情况时,你能否运用自如。因为这种情况往往是事先无法预料的,我当时没有想到,是逼出来的。但逼出来的前提是什么?是理论基础。如果没有理论基础,一旦说错了,那就了不得了,就会弄巧成拙陷入极大的被动。

现在我介绍几个在这方面可以引以为戒的例子,供大家参考。

例如,前面讲到的商禄案中,有一个非常荒唐的贪污情节:商禄率先搞承包,救活了一个企业,采用的方法是:他发动全厂职工缴纳承包风险股金,按风险金的比例承担风险和分红。风险金数额分成几个等级,工人最少,只有几百元,他个人最高,要缴 1 万元。当时,他拿不出那么多钱,他就在大会上表态,他用全部家当作抵押,如果不够,再用四个子女的家当作抵押。由于经营有方,第一年年底就盈利了。厂里成立了一个班子，研究分红的问题，关于如何给商禄分红还专门做了研究，后来决定，虽然商禄的风险金没有缴足，还是应当按照全额计算比例分红，因为他已经用财产作了抵押，如果亏损了，他同样也是要全额承担风险的。就是这么明显的一个问题，却被指控为贪污，说他贪污了那笔分红款，理由就是他没有缴足风险金。在法庭辩论时，我一再指出公诉人在此问题上混淆了民事法律关系与刑事法律关系的界限，因为，首先这笔分红款的取得是公开的，经过认真研究的，不存在私自侵吞或占有的问题。其次这笔款的取得是合理的，符合风险与利益对等的原则。退一步讲，即使这笔款不该得，充其量也是民事上的不当得利，根本不存在贪污问题。这个问题本来是非常简单而明确的，但公诉人却纠缠不休，不依不饶。后来，他很自信地打了一个比喻。他说："其实，这个问题很简单，打个比方说，我们大家都把鸡抱到一个地方去下蛋，人家的鸡都抱去了，你的鸡还没抱去呢，你就去找人家收鸡蛋，这不是贪污是什么?"这个比喻恰恰使他自己栽进去了。大家想一想，这种行为怎么会构成贪污呢？这种时候我当然不会放过反击的机会。我当即指出："关于分红款的问题，我本来打算从民事法律关系与刑事法律关系的界限上作以进一步的分析，现在看来已经没有这个必要了。因为公诉人刚刚讲过的'鸡生蛋'的故事已经非常生动、非常准确地证明了自己的错误。很显然，'鸡生蛋'的故事反映的内容恰恰是典型的民事法律关系。可见，公诉人在分红款问题上所犯的错误正是在这种错误认识的支配下形成的，由此看来，公诉人的错误也就不足为怪了。"

这个例子充分说明理论功底的重要性。理论功底深的人，是不会犯这种错误的,如果他自己都搞不清楚,犯这种错误就毫不奇怪。

还有一个更典型的例子,又回到刚才讲过的行政诉讼案。我在前面讲过,越南的货船是在分航点之前,在偏离国际航线避险时被查获的,所以,我在法庭辩论时强调说:“既然船还没到分航点,你怎么能断定它是去越南还是广西呢?认定走私必须以一定的行为事实为依据,在走私的行为事实还没有发生之前,就认定是走私,显然是没有根据的,纯属主观推断。”这时候,对方律师打了一个更加可笑的比喻。她用嘲笑的口吻对我讲:“被上诉方代理人怎么会连这一点常识都不懂?比如说贼进了屋,还非得等他拿了东西才能确定是贼吗?他只要进了屋就已经是贼了。这么简单的道理还值得一辩吗?”当时,对于这种说法我简直是哭笑不得。不客气地讲,我感到对于这种无知的比喻如果不加纠正简直就是一种失职,就是对不起良心。所以,我抓住机会,很不客气地反击了一番。我说:“上诉方代理人所讲的‘贼进屋’的故事非常深刻而又生动地反映了被上诉人在本案中贯穿始终的思想脉络。首先,我提醒一下,最高人民法院《关于处理盗窃罪的若干问题的解释》刚刚公布,建议被上诉人代理人先认真学习一下这个司法解释,做律师是不能忽视学习的。俗话说得好,‘捉贼要捉赃,捉奸要捉双’这句话甚至连小孩子都知道,掏包的还要按住手腕才能认定盗窃呢,我实在无法想象,进了屋,没拿东西也是贼,这样的语言居然也会出现在法庭上!”接下来,我进一步指出:“‘贼进屋’故事的真正荒唐之处还并不在于‘进屋是贼’,因为对方代理人刚才所讲的是‘贼’只要进了屋,没拿东西也是贼。所以,事实上她把对贼的定性又向前推进了一步,就是说在进屋之前就已经认定是贼了。这种逻辑如果可以成立的话，恐怕只有一种例外，那就是：除非那个屋是贼屋，不是贼不往里进。否则的话，怎么能还没进屋就认定是贼呢？”接着我开始进一步发挥，指出“‘贼进屋’的故事讲得非常好，因为它充分暴露了上诉人的思维方式和违法行为的思想根源。从违法扣船到制造伪证，直至在法庭上的种种表现，一切都是先入为主，主观推定，就像丢斧子的人一样，把别人都当成偷斧子的人。正是在这种思想支配下，人为地杜撰了一部推理侦探小说。所以，上诉人在法庭上所讲的纯粹是一部推理小说，根本没有事实，更没有法律依据。”说实话，我这一席话讲得比较尖刻，但这也是被逼无奈，因为对方讲话实在太难听，太过分，而且太荒唐。

“鸡生蛋”和“贼进屋”这两个例子反映了同一个问题，就是理论知识的重要性。如果你理论功底深，即使再紧张、再慌乱，也不会出现这种明显的错误。如果你理论知识不足，功底太浅，临场发挥时犯错误就在所难免。而且，你一旦出现错误就容易紧张，就容易乱了阵脚，乱了方寸。这是一种连锁反应，而且是合乎规律的连锁反应，这种现象在法庭辩论中经常可以遇到。所以，有时候主动者越战越勇，失利者节节败退，就是这种效应造成的，这也属于一种心理效应。这种效应与讲课的效应很相似，因为我是做教师的，对这一点体会很深。当你讲课效果很好，学生愿意听的时候，会越讲越好，发挥得很充分。反过来，当你讲得不好，尤其是当你察觉到下面出现不满情绪的时候，你就会紧张，甚至会越讲越糟，比你原有的水平还要差得很多，这种情况与法庭辩论中的状态是同一个道理。避免这种现象发生的前提就是理论基础。所以，理论基础至关重要，它是赢得法庭辩论的前提，是发挥辩论技巧的基础。广义上讲,也可以说它是法庭辩论技巧的一部分。

但是,话又说回来,法庭辩论并不是一件容易的事情。因此,谁也不敢自称是常胜将军,理论功底深的人,也不见得没有失利的时候;理论和辩才两者具备的人,也同样不能排除失利的可能。记得有一次在人民大学讲座,学生向我提了这样一个问题:"您认为有一天您会不会输给您的学生?"我回答说:"我毫不怀疑,一定会有这么一天。而且,这一天正是我所期待的。我并不会因此而感到惭愧,相反,我为击败我的学生而自豪;同时,也为我自己感到自豪,因为我教出了能够击败我的学生。"既然法庭辩论中暂时的失利是难免的,那么,在出现这种局面的时候,如何控制和扭转呢?这就是我要涉及的下一个话题:法庭辩论中的心理素质问题。

七、良好的心理素质是赢得法庭辩论的重要因素

心理素质方面包含的因素很多,就我个人的体会而言,最突出的一点就是自信。记得有一次在政法大学讲座时,学生问我:"您成功的秘诀是什么?"我说:"我不敢说我已经取得了成功,我只是在不断地争取成功,如果让我谈争取成功的感受,那么,我个人的感受是努力加自信。"我的回答不一定恰当,但我的体会确实如此。在生活中没有自信是不行的,在法庭上更是如此。有一个比喻不知道对不对,当我在舞台上表演的时候,我的感受是目中无人,这样我就能进入角色,不受干扰。相反,如果我总是想着台下的人比我强,谁会挑我的毛病,我就会心慌意乱。当我在讲台上讲课的时候,我的感受还是目中无人。否则,我也会过于拘谨,

放不开思路。当然,我所说的目中无人并不是看不见人,而是讲一种自信心。我说句话请大家不要介意,既然我现在在这里讲课,我就觉得我现在比你们强,至少在某个问题上如此。反之,如果我觉得你们都比我强,那我肯定就底气不足,就要慌张,就讲不好。诸位不要觉得我太狂妄了,不是这个意思,谦虚与自信并不矛盾。反过来,诸位要是上来讲,首先你也要建立自信心,你上来讲,我到下边去听,首先你要认为比我强,这样你才能有自信心,要不然你就讲不好。同样道理,在法庭上我也是这种感受,因为法庭也是一个舞台,也是一个课堂,至少我感觉是这样。当有很多时候,失败的原因就是缺乏自信心,包括我们的一些教授在内,常常由于缺乏自信而在法庭上失利。有些人的理论水平很高,但一旦有一点失误,就乱了阵脚,就像计算机的程序被打乱了一样,死机了,这时候必败无疑。所以,自信心是保持良好的竞技状态,控制和扭转法庭气氛的重要心理支柱。有了这个支柱,天就塌不下来,出一点点的偏差并不可怕,而支柱一倒,必然天塌地陷。

自信心可以使你保持一种良好的心理状态,这样你就能充分发挥你的应变能力,善于应付各种环境和场面。由于我国的司法环境并不尽如人意,所以,有些案子该输的不一定输,该赢的不一定赢,特别是当这种迹象在法庭上显露出来的时候,就可能影响你的情绪。在这种情况下,自信心会帮助你解脱困境。我曾经对学生讲,律师办案子,赢,要赢得光彩。输,要输得潇洒。也就是说:赢,我不是乱赢的,我不是靠拉关系,走后门,搞不正当手段赢的;输,要输得潇洒,因为输的因素很多,不能都怪律师。也许当事人本身就没理,律师又不能光打有理的官司,没理的,我们要给他提供必要的法律帮助,最大限度地维护他合法权益的一面。所以,输了官司不等于一定是失败。更重要的是,由于各种案外因素,本来有理的官司也会输,这就更不能怪罪于律师。所以,只要我们在任何情况下都能充满自信不乱方寸,充分发挥了才智,尽到了责任,该说的都说到,该做的都做到,即使输了,也是虽败犹荣,照样潇洒。但是,作为律师,你不能在法庭上输得狼狈不堪,不能被人家驳得张口结舌,体无完肤;更不能强词夺理,胡搅蛮缠,那样就输得不够潇洒了。例如,前面提到的那件告海关的行政诉讼案中,虽然我们二审败诉了,但我并不觉得有什么不光彩。我的学生曾经写了一篇文章,叫作《田教授潇洒走麦城》,写的就是这个案子。确实,这个案子办得很成功,而且法庭辩论也很精彩,直到现在,它被我视为精品。虽然二审输掉了,但我认为该赢,不该输。所以,任何时候我都可以大言不惭地谈论这个案子,我认为输得很潇洒。相比之下,对方虽然赢了,但赢得并不光彩,而且法庭表现也并不出色,那就并不能算是成功,也没有什么光彩。

说到这里,我想谈谈律师的责任感和事业心。

这应当算是题外话,但我想也许并非多余,因为做律师不仅需要有水平、有技巧,更要有责任感和事业心。否则,能力再强也做不成好的律师。1998 年4 月,中央电视台《东方之子》节目采访我的时候,要我谈谈好律师的标准,我说,一个好律师不仅要有水平,有能力,还要对当事人高度负责,更要有一份社会责任感。所以,律师不能光靠技巧吃饭,一个没有责任感的律师无法取得委托人的信赖,时间长了,水平再高也没有用武之地。一个有责任感、有事业心的律师,就会对他所承办的案件高度负责,就不会轻易放弃他所追求的目标。我觉得,每一个律师都应当有自己的精品和杰作,有些案子,该做的你都做了,似乎是无可指责的,但不一定是完美的。如果再做一步，再做两步，就可能取得成功，那你就应当再做下去，我的感受就是这样。当我承办一个案子的时候，特别是一个典型的案子，如果没有做好，我就觉得我的一件作品没有完成，总是耿耿于怀，甚至当事人都觉得没有信心了，不想打了，我还念念不忘，不想放弃，因为作品没有完成，总是感到遗憾。只有把它做好了，或者我所有的努力都尽到了，我才能不后悔，不遗憾。我想，只有这样才能做出精品来，才能做出成绩来。所以我对学生说："做律师怎么样才能做得最好，我也说不准。但我有一个感觉，就是当你办一件案子办到了忘我的程度，忘记了功利，忘记了艰辛，忘记了风险，忘记了别人怎么说，忘记了各种其他因素，你就是为了办好这个案子而不遗余力地工作，就像是为了完成一个作品一样，一定要把它做到底的时候，那就会达到一种出神入化的境界，那就是做律师做到家了。"我认为，你既然当了一回律师，一辈子也好，几年也好，总之你在律师的舞台上走了一遭，你就应当有几个得意之作，哪怕是一个也好，也不枉做了一回律师，也是自己的一种欣慰和自豪。

这一次我又在河南碰到一个案子，也是当事人家属拿着报纸来找的。本来不想接，因为案子实在太多接不过来了，但发现太有典型性，只好接下来。被告是桐柏县县长，一审认定他受贿 12 万元，判 14 年。我阅卷之后，同被告在看守所里谈了整整一天，发现又是一个错案。这个县长是个难得的人才，有极强的事业心，忍辱负重，为了改变桐柏县的落后面貌，做了许多工作，并没有中饱私囊。而且这个人说起话来口若悬河，字写得漂亮，文采也好。就这样一个能干实事的县长，被判了 14 年。这个案子难度很大，是河南省反腐败的典型，翻起来谈何容易？但是，一碰上这种事我就觉得难以超脱,就想把它打到底。一审开庭时,有一个很感人的场面,一审是在离他本县两百多里地的另外一个县开庭,开庭后,近千名农民围着囚车鼓掌、叫好,说:“我们不怕你受贿,我们就要你去我们县当县长。”这个场面是非常奇怪的,想一想,在老百姓对贪污腐败切齿痛恨的情况下,为什么能够对这个县长这么拥护和信任?这个问题不是很值得深思吗?据说他的法庭陈述非常感人。确实,他拿了12万元的好处费是不假,但他并没有揣入个人腰包,而为了改变桐柏县的落后面貌,他身为县长却代替厂长、经理去跑项目,拿着这笔钱到处烧香磕头去了。并且,他拿这笔钱的数量、用途都向县委书记汇报了,县委书记同意了,并且直到今天,县委书记还证明这个事实。在这种情况下,还要认定他犯了受贿罪,怎么能说得过去呢?这个案子究竟能不能翻过来,我也没有把握,但我是下定决心了。大家知道,这种案子是没有什么经济效益的,但是律师应当有一种社会责任感。否则,正义如何伸张?法治如何健全?社会如何发展?从另一个角度讲,这种典型、疑难的刑事案件也是很能锻炼人的。有些律师包括有些学者在内认为刑事案子最好办,说这种话的人是他根本就不懂什么是刑事案。刑事案是律师的看家本领,办刑事案子付出的劳动最多,要求律师的素质也最强,是对律师基本功的一种锻炼。当然,在目前条件下,律师特别是专职律师单纯地只办刑事案是有一定困难的,因为要考虑生存、发展,要考虑经济效益。但是却没有理由鄙视和放弃刑事案件,这样对律师事业和律师自身的发展不利,将来也不能放弃刑事案件,而且从长远观点来看,它是维护人权最基本的一项内容。

我在许多场合讲过,在中国现阶段做律师是最难的,比什么时候都难,比哪个国家都难,律师的苦衷太多了。这一点不仅我的体会很深,大家的体会都很深。但是大家必须看到,在这个阶段做律师又是最光荣、最有价值的。因为在中国法治建设刚刚开始走向深入的时候,作为一个律师,虽然我们所付出的代价是成倍的,我们所得到的是很少的,但是从历史的观点,从长远的观点来看,功绩是不可磨灭的,这些年来律师的工作在中国的法治发展史上必将留下功不可没的一页。所以说,在这种时候做律师尽管很艰难,但又要有一种很大的荣誉感和价值感。尽管我们面临着许多困难,但只要我们每个律师都尽心尽力去做了,在几年以后,十几年以后,当我们回顾这段往事的时候,就一定会觉得有很多欣慰和自豪。

好,话题可能聊得远了一些。因为今天是结合刑事诉讼法的修改来谈法庭论辩问题,所以,重点谈的是刑事案件。但是,无论在任何种类、任何性质案件的代理过程中,这些问题都是有共性的:法庭辩论技巧是相同的;理论功底是必备的;律师的人格素质、心理素质、律师的事业心和社会责任感更是不可缺少的。

希望今天我讲的这些内容对诸位同行能够有一定的参考价值。

律师调查取证难的原因及对策*

田文昌在法庭上

当前,在律师执业过程中调查取证难的问题越来越突出,无论在民事、刑事诉讼中,还是在其他非诉业务中,当律师向有关国家机关、单位、团体及公民个人调查取证时,尤其是向有关国家机关,例如税务、工商、银行、海关、房地产等部门调查、了解有关情况时,总是困难重重,面对各种障碍。这种状况与司法机关调查取证,甚至与其他国家机关的调查相比,形成了明显反差。尤其

---

* 载于1998年12月12日《中国律师报》。

在刑事诉讼中，律师的调查取证工作更是难上加难，由于各种原因，多数证人不愿意接待律师向其调查取证，回避、拒绝、不说实话的时候很多，有的甚至作假证、提供虚假证明材料。这给律师的工作带来了很多不利的影响，当事人不满意，律师的地位、价值也得不到应有的体现，从根本上说最终将影响到国家的法治建设和司法公正。

律师取证难的原因是多方面的，包括证人的素质、国家机关的工作作风、普通公民对律师的认知程度，但更重要的，还是立法上的限制和观念上的歧视。

在立法上，《律师法》就规定律师只能在征得证人同意的情况下，才可以向其调查了解情况，对单位、团体亦是如此；新《刑事诉讼法》虽说在律师调查取证方面有所突破，规定也更为详细、规范，但与其他诉讼程序相比，律师在刑事案件的调查取证权则受到了更严格的限制，如在审查起诉阶段，律师要取得某些证据，向相关证人调查了解有关情况，必须征得证人或者有关单位或个人的同意，才可以向他们收集与本案有关的材料。如果调查对象是被害人或其近亲属，或被害人提供的证人，除征得他们同意外，还必须首先经检察院或法院的许可，如两项条件不同时具备，则是取证程序违法，甚至有可能被司法机关视为有意作假证。既然法律上规定律师调查取证需征得证人、机关、团体的同意，他们不愿意作证，律师当然无话可说。

对律师的歧视在实践中相当普遍、明显，有的机关、团体自行制订的“土政策”，就包括只对公、检、法，不对律师的歧视性规定，律师碰到这些情况往往无可奈何。简言之，有些单位、个人对律师的歧视，从根本上来讲是立法上的缺憾，律师的调查取证权生来就有残疾,就受到重重限制,律师怎么可能理直气壮呢?

还有一个问题也是不容忽视的,就是证人的保护问题,这在刑事诉讼法中是相当重要的。现在有关媒体也正在探讨加强对证人的保护问题,这是一个好现象,是有利于全体民众的。在司法实践中,刑事案件中的证人因害怕案件当事人或利害关系人对其打击报复,危及本人或其近亲属的人身财产安全,而不敢作证,不愿作证,这对刑事诉讼相当不利。为了维护刑事诉讼的公正性,全面加强对证人的保护已经刻不容缓。

要从根本上解决律师取证难的问题不是一蹴而就的,而是一项长期的任务,有大量的工作要做。中国是个习惯人治的国家,几千年的观念不是一下子就能改变过来的。随着法治建设的发展,尤其是十五大后党中央提出了依法治国的大政方针后,律师的地位和作用也引起各方人士的重视,律师的一个重要作用是维护社会秩序、经济秩序的稳定,这与国家保持社会与经济生活稳定的精神是一致的。但是,律师调查取证难的局面严重地妨碍了律师作用的正常发挥。

解决这个矛盾的根本途径和首要方式,是从立法上解决律师取证权的局限性。只有赋予律师完整的调查取证权,取消针对律师的一些歧视性规定,才能使律师真正成为一个法律工作者,才能真正地履行其在社会活动、司法实践中的重要职能。在刑事诉讼中,当务之急是律师需要取得与公诉机关平等的调查取证权,这种权力不能随意遭到拒绝或受到限制。只有这样,律师才能真正维护委托人、当事人的合法权益,才能真正维护法律的公正性。只有解除了枷锁的律师才会在社会生活中发挥更大的作用,虽说这种作用本来就是应当具有的。

在立法上不仅应当取消对律师调查取证权的限制性规定，而且还应当有对律师调查取证权的保证性规定。无论是诉讼领域还是非诉讼领域，都应明确律师的调查取证权是法定的职务行为，而非律师的个人行为，拒绝作证是要负法律责任的。只有这样才有可能得到有关单位和个人的支持与配合。

能否解决这个问题，关键在于如何看待律师制度本身。如果承认律师制度是依法治国的必要组成部分，承认律师是维护司法公正不可缺少的制约环节，就必须创制出律师得以发挥作用的法律依据和客观条件。否则，受到阻碍和伤害的绝不仅仅是律师本身，而是国家的法治建设。

论律师的调查取证权*

"刑事诉讼的进化历史也可以说是辩护权的发展的历史。"①而律师调查取证权是行使律师辩护权的首要前提。我国现行《行刑事诉讼法》将辩护律师介入刑事诉讼的时间提前至案件移送审查起诉之日，并赋予相应的调查取证权，是刑事诉讼制度日趋进步的反映。但由于立法中对调查取证权的行使又规定了诸多限制条件，使律师的调查取证往往流于形式，实际上很难实现，客观上这种状况已经成为影响辩护制度发展的严重障碍。

一、律师调查取证的法理分析

辩护律师的调查取证权，是指辩护律师向有关单位、个人进行调查，收集有利于犯罪嫌疑人和被告人的证据的权利。广义的调查包括阅卷权、摘抄、复制权、同在押的犯罪嫌疑人或被告人的会见权与通信权、取证权。狭义的律师调查权仅指取证权（本文

---

* 本文作者为田文昌、卢伟华，载于2004年《证据学论坛》。

① [日]西原春夫主编：《日本刑事法的形成与特色》，李海东等译，中国政法出版社与日本文堂1997年版，第432页。

以下从狭义的语义上分析律师的调查取证权）。关于赋予律师调查取证权，一般认为有以下几个方面的法理依据。

1. 调查权证权是发现案件真实和维护犯罪嫌疑人合法利益的要求。侦查机关代表国家对犯罪嫌疑人的罪行进行侦查。从各国法律的规定来看，一般都规定了侦查机关既要收集犯罪嫌疑人不利的证据，也要收集对犯罪嫌疑人有利的证据。但对于侦查机关是否能够真正地全面收集对犯罪嫌疑人有利的证据，学者们则有不同的看法，德国刑事诉讼法专家 Claus Roxin 认为："当为之事未必适用于所有的个案中，因此虽则检察机关及法院均必须对案情做广泛的调查，而虽已尽力调查，其仍不免在整个调查资料的汇集中，对有利被告的那部分有所忽略了，或对有关部分的作用、影响力作了错误的判断。"①

Claus Roxin 的这种观点得到了现在心理学的印证，现在的心理学告诉我们，判断的过程很少是由此得出结论的一个前提开始的，相反，他一般是从一个模糊的形式的结论开始的，即从这样一个结论出发，然后试图找到将证明这一结论的前提。② 侦查机关长期以来和犯罪分子打交道，而且在绝大对数的情况下。侦查机关都是在取得一定的可能判处犯罪嫌疑人罪行证据的情况下，才对犯罪嫌疑人进行侦查。也就是说，侦查机关往往是在认为某人可能犯罪的情况下才开始侦查。这无疑在侦查人员心中形成既

---

① ［德］Claus Roxin:《德国刑事诉讼法》，吴丽琪译，三民书局 1998 年版，第 170 页。

② 锁正杰:《刑事程序的法哲学原理》，中国人民公安大学出版社 2002 年版，第 95 页。

有的成见：犯罪嫌疑人就是罪行的实施者。在这种判断的模式下，侦查人员往往更多的是注意收集犯罪嫌疑人有犯罪的证据，而容易忽视犯罪嫌疑人无犯罪的证据，从而使案件的真实情况无法得到充分的揭示。既不符合法律真实的要求，也不符合客观真实的要求。

因此，为了更好地发现案件的真实情况，有效维护犯罪嫌疑人的合法利益，赋予刑事辩护律师一定条件的调查调查取证权，成为现代法治国家通行的做法。

2. 调查取证权是律师有效行使辩护权的要求。现代各国宪法和法律不仅规定犯罪嫌疑人、被害人有辩护权，而且，其获得有效辩护也成为各国刑事诉讼的一项重要的诉讼原则。联合国1990年通过《关于律师作业的基本原则》规定："要求所有人都能有效地得到独立的法律专业人员提供的法律服务。"调查取证权是律师能否有效行使辩护权的前提。"没有调查就没有发言权。"作为刑事辩护律师的重要工作之一就是要在法庭上发表犯罪嫌疑人无罪或罪轻的观点，如果缺乏调查取证权，刑事辩护律师的法庭辩护也必然大打折扣，辩护权的行使难免流于形式。因此，为保证律师有效行使辩护权，有必要赋予律师调查取证权对案件进行调查，收集对犯罪嫌疑人有利的证据。

3. 调查取证权是维护程序正义的要求。在英美当事人主义国家，控辩双方平等对抗、裁判中立被认为是现代司法公正得以维系的基本诉讼结构。控方代表国家利益，辩护方代表犯罪嫌疑人的利益，控方认为犯罪嫌疑人有罪，辩护方则从犯罪嫌疑人无罪或罪轻的角度出发维护犯罪嫌疑人的利益。在两者的平等对抗程序中，使国家利益和个人利益都得到最大限度的保护，而实现实体正义。虽然赋予律师调查取证权就维护实体公正方面在表面上看具有一定的负价值,即在一定程度上,对控诉方查明案件事实有一定的阻力。但就程序正义而言却有正价值,即实现程序保障,最大限度维护犯罪嫌疑人的诉讼权利,从而也维护了司法公正。大陆法系虽不主张完全的平等对抗,但为避免刑事诉讼中控辩双方力量的悬殊已是近年刑事诉讼发展的新特点,要真正避免控辩双方力量的悬殊或达到"手段同等",赋予辩护律师相应的调查取证权同样也是必需的。

二、律师调查取证权的三种立法模式

根据控诉、辩护、审判三方法律地位和相互关系的不同,刑事诉讼的结构模式基本上可以分为:以法国和德国为代表的欧洲大陆的职权主义诉讼结构,以英国、美国为代表的普通法系的当事人主义诉讼结构,以及以日本为代表的当事人主义为主、职权主义为辅的混合式诉讼结构。在不同的诉讼结构模式中,律师享有的调查取证权也有差别。

当事人主义诉讼结构下,律师享有最大程度的调查取证权。受当事人平等原则支配,辩护方与控诉方都是刑事诉讼中的当事人,鉴于控诉方与辩护方力量在实际中的不平衡,因而英美法国家赋予被告人及其辩护律师以充分的诉讼权利,对作为控诉方的侦查机关的侦查行为进行一定限制。辩护方与控诉方有各自独立的收集证据的权利;在美国,依据《美国联邦刑事诉讼规则》的规定,被告方可以掌握、保管或控制部分证据,包括:(1)书籍、纸张、文件、照片、有形物品或者复制件;(2)与案件有关的身体或精神检查的结果或报告,或者科学测验或实验结果;(3)被告人所作的陈述,或者由政府方或辩护方证人、预期的政府方或辩护方证人对被告人、被告人的律师或代理人所作的陈述。上述规定表明,在美国,刑事辩护律师在被告的委托下,可以充分收集对被告人有利的证据,以维护被告人的利益。

职权主义诉讼结构下,辩护方与控诉方不具有完全平等的诉讼地位,侦查职能由控诉方行使。辩护方认为有能够证明被告无罪或罪轻的证据,也只能请求作为控诉方的侦查机关收集,而不能自行收集。被告人有接受国家侦查机关问讯的义务。尽管被告人在侦查程序中有委托辩护律师,辩护律师在被告人受讯问时有权在场,辩护律师还有权在预审前阅卷及提问、发问等,但辩护方并没有与控诉方相对应的诉讼权利。这种模式下,律师的辩护权受到极大的削弱,犯罪嫌疑人或被告的权利无法得到充分保障。随着程序正义呼声的日益高涨,职权主义诉讼结构逐渐为大多数国家所修正,在立法上不同程度地加大了律师的调查取证权。

以日本为代表的混合主义诉讼结构正是上述趋势下的结果。根据日本现有的刑事诉讼法的规定,侦查机构由有强制处分权的法院(审判方)和审查机关(控诉方)组成,逮捕权不仅在侦查机关而在法院;犯罪嫌疑人、被告人享有委托辩护人的权利且享有沉默权。辩护方享有一定的调查权,这与当事人主义诉讼结构相近。同时,检察官与司法警察在审查中的诉讼地位和协助关系,决定了他们的优势地位,侦查机关是法律上享有侦查权的主体。虽然犯罪嫌疑人及其辩护人在侦查中也享有一系列诉讼权利,但与检察官和警察相比,还是相对有限的。这又与职权主义诉讼结构类似。

三、我国法律关于律师调查取证权的现行规定与立法缺陷

《刑事诉讼法》①修正后,改变了我国传统的庭审方式,意在为辩护职能的充分实现在制度上给予保障。在这种庭审方式中,控辩双方在法庭上相互举证、相互质证,展开针锋相对的辩论,这就要求律师在庭审前进行大量的调查取证工作,收集对被告方有利的证据,以维护被告的合法利益。

但是,我国现行刑事诉讼法关于律师调查权的具体规定却与抗辩式的庭审方式不相适应,主要表现在对律师调查权予以过多的限制。

《刑事诉讼法》第 37 条规定:辩护律师经证人或者其他有关单位和个人同意,可以向他们收集与本案有关的材料,也可以申请人民检察院、人民法院收集、调取证据,或者申请人民法院通知证人出庭作证。并且经被害人或者其近亲属、被害人提供的证人同意,可以向他们收集与本案有关的材料。

这一项对法律调查取证权的专项规定表明:

1. 在侦查阶段没有赋予律师调查取证权。因为《刑事诉讼法》第 33 条又规定:"公诉案件自移送审查起诉之日起,犯罪嫌疑人有权委托辩护人。"该规定意味着律师在侦查阶段尚未取得辩护人身份,根据《刑事诉讼法》第 37 条之规定,只有辩护人才有调查权。

2. 在审查起诉阶段开始后,辩护律师才可以享有调查权,但

---

① 1996 年 3 月 17 日全国人民代表大会第四次会议《关于修改〈中华人民共和国刑事诉讼法〉的决定》第一次修定。

同时被调查人享有拒绝权,即只要被调查人不愿意配合,律师的调查权就无法行使。在此情况下,律师虽然可以申请检察院或者法院收集证据,但这种申请权并没有切实的法律保障,即只要被申请方不予配合,律师只能无可奈何。

3. 立法上明确剥夺了辩护律师对被害方及其相关证人的独立调查权,而在此情况下,律师向被害方及相关证人的调查几乎形同虚设。

4. 法律没有明确赋予辩护律师向被采取强制措施的犯罪嫌疑人进行调查取证的权利。

上述情况表明,在《刑事诉讼法》的规定中,辩护律师的调查取证权受到诸多限制。并且在这些限制之外还设置了难以预防的禁区。因为根据《刑事诉讼法》第 38 条规定和与之相配套的《刑法》第 306 条规定,辩护律师在刑拘调查全过程中还随时会面临被以“辩护人妨害作证”的罪名追究刑事责任的风险。在此道防线之下,辩护律师调查取证权几乎被抵销出局了。在赋予律师调查权的有限的条文中,“同意”“许可”“不得”“追究”等一系列限制性和制裁性的规定,使辩护律师的调查取证权成为流于形式的一纸空文。其导致的直接结果是:实践中,越来越多的律师在履行辩护职责时无法或者不敢进行调查取证,或者干脆改行不做刑事业务,致使刑事诉讼质量和刑事案件的辩护率大大降低。这种现象已经成为司法实践中一道“独特的风景”,与刑事诉讼法的立法初衷也是不相符的。

四、律师调查取证权的立法完善

鉴于我国刑事诉讼法在关于律师调查取证权规定中的种种

缺陷,对其进行修改、完善已经势在必行、刻不容缓,其内容主要体现在以下几个方面。

1. 赋予律师在侦查阶段调查和收集证据的权利。律师在侦查阶段的辩护是“在刑事诉讼的各个阶段为犯罪嫌疑人辩护”的必要组成部分。而律师在侦查阶段的取证则是实行有效辩护的前提条件。我国司法审判方式从职权主义模式向当事人主义模式转变,从国外的立法体例来看,凡是实行当事人主义对抗制审判的国家,没有不允许律师在侦查阶段享有取证权的。即使在大陆法系国家的立法中,对律师在侦查阶段的调查权目前也没有限制性的规定。承认律师在侦查阶段具有调查权的前提是承认律师在侦查阶段的辩护人地位,这一点可以说在理论上已经无可争议。重要的是,应当在立法上加以明确。

2. 在审查起诉阶段和审判阶段,取消对辩护律师的取证权的不合理限制。一方面,应该从立法上规定证人作证的义务;保证律师能够向证人调查收集证据;必要时可通过法院签发“调查令”的形式保障律师调查取证权的实现。另一方面,应取消立法上现有的一系列限制性规定。借鉴德国《刑事诉讼法》第 338 条第 8 项以“在某个对于裁判具有重要性的问题上,法院以裁定错误地限制了辩护”为由,视“原判决是建立在违反法律的情况之上的”规定,明确规定人民法院、人民检察院许可查证的程序和违法拒绝查证的后果。凡人民检察院和人民法院以不正当理由拒绝辩护律师收集、调取证据申请的,均可成为辩护方主张裁判无效的抗辩理由。

3. 取消律师向被害人及被害方相关证人调查取证的限制。首先,控辩双方因职能不同而形成的对抗关系,致使辩方向控方寻求取证支持时存在难以排除的必然性障碍。其次，在控方证据与辩方证据之间有时并不具有明显的界限。最后，在平等对抗的诉讼活动中，控辩双方对各方证人本应享有对等的调查权，立法上无理由对辩护的调查权做出单独限制。

因此，取消律师向被害人及其被害方相关证人调查取证权的限制，不仅是保证律师独立调查权的需要，也是实现诉讼平等原则的基础。

4. 废除《刑法》第306条关于辩护人妨碍作证罪的规定。从形式上来看，第306条之规定似乎并无特别之处。但是在操作层面和规定效果上却反映出极大的不合理性。

首先，从操作层面来看，由于控方取证在先，辩方取证在后，双方取证角度自然有所不同。辩方取证的出发点本来就是要发现对被告有利的证明内容，一旦出现这种情况的时候，必然会引起控方反感，而控方则很容易通过对该证人的再次询问，致使证人将责任推向律师。某种程度上，这几乎可以成为在权利不对等状况中极易发生的一种必然结局，而律师则处于有口难辩的被动境地。

其次，从现实效果来看，由于侦查机关对律师在侦查阶段参与诉讼的做法目前还难以接受，心存芥蒂，所以辩护律师在办案中不得已只能在自我防范的高度戒备中去履行职责，致使调查权的行使严重受挫。更为严峻的是，自《刑事诉讼法》实施以来，在全国范围内已经有大批律师陆续被以《刑法》第306条之罪名逮捕或指控，从而使第306条之规定成为律师取证的可怕陷阱；某种意义上，也成为职业报复的由头。这种局面迫使辩护律师往往放弃调查取证权而退守法庭上的消极辩护，甚至导致更多的律师拒绝办理刑事业务，从而直接影响到办理刑事案件的质量与数量。这种状况，可以说创造了国际刑事辩护制度历史上的先例。

最后，从诉讼概念和诉讼原则来看，律师辩护权是人权保障的重要标志，而辩护权的行使又以律师自身权益的保障为前提。因此，在各国立法中，不仅没有类似于第306条的专条规定，而且还有关于律师执业豁免的专条规定。可见，国际上同行的普遍做法与我国《刑法》第306条的规定形成鲜明对照，印证了该条规定的不合理性。

可以说，《刑法》第306条的规定，已经成为律师有效行使辩护权的严重障碍，若不予废除，将直接危及我国刑事辩护制度的健康发展，从而影响到国家法治建设的进程。

田文昌与美国联邦最高法院大法官塞缪尔·阿托利

对专家意见及沉默权等几个问题的看法*

田文昌律师1980年至1983年就读于西北政法大学(原西北政法学院)。在田文昌律师受邀回母校之际,2004年3月14日晚,我们编辑部有幸对其进行了短暂而又匆忙的采访。希望我国的法治建设,关注我们的权利与自由。最后,借花献佛,以田文昌律师的赠言为题与大家共勉:“没有律师就没有法治!”以下是访谈录。

田文昌与美国纽约大学法学院科恩等三位教授

* 本文为2004年3月14日《西部法苑》编辑部对田文昌律师的采访(节选),载于2004年第4期《西部法苑》。

问：田教授，现在讨论得比较热烈的一个话题是“专家意见书”各界看法不一，您是怎么看的？

田：专家意见，首先从主体来看，专家的地位是什么？专家是公民，它不代表任何权力。干预司法、影响司法的主要是权力，只有权力才能干涉。专家有发表个人看法的权利，采纳与否在于司法机关。任何一个公民都有发表意见的权利，但任何一种意见都不能代表法院的判决。前段时间有媒体采访我关于哈尔滨“宝马车案”的时候，我的观点很明确，媒体各界对司法的监督都是非常必要、不可缺少、毫无可能指责之处的，但是不能代表司法。很多案子我们搞专家论证是出于律师对案件负责的角度，一般案子是不搞专家论证的。重大、疑难的案子，我们律师也要搞论证，我们要先研究，研究不明白了再请专家，实际上它是一个学术活动，是律师求教于专家，请专家指导的一种方式，这个性质要明确。司法机关也有请专家论证的情形，法院、检察院、公安局、政法委、纪委都请过我作专家论证。专家的意见他们可以不采纳，况且专家的意见也不完全一致。专家论证首先要看材料是否客观、合理。我们是把全部材料事先发给专家，看了材料再开会，有问题随时解答，而且我们的专家意见书里要把所有材料目录全都列明，专家只对这些材料负责，如果材料变了，专家可能就是不同的意见，这是很客观的。然后我们再把意见交给法院作为参考。

出示专家意见书的目的在于帮助我们把案子搞清楚。专家站在第三者、客观的立场上利用他们的专业知识把一些问题把好关，只有好处没有坏处，既有利于律师进一步把握好案件，也有利于当事人对律师、对案件的了解。

问题在于我们有没有理由限制专家论证？它是不是违法的？

首先它是不违法的,这是一项宪法权利。关键在于他们的身份不代表权力,只是一个公民。

问:那么,你又是如何看待民众的情绪、民众的呼声的?

田:民众的呼声、看法,媒体的宣传、批语和评价应起到一种对司法的监督作用,但是任何人都没有权利去干预司法。你看案卷了吗?参加庭审了吗?光道听途说就能办案了吗?

问:您如何看待法院判案要考虑"法律效果与社会效果的统一"这个观点?

田:"统一"这么说也没错,但具体做的话,什么叫社会效果?社会效果不是人云亦云的效果,也得以事实为根据、以证据为基础、以法律为衡量标准。当群众不了解情况的时候,就有必要向民众解释清楚,做到公开、公正,增大透明度。

问:现在实务界和理论界讨论比较强烈的一个话题就是"沉默权",您如何看待"沉默权"问题?

田:这几年关于刑事诉讼法修改的讨论,我都坚决主张要明确沉默权的,有两方面的理由:一方面,从司法实践的需要,从对刑讯逼供规制的效果来看,有很多好处;另一方面,由于我们参加了人权两公约(指《经济与社会权利国际公约》和《公民权利与政治权利国际公约》——编者注)。开会的时候我跟公安部的某些同志们有过争议。他们说,你说的都对,一点都没错,但现在公安机关的素质、设备、能力、经费等各方面条件都不成熟,现在情况不允许实行沉默权。我就跟他们讲,你们知道不知道最早实行沉默权是什么时候?英国最早实行沉默权是300年前,谁敢说中国现在的公安队伍素质、能力、水平、装备、作风赶不上300年前的英国?对于这个问题,我想肯定会有阻力,但是不至于停滞不前。

现在有个草案，虽然没有明确写沉默权，但用了联合国两公约的表述：任何人不得自证其罪。

问：《刑法》第306条也是各界争议颇大之处，律师界称其为“悬在律师头上的一把剑”，您如何看《刑法》第306条？

田：我们已经与律协和所有委员会给立法机关写过几次正式的报告，要求取消第306条，今年我又作了一个调查，坚决要求取消第306条！

我做过一个详细的考察，两大法系许多国家我都考察过，全世界任何一个国家没有这样的立法，对律师单列这样的条款。只有西班牙的刑法有这样的一条，但是还是把律师、警察、检察官列在一起。单独把律师拿出来这样规定，完全是歧视性条款，是毫无道理的！

问：听说一年找您的案子有1000多件？您如何选择？

田：很多人问我这个问题，实际上没法选择。一年我30件也办不了。讲课、开会、出国、写东西，还有许多其他的事，没有很多的时间办案，十分之一都选不到，偶然性因素很多，所以我说一不小心就陷进去了。好像我专给这些贪官、黑社会、资本家辩护，实际上可以说95%的敏感案子第一手都从我那过，很多人通过各种途径找到我，我都没接，但我也不能都不接啊，有时候一不小心接了，就碰上了。

问：田老师，在您这么多年的律师生涯中，有没有哪个案子令您感触最深？

田：这个问题我最难回答，很多记者都问这个。办了这么多案子，现在很难说，因为不同的角度有不同的感慨。我感触最深的案子不止一两个，角度不一样。比如，大邱庄禹作敏案体现了一种向黑恶势力挑战，从这个角度我感触最深；河北承德的企业家商禄案，是我当时办案走的程序最全的一个，一审、二审、发回重审、再发回二审，然后又再审，是在厄运艰辛中的另一种体会；大兴安岭的朱佩金案，是改革开放初期承包经营中引起的问题，差点把他毙掉，后来辩成无罪，又是另一种体会；西北航空公司案，从推动民航法治建设的角度，开创了先例；律师李强诉公安机关的行政诉讼案件，是律师告公安机关的第一例。不同的角度有不同的体会。

问：我们知道您在我们学校毕业后到了中国政法大学校教书，很受学生欢迎，后来为什么想到出来做律师？您当时是如何做出从教师到专职律师的选择？

田：歪打正着，我也没想做律师，当时我做兼职律师的时候，我这人有个毛病，太较真，其实 20 世纪 90 年代初我做的几个案子，都是别人不愿做、不敢做的，我接了我就要做到底，我不会半途而废。这样很多案子就被宣传出来，有些人误认为我善于炒作，是炒作起来的。昨天我跟中央电视台的记者说，这是天大的误解！我 1995 年没出来做律师的时候，我敢吗？外面吵得越凶学校越说我不务正业，我不敢让人家炒。我不是蓄谋已久想做律师，硬是被炒出来的，不是我的本意。有人做推理，非常有意思，说我十几年前专门打不收钱的、扶弱的案子，然后通过炒作把名打起来了，为了 10 年以后出来赚大钱，很有意思的，听起来也挺合乎逻辑的。当时我没想做律师，不敢让人家炒。后来我经常在外地办案子，第二天有课，连夜不吃饭不睡觉，一眼都没合就回到北京，回到政法大学讲课，直接让人送到教室门口。我虽然这么忙，但在政法大学当了十几年教师从来没误过一次课，对这点我是很自豪的。但客观上做教师和做律师确实冲突太大，逼得我必须选择，其实我哪一个也不舍得。但是，办案的这种成就感比较明显，对社会的直接作用比较明显，很直接，能受很多启发。比如，你们看我早期的论文，我对刑法分论是不感兴趣的，我很瞧不起分论，都是总论都是单纯的理论问题。但是后来我主要写分论的具体问题，那时候是从书本到书本，但现在完全是案子。你们看了《控辩审三人谈》这本书了吗？就是我们三个人坐着谈出来的，没有太多的准备，但是非常那么畅销，为什么？通过对实际问题的直接接触和分析探索上升到理论的层面，很有意义。

问：田老师，在结束采访之际，您对我们母校学生、对我们的学习有什么建议？

田：我曾经讲过如果有机会，我要办一个私立大学。建立一种全新的模式，第一个，要注意能力的培养。为什么大学生出去人家瞧不起？高分低能、没能力，原因是我们的理论学习和能力培养脱节。第二个，要讲原理，我现在的体会是原理吃透了，一通百通。光背法条、对法条、照葫芦画瓢的，怎么画也画不像。真正把原理吃透了，剩下你自己看、自己学是完全办得到的。第三个，要博采众家之长。我要办大学，我会把中外的各种观点，全拿出来，让学生自己判断，不要千篇一律，学生中出了几个流派才是正常的。

刑事辩护律师执业技能*

一、接谈案件和会见

(一)接谈案件

在接谈案件当中,我想谈三个方面的问题。

第一,耐心倾听而不轻信。在接谈案件的时候,当事人的家属、朋友或者相关的人来谈委托,他们既不懂法又心情急切,感到无依无靠,很惶恐。所以,我们可能面临着各种各样的很难应付的一些情况,他们可能说了一些没有意义的话,甚至挺不着边际的话。但是,我的一个体会——不管什么样的话,都要耐心倾听,就像一个医生面对一个患者。找我们办案的人比求医的人有时候更可怜,他们更需要帮助、同情和理解,所以千万不要对他们表现出厌烦、不耐心、居高临下、不屑一顾。

第二,客观分析而不承诺。中国现在有些当事人层次还比较低,一找到你就像抱着一棵大树找到了救星,最爱听的就是你的

---

* 在2012年5月30日全国律协刑事辩护律师执业技能培训班的演讲,本文节选自《中国大律师辩护词精选》田文昌专辑(第三辑)。

一个承诺——你能够办到什么程度，对这个案子给他一个结果。这是最普通也是最可怕的问题。我遇到好多次，我不敢给他承诺，我说我们既没有承诺的水平，也没有承诺的条件等。他说人家某某律师都能够答应做到什么程度，你怎么做不到？我只能说人家比我强。但是我告诫大家：千万不要做这样的承诺。而且，你承诺之后会出现副作用，会让人抓住把柄很难交代。所以，绝不能讲大话，最多可以客观分析——根据我们掌握的材料，根据法律的相关规定，我们认为应当达到什么样的水平。但是不能说能够保证或者预测到是一种什么样的结果。

第三，告知权利、防范在先。为了保护我们自己，也为了给当事人一个比较稳妥的说法，我们要做到告知权利、防范在先。就是口头说还不够，最好签约时还有一个权利告知的回执，如律师不能够承诺，不能够讲大话，不能私自收费等。这一点我也体会很深。从我做律师以及给律师们讲课的第一次起，我从来都坚决告诫大家不要讲大话，不要给承诺。但是有的当事人就投诉过我讲大话，承诺了肯定能办到什么程度。我是有苦说不出。什么样的当事人都有，你防不胜防。所以我们要搞一个东西，让他签一个字，这也是自我保护的一种方法。

（二）会见

会见当事人时要注意以下几个方面的问题：

第一，摆正关系。要明确我们的权利来源——受委托而形成，我们是委托人的代言人。为什么我要讲这个话？到今天为止，还有的律师正襟危坐、煞有介事地去训斥当事人，“我是代表公正、代表法律的”。不是，你收了人家的律师费，接受人家的委托，人家随时可以撤换你，可以解除这个委托，你只是私权利的代言人。你不是代表法律,也不能代表法律,而只能是依照法律为委托人提供法律服务。一定要摆正这个位置,这样你才能放下身段,放下架子。依照法律是前提,为委托人服务才是目的。

第二,端正态度,要有亲和力、信任感。你会见当事人,他见了你像见了亲人,像找到救命稻草一样,不管这个人罪轻罪重、官大官小、是好还是坏。当他落入到这个境地的时候,他肯定拿你当一个救星。当你了解到这样一种状态,理解对方这样一种心态,就一定要给他一种亲和力,让他如见到亲人的感觉,让他信任你,这样他才能把他想说的话都告诉你。

有的当事人不信任你,当然有各种各样的理由和原因,你很难和他沟通,你会觉得他眼睛背后藏着一种东西。这种情况有两种原因:一是当事人本人太狡诈,顾虑太多,城府太深;二是律师没有给人家亲和的感觉。

第三,耐心倾听而不轻信。你与当事人会见的时候,当事人的话可能很乱。有的说得很不着边际,有的滔滔不绝,我们可以适当地引导,但前提是耐心倾听,后话是不能轻信。

第四,不能训斥、贬低当事人。这一条很重要。我经常遇到律师训斥当事人,有时候不耐烦地教训一番,这是非常忌讳的问题。法官、检察官可以教训他,律师只可以帮助他,委婉地说服他。他拿我们当成依靠,你若摆出一副教训的架势、贬低的态度,让他对你根本就没有信任感,你怎么能和他配合好?再说,有些当事人的身份比你高,知识比你多,智商比你高,甚至素质也比你强,他落到这个境地本来就非常不平衡,你再训斥他,会对他有非常大的打击,对你办案子也不利,更不要说我们要尊重人家的人格。

第五，依法行事、遵守规则。有些情况下，当事人家属对我们寄托厚望，同时由于不懂法律、不懂规矩，经常要求我们做一些违反规则的事。我们如果动了感情又忘了规则，在会见时做了一些不该做的事情，这是非常可怕的。最近，全国律协刑委会结合《刑事诉讼法》的修改，正在搞一个新的《会见规则》，到时候大家再按照规则来分析、行事就可以了。

第六，谨言慎行，自我保护。主要包括三个方面：提问、解答问题和解释法律。

首先，要注意提问的方式。谈话的时候，问话的学问很大，可以利用问话首先引出问题，引起互动，进尔发展为更深入的交流。

其次，在交流当中会涉及解答疑问和解释法律的问题。比如，对于经济犯罪来说，如讲到贪污受贿，什么叫贪污？什么叫受贿？——包括问话、解答、解释法律的时候，都会有很多这样的问题。比如受贿，谋取不正当利益是受贿，没有谋取不正当利益就不是受贿。这个解答没有问题，再进一步说一点——具体的事怎么办，你给他做了什么，如果你没有做会怎么样——可能越来越接近禁区了。律师怎么办？可以接近，但是不能踏到线上，你可以把法律规定解释得很清楚，很具体，但是你不能告诉他如何去说假话。这就是能力——做到从解释法和解答问题这个范围内来说清楚问题。

像这类问题，我建议将来应当有专门的具体培训，一个一个细抠，模拟一些案例，提问题的时候怎么问，回答问题的时候怎么答，解释法律的时候怎么说。这样才能真正提高我们谈话的能力。

二、调查取证和阅卷

(一)调查取证

调查取证,这次《刑事诉讼法》没有做出修改是一个很重大的遗憾。说是有进步,把侦查阶段律师的辩护人地位明确了,原来侦查阶段律师没有辩护人身份,所以不能调查取证,这次有了辩护人身份可以调查取证。但是我认为这只不过是一个纠正、一个反省。1996年《刑事诉讼法》在这个问题上表述就是错的。辩护律师从接受委托那天起,他所做的一切工作都是围绕辩护的,就是辩护活动的开始,居然还能够搞出一个侦查阶段没有辩护人身份的"提供法律帮助的人",这本身就是一个错误。

但是,更遗憾的事在后面。我们一再提出来,要和《律师法》接轨——关于调查权的问题,尤其是向被害方的证人和被害人调查的时候,不应当经过法院或者检察院的允许。但是这一条没有改。既然没有改,那么我们就要注意这些问题。在现有的规定下怎么做?我讲三点。

1. 调查取证的作用不容忽视

为什么特别强调这一点?由于我们消极辩护的效果有限,所以取证更加重要。辩护有积极辩护、消极辩护两种。在一个法治发达、程序法受重视的国家或者环境下,律师主要是进行消极辩护,因为举证责任在控方,打破控方的证据链,攻破了控方证据,辩护就会获得成功。可是在我们现有的体制和法治水平下,这种消极辩护的作用很有限,仅靠打破证据链根本不行,往往要你提出反证来,甚至判决书都经常出现"律师……理由没有证据支持"。所以在这种环境下,积极辩护的作用就更加重要。什么叫积极辩护？就是要有调查取证，举出有利被告的证据。

2. 知难而上，不能因噎废食

由于调查取证有这么多风险，很多人都不去调查。据我了解，很多省市的很多律师由于《刑法》第 306 条的威胁都不敢调查。这个状况我非常理解，每个人都很担心遇到这样的问题，这也正是我们呼吁废除《刑法》第 306 条和《刑事诉讼法》原第 38 条最重要的原因。我曾经有一次说过，“不管你取消不取消，我喊到死也要喊，绝对不允许有这样的法条存在，这是为我们律师执业的安全”。

这次应当说有很大进步，对《刑事诉讼法》第 38 条做了重大修改，这些修改很艰难，我们一而再再而三坚持提出来，最后总算有了程序上和内容上的修改。但是还没有达到我们希求的目标，没有彻底废除，还是保留了。尽管如此，我们不能因噎废食，要对案件和当事人负责，不能因为担心有风险就不去调查了。很遗憾，很多地方律协规定不准调查，虽然都是出于好意和对律师的保护，但与此同时，我们能不能放弃对委托人利益的维护，眼睁睁地看着应当获取的有利证据而不去获取？这一点我觉得非常重要。

3. 运用智慧加强自我保护

在了解证据合法性这个概念的同时，我们还要注意取证要合法。我们遇到困难问题的时候可以采取各种方式，运用智慧，还要注意自我保护。

我们要对当事人负责，如果不对当事人负责，就称不上一个律师，我一直这样坚信。有人批判、攻击我——就知道当事人而不注意原则，甚至有人说我为了当事人而不顾法律。当然，我并不这样认为。前提是依照法律维护当事人的利益,我从来没有号召大家去践踏法律,这不是律师应该做的。但是律师的第一目标是为当事人服务。可以这样说,我们是依照法律为当事人服务,不是为了维护法律才去帮助当事人。通过维护当事人合法权益的方式,最终达到了维护司法公正的目的——这是一个辩证关系,一定要搞清楚,绝对不能本末倒置。

既然有这样认识上的误区,有这么多的风险,我们一定要注意,在取证当中要充分运用智慧加强自我防范、自我保护。比如说两个人以上去取证。我们十几年前第一次搞《律师办理刑事案件规范》的时候,法庭没有要求必须两人调查,但我们要求最好这样做。这又涉及一个权利性质的混淆,很多文件和规章里面,要求律师调查取证必须两人以上,这都是公权力的做法。律师是私权利,根本没有任何依据和理由要求必须是两个人或一个人。但是为了自我保护,我们应当尽量用两个人,尽量录音录像。

在《刑事诉讼法》修改的时候,我们一再强调另一问题,希望明确规定律师会见有录音录像权利,至少被告人、嫌疑人同意就可以。但这一条没有被采纳。看守所等可以录音录像,律师更可以录。我们录音录像是为了保护自己,避免第306条这种问题。但是现在没有被写进来,当然也没有否定,将来我们争取在实施细则里面写上去。

还要注意谈话方式问题。和被告人、嫌疑人谈话,在调查取证的时候也是一样,谈话方式更重要,和证人谈话时也需要注意方式保护自己。取证涉及第306条,说实在,稍不注意就容易陷进去。

(二)阅卷

阅卷的重要性是和国外对比来谈的。案卷的数量之多,我国是超出一切国家的,国外没有这么多案卷。为什么?很简单,因为证人出庭,一切都真真正正在法庭上举证、质证,当面解决,所以不会有那么多卷宗。我们由于证人不出庭,所以有时候一个证人就问十遍八遍,几百个证人就问了上千遍,依此定案。我经历过最多是700多本卷,这说明我们是靠案卷来定罪的,所以案卷就非常重要。这一点一定要注意,这是我们国家的一种特色。阅卷的方法,我个人总结要注意这样几条:

1.全面细致通览

要全面细致,要通览,不管你认为有用没用。几百本卷,咱们没有那么多精力细看,时间也不够,但是得先看一遍是什么东西。很多案件有很多本卷是没用的,但是你不看怎么知道它没用?先粗看一遍,然后抓重点。

2.抓住重点

前一段,我在广东办了一个中国远洋公司广东某外代公司走私食用油的案子,走私偷税额25亿元,单位犯罪,一审还判了十几个自然人的刑罚。案情是:一个集团公司让它两个分公司从香港往广东走私食用油,走私手段很高明,每一船油都是手续健全的,到了海关以后,把舱单一分为二,一部分正常进关完全合法,另一部分放到保税仓里伺机走私进来。案发以后,走私这一部分的偷税额被认定是25亿元,判处第一被告单位的当事人死刑,其他几个人是无期徒刑、有期徒刑,该外代公司单位犯罪,十几个责任人都被判为共同主犯,判外代公司罚金25亿元。

后来外代公司聘请我时,希望能够做到罚金少一点就行了。

我这个案子做得比较成功,我把单位犯罪打掉了,因为它不能代表单位的利益和单位的意志。同时,又把单位十几个所谓的责任人由共同主犯变成了从犯,刑期减少了一半左右。我只是受单位的委托,那十几个人不是我的委托人。

另外,案件的卷宗是370多本,我在卷宗里发现了半页纸中反映出来的重要问题。被判死刑的第一被告人讲:“我们是两个公司,上面有一个总公司。总公司老总给我的任务是把船到港后分舱单,一部分进关,另一部分放到保税区,放保税区以后再怎么进关是另一个分公司的事,我不知道。”我对法官分析说保税区是关外,还没有进关,你根据什么定这个被告走私?这个案子问题在哪?总公司老总和负责保税区公司的老总全跑了,证据链是断的。如果证明这个被告与他们有共谋,可以定走私罪没问题;如果不能证明有共谋,你连定他走私罪都有问题,怎么还可以判死刑?就这样,把这个人的死刑改了。说实话,这十几个人和第一被告都不知道是我把他们给救了。

这个案子我主要想说的就是这一点,这么多卷宗里面,这半页纸反映了一个很关键的问题——没有证据证明他和别人有共谋,实施了走私的行为。后来这个问题完全是我和法官做了交流以后把它改过来了。这么多卷宗,如果不细看可能就发现不了这个问题,你要在粗看当中善于找到哪些是有用的,筛选之后再细看。

我要说明的是,这一系列问题都是在阅卷时发现的。所以,一定要善于在卷宗中发现问题,要找出重点。

3. 善于厘清线索

有一个案子,非常典型,现在还在申诉。一个国企公司的老板，一分钱没出，把一个国企一而再再而三地改制，股东变更先后不下十几次，最后搞成了一个多亿的资产。指控他的罪名是贪污，数额是 1.16 亿万元，当地律师跟我讲怎么样做罪轻辩护。刚看这个卷的时候，我第一感觉是这个人太厉害了，完全是空手套白狼，把国有资产全变到个人头上了。

但是我提醒大家，不要轻信别人，也不要轻信自己的第一感觉，一定要对当事人负责。我经过反复地琢磨，我和我的助手光画图就做了两个礼拜，反反复复地研究、修改。当我把整个资金流向、公司股东变化走向图画出来以后，我的结论是无罪。为什么？一团乱麻在你手里的时候，你怎么理也理不清，一旦厘清了就是一根绳，非常清晰。案子也是这样，把整个纷繁复杂的线索厘清了，其实就会变得很简单。所以我说分析案件的时候画图做表是非常重要的。

阅卷的时候不能厘清线索，可能会白阅，也可能误入歧途。这一点非常重要。大家可能都有体会，现在的卷宗整理水平有时候低得可怜，字看不懂、话说不通，这是次要的，更可怕的是，它会绕来绕去把你绕糊涂了。多年前，黑龙江一个死罪变无罪的案子就是如此。二审期间，庭长和我说："我们承办法官看不明白这个卷。"后来我说："我帮你看。不是我水平高，是因为我看熟了，看多了，所以帮你去摘一摘。"确实有的案卷看不明白，稍不慎重就把你绕糊涂了。所以看卷也得"钻进去"和"爬出来"，这样才能看明白。

4. 不要先入为主

分析案卷内容的思路要注意做到客观超脱，不能先入为主，更不能盲目乐观，一定要先从最坏处考虑。为什么？我们是为被告人辩护,但不是凭主观愿望给他辩护,要在事实、证据的基础上进行辩护。这一点请大家注意,一定要从最坏处着眼,多找找自己一方的毛病。有很多律师只愿意报喜不愿意报忧,而当事人就喜欢这样的律师。有些律师总是说得头头是道、天花乱坠,动辄就肯定没有罪。还有的律师,一问他就说人家不对,你要是法官,说不对可以驳回,你是律师,光说不对有用吗? 千万要注意。

我有几次开论证会,请专家论证疑难案子。承办律师介绍案情时,我一再强调千万要客观介绍,不能加入自己的认识,那样的话就说不清楚。结果我怎么说都没有用,他一定要加进自己的观点,而且慷慨陈词,非常激昂,这个没有,那个不对。我问有证据吗? 他说有,结果什么都拿不出来,都是他想象或者分析的。无论你怎么要求,他说的都带他自己的认识,一听就听出来不是客观的东西。这种做法一定会自欺欺人,把自己也照样骗了。你在这个基础上去思考问题,怎么能客观准确?

所以,这是基本功,要锻炼自己在分析案子的时候把一切偏颇的想法抛开,客观冷静地去分析到底是有利还是不利,而且要先从最坏处着想。当你对一个案子从最坏处分析已经很充分的时候,就有了充分的心理准备,只能越走越好。当你把这种可能性告知当事人和他亲友的时候,他们也只能是越走越好。否则你说得天花乱坠、充满信心,一旦事实不如此,从天上掉到地下,就全都崩溃了,你自己也不知所措。

5. 案卷摘录要认真、准确

摘录案卷内容的原则是,一定要认真、准确、忠于原文。不能摘录大意,更不能夹带个人的观点。

我要求我们律所的律师,包括听我讲课的律师,摘录案卷内容一定要加引号,一定要忠于原文,错别字、标点符号都不能改,你可以加注解,但是不能改。你如果改了一点,法官或者谁看了都会不相信,到底是人家说的还是你说的?就像复印、照相一样,一定要忠于原文,然后再加你的评说和解释都可以。这一点非常重要。这样会使你自己分析问题的时候避免失误——因为卷宗多,如果不严谨,你看后就可能自欺欺人了,还有一个是避免别人对你没有信任感。

6. 重视制表、画图

我刚才说的那个案子,那个图我就画了两个礼拜,画出来把走向弄清楚以后,我豁然开朗,证明他是没有罪的。但是这个图画的准确、科学与否很重要。我画了三个大图,最后把它们拼起来。

还有一个,做表。广东陈某某被控受贿的一个案子,几乎是没有任何有利证据,言词证据完全对的严丝合缝,但是被告人坚决否认。原来的律师找到我,我们详细地研究以后,我和我的助理说,“仔细阅卷,一个字都不要漏掉,仔细地分析”(我就不信找不出问题来)。最后做表对比,把所有人前后的供述和证人证言、若干笔工程的受贿时间全部核对并制表对比以后,再做分析评论,结果暴露出了一系列问题——口供、证言的相互矛盾和自相矛盾,工程时间和受贿时间的矛盾等。对这个案子,我的体会是:如果不做到最细的程度,就很难发现这些问题,但是做细了以后,问题超乎你的想象,这个指控完全不能自圆其说。

回到刚才说的中国特色——只有中国才有这么多卷宗,才能仅凭案卷就给人家定罪,所以办案子就必须重视案卷,对案卷做全面、仔细的地毯式梳理和分析,有时候鸡蛋里面挑骨头也能挑出很多骨头来。所以,中国律师的难点也是亮点,做好了也很有成就感,通过阅卷确实能发现一些非常重大的、关键性的、意想不到的问题。所以我再次提醒大家,对复杂的案子,制表画图非常重要。

7. 帮助法官看卷

我们做的表和图可以提供给合议庭,帮助法官看卷。我有时候把阅卷时制作的图表交给法官作参考,他们说,“没想到你们这么认真,还没看过你这么办案子的”。

有时候复杂的案件,我们做的表非常厚,要下大功夫才能做得好。我们想一想,哪个法官可以像我们这么细致地看卷?法官也承认,他们案件的压力很大,连夜工作也没有那么多时间。所以我们把卷看完后做了摘录和表格或者画图交给他,作为辩护意见的附件给他参考。他们非常高兴,看了这个材料以后可以去查找、去核对。为什么说摘卷时一定要忠于原文?因为加上自己的观点,人家看了就没有可信度。如果完全是原文,再引上页码,他一看重点,一找就找到了。帮助法官看卷不是瞧不起法官,而正是尊重法官,是律师认真履职的一种表现。

三、形成辩护思路

(一)对案件事实的分析

要形成辩护思路,首先要对案件事实进行充分分析,实体和程序两个方面都不可以忽视。当我们阅卷、取证以后,所有材料都准备得差不多了,就开始分析。当然这不是绝对的,阅卷、收集证据也是一个分析过程,最后要进行综合分析。我要强调的是,不仅对实体问题进行分析,对程序问题也要进行分析。

我非常提倡集体研究论证案件。简单案件不一定都要这么做,复杂一点的案件集体研究还是有作用的。我们律所经常集体研究案件,大家都各有自己的长处,没准研究的时候就会提出一个很有启发性的观点。

包括请专家论证,可以说,在中国请专家论证案件,我是发起人,从 20 世纪 90 年代初期就开始了。前些年有些人批判专家论证,说“拿专家压人”“收买专家”,真是毫无根据！我们自己论证不清楚,请专家来帮助研究法律问题,有什么问题？说句难听的话,专家在中国值几个钱？谁把专家放在眼里？靠行政干预、靠权力干预才能起到“压人”那种副作用。专家论证案件我认为是非常正常的,北京的法院、检察院,各省的法院、检察院,包括中纪委都找我论证过案件,他们找我论证就可以,我找别人论证就不可以了？我要强调:一个人的智慧是有限的,集体智慧、专家智慧,我们充分发挥起来,是为了对当事人、对案件、对法律负责,是对司法公正负责,这是很有必要的。

(二)律师办案的策略

律师办案还有策略问题。比如,涉及地方上的各种因素,迫于无奈,有些时候本来无罪的当事人一定要认罪。我们会采取一些非常尴尬的做法——当事人认罪我不否认,但我从律师角度进行法律上的分析,认为它不构成罪。这是中国律师另一种尴尬。但是无论如何,首先我们一定要把案件的性质搞清楚,不能自欺欺人,不能自己糊涂让别人也糊涂,更不能被别人弄糊涂。

与当事人打交道也同样要谨慎。前些年办过一个包庇案。一个刑法教授办一个死刑案,二审时,那个被告没有从轻的余地,被告哥哥问怎么办，他说唯有立功。被告哥哥说有一个举报线索需要传给被告，然后律师就给人家传了一张纸条，一查属实，二审就改判了。后来，检察院逼问这哥俩，他们全承认了，被告哥哥居然还给律师录音了，交给检察院，结果把律师抓了。我提醒大家，一定要小心，有时候你的当事人就是你的敌人，真是这样。

律师的这个行为确实有问题，但是构不构成犯罪？

我请了专家们反复研究，大家都认为确实是冤，不该定罪，但是又找不出合适的理由来。因为包庇罪就是让被告人逃避惩罚，而这个案子由死刑改成了无期，确实起到了这种作用，而且他又确实给人传纸条了。在论证这个案子的时候，我也陷入了一种困惑。最后我自己找到了答案，就是回到法条上来。刑法关于包庇罪的规定——“做假证明包庇”，这六个字让我找到了问题的关键所在：律师没有做假证明的犯罪手段。在法庭上，公诉人提出，“律师采取移花接木的方法做假证明包庇”，因为我已经弄清楚了，我就可以应对了。

什么是立功的证明？第一要有线索，第二要查证属实。查线索不是证明，查证属实才是证明。那么，只有公安机关才能查证属实，所以，提供证明的只有公安机关，不可能是律师。所以，律师不仅没有提供假证明，而且连证明也没有提供，因为他没有条件和权力提供证明。律师的做法不对，但是按照法律规定，他没有提供假证明包庇。说他移花接木也不对，他没有移花接木，因为他提供的线索是真的，通过提供线索，被告人本人写了揭发材料也是真的，揭发的内容经过查证属实更是真的。所以“移花接木做假证明”的说法违背了基本事实，混淆了基本概念，如果纠正一下，应当是“借花献佛”，“花”是指犯罪的线索，“佛”是国家、政府，被告人把别人的“花”借过来献给政府，律师只是起到了是传“花”的作用，而传花没有罪。

这个案子，大家仔细分析一下，我说的有没有错？我找到这个答案确实很费劲，绞尽脑汁、挖空心思，最后终于找到了突破点，如果我们不去找它，可能就发现不了。这个案子最后宣告无罪了。

所以，这些机会和理由存在于法律规定的条文当中，同时也存在于法理之中，我们要吃透它，还要下功夫。我拿这几个案例简单做一个说明，不是讨论哪一个具体案子，而是要说明如何分析，如何寻找依据。

除此之外还有一个中国特色问题，我们还要研究案件背景。在国外不需要这个东西，但中国的很多案件是有背景的，不了解背景有时候我们就上当，所以要适当的、有条件的了解一下案件背景。

四、庭前会见和庭前准备

（一）庭前会见

庭前会见与前面的会见在目的和重点上有所不同。

1. 交换辩护思路

交换辩护思路，征求意见，取得共识。在开庭前应当与被告统一认识，这一点很重要。我几次在法庭上见识到，被告人坚决不认罪，律师坚持做罪轻辩护，两个人吵起来了，律师振振有词，“我律师依法独立行使辩护权”，太悲哀了！

这就涉及另外一个问题。从我读刑法研究生第一天起，到现在为止，课堂上、教科书上都在讲律师独立行使辩护权，此说法完全正确，但是理解完全错误。为什么这样讲？我们理解成了律师独立于当事人行使辩护权。我们想一想，律师的权利来源是什么？律师的辩护权是基于当事人的委托而形成的。律师接受人家委托，收了人家的钱，还要独立于人家的意志行使辩护权，有这种逻辑吗？

为了弄清这个问题，我做了详细的国内外资料考察和实地考察。我终于弄明白了，美国律师协会的规章规定，律师独立行使辩护权的真正含义是“独立于法律之外和当事人意志之外的其他一切因素的干扰”。相反意思是，绝对忠实于当事人，与当事人要保持一致。人家还向我举例说明：亲属、父母出钱给当事人请律师，如果当事人的意见和他们相左，听谁的？听当事人的。老板出钱请律师，要求你达到有利于老板的目的，但你的职责和职业道德必须忠实于你的当事人，不能忠于出钱的老板。更普遍的是，在美国，90%甚至95%以上的律师是国家提供的政府律师，政府出钱，你还得替当事人讲话。

结果我们照葫芦画瓢给画错了，完全给弄拧了。很多人都解释成律师可以独立于当事人的意志去行使辩护权，这是一个严重的误区。这个问题我到处在讲，一定要把它纠正过来。律师制度本来就是从西方学来的，可是到了我们这儿却给弄错了，弄反了。所以这个问题我们律师一定要弄明白，在教科书上、理论上、课堂上也要弄明白，不能继续错误下去了，这是非常可怕的。

那么，怎么样跟被告人沟通？首先要和他达到一致，实在不一致的争取一致，仍然不一致，你可以拒绝辩护，但是你不能和他对着来。

2. 解释庭审程序

解释庭审程序，指导庭审的应对。在美国律师工会的规定中，这样做对于律师不只是一种权利，还是一种义务、责任，甚至要和当事人在会见的时候搞模拟审判，每一个细节都要教他怎么做。但是这又提到一个理念问题，这一次修法也提出来了，虽然我知道做不到。在英美国家的法庭上，被告人都是和律师坐在一起，每一个问题都是在律师指导下应对。而我们在法庭上与被告话都说不成，有时候被告人给你递了一个求助的眼光，都会被公诉人和法官指责为暗示。

我在加拿大观摩一个比较简单的法庭，为了节省资源，被告人在看守所不到庭，控辩审三方在法庭上，面前各放一个电视屏。开庭一会儿，被告人说："等一下，有个问题，我不知道如何回答，要问我的律师。"法官马上宣布休庭，法庭角落上有一个封闭的电话亭，律师关上门和被告人密谈，谈话以后再开庭。这是被告和律师当然的权利，是法律赋予的堂堂正正的权利。而我们连对一下眼都不行，这是很可笑的问题。所以我们提出来，要像英美法系那样，当事人和律师坐在一起，控辩双方坐在一面，都面向法庭，也免得你去对立。但是没有解决，但这是我们要坚持的一个想法、一个要求。

尽管我们理念上还有一些问题，制度上还有一些缺陷，但是我们应当知道律师在做什么，在为谁服务。99%的被告人都是头一次上法庭，可我们有些律师站着说话不腰疼，指责被告说"你怎么什么都不懂?"他怎么不想想他在法庭上晃了多少遍，第一次上法庭的时候，腿肚子都发颤，说话舌头还抖，却要求当事人什么都知道，可能吗？所以，一定不要强人所难。律师的责任是指导被告人怎么开庭。开庭前的会见主要起到这样一种作用。

（二）庭前准备

庭前准备有这样几个问题大家要注意。

第一点很重要,是要做好举证的充分准备。对本方需要出示的证据进行整理、分类,准备证据清单和目录。我们必须承认,律师的举证能力不如公诉人,因为他们的主要责任就是举证,有这样的训练和经验,而我们没有。既然不如人家,我们更要有充分的准备。我见过很多律师在法庭上举证杂乱无章、不知所措,被人问得张口结舌,很被动。

在举证环节,我要强调的另外一个问题更重要,可能有些律师不注意这一点。举证包括两部分:一个是自行调取的证据;另一个是案卷中有利于被告的证据。一般第一个方面我们都知道,但是第二个方面就忽略了。有的法庭也不让你举证,理由是卷宗有就不必举证了。

按照真正的庭审规则来看,《刑事诉讼法》明确规定,一切证据都要经过当庭质证,才能作为定案的依据。控方举证常常是只说有利于他本方而不利于被告的证据,断章取义的做法是很普遍的。那么,如果法官较真,他可以认为虽然是卷宗有的证据,但是你没有在法庭上出示,没有质证,当然可以不认。虽然实际上多数情况下法官也没想那么多,他往往把卷宗里有的证据都认为可以使用,但严格说这是有问题的,因为这些证据毕竟没有经过当庭质证。所以,我们应当周全,避免失误。

怎么办?第一,要准备好;第二,要把有利的证据摘出来,最好单独装订在一起并做好证据目录;第三,向法官指出,这些证据是卷宗当中已经有的有利于被告的证据,但是由于控方没有出示,辩护律师向法庭要求出示。如果法庭认为可以不出示,请记录在案,庭后交给法庭。做到这样,就不出遗漏,不会失误,不会被人家利用,钻空子。严格来说是应该这样做的。

第二点是要做好关于证人出庭过的准备。如果有出庭证人的话,要提交申请出庭证人的名单,还要通知证人做准备。

第三点就是要准备好三个提纲。第一个是准备法庭询问的提纲,第二个是质证提纲,第三个是草拟辩护思路的提纲。我说的这个准备是指心理准备和书面准备两个方面。你没有把握就要书面准备,把握性很大的人要有心理准备。法庭询问问什么,质证的目标和方式是什么,辩护思路是什么。最重要的不是准备自己一方的问题,而是如何应对控方的问题。就是不仅要研究你问的时候,对方会怎么答,更要研究对方问的时候,你该怎么答,要知己知彼。

五、庭审技能

庭审中的技能其实问题很多,我简单地总结出这几个方面,供大家参考:

(一)讯问被告人

讯问被告人要注意这四个方面的问题:

第一是在控方讯问的时候要注意分析控方意图,这非常重要。每一方在讯问的时候都有他的意图,都要达到一种目的。聪明的人就是通过对方的问话来摸清他的意图,好来应对。不要以为有的时候讯问是没有意义的,就不听了。法庭上控方讯问的时候虽然有时候废话比较多,没有用处的话是占绝大多数,但是即使如此也不能懈怠,万一哪一句话有用了怎么办?所以你必须认真听每一句问话内容,更重要的是分析他问话的意图。

第二是对控方的不当讯问方式及时提出反对,这一点也非常重要。控辩双方在讯问当中,诱导式讯问是一种必然倾向。主观上，谁都想通过诱导发问的方式来得到自己需要的内容，客观上，你不由自主都会有诱导的倾向。聪明的做法是，你自己的问话诱导绝不能过限，或者刚说一句马上收住，他反对的时候你已经问完了，一啰唆就不行，就会被打断。另外，对对方的发问，一定要高度警惕，随时发现问题，及时提出反对，问完了再反对就没有意义了。

第三是要把握询问的技巧。提问要简单明确，一次只问一个问题，这是非常重要的。很多法庭上控辩双方都有这个问题，问了一大串，自己都糊涂了，被问的人更听不明白，没法回答。公诉人更是往往自问自答了，律师不能这样做。问话的作用是要问明白，答明白，更主要是让听的人明白。一个最基本的原则是，一次只能问一个问题，越简单越好，不可能再分拆才好。我在美国培训的时候，讲课的培训者从上衣兜里拿出一支钢笔，再把它扔在桌子上。就针对这一个动作，让学员至少提出 20 个问题来。看这支钢笔什么颜色，钢笔或是圆珠笔，多粗或者多细，怎么拿出来，轨迹怎么走……换了第二个人不能比你问得更细致，你就算成功了。

为什么这样做？首先，清晰、明确、没有歧义，细问以后这些具体的动作都固定了。其次，现场再现。如果有录音录像，就没有必要问了。由于没有录音录像，就用语言表达的方式再现这个场景。通过你的问话，别人一听就相当于他看见了当时现场的影像，留下印象。最后，固定证据。这么细致的提问，大家都听明白了，都记录在案了，就不可改变了。如果漫无边际地问了一大堆，说完你都忘了就没有意义了，只能是把水搅混，混淆视听。一定要注意这一点。

另外，还要注意一个问题，刚才讲在对方讯问的时候要善于发现他的意图，但是，你在发问的时候，要善于掩盖意图，不要让人家发现。这也很重要。

第四是在现在的法庭上，我主张对被告人应当少问为佳，主要是纠正对方问话的偏差，澄清事实。如果没有必要，有时候真的可以不询问被告人，控方问完就可以了，律师拿证据讲话，尽量少问。这是关于询问被告人的问题。

（二）庭审质证

庭审质证往往是法庭审理中最重要的环节，目前律师的质证水平亟待提高。在庭审质证中应当特别重视以下几个方面的问题：

第一，质证成功的前提，是熟悉控方证据。尤其是在目前控方长时间连续举证情况下更重要。按照新《刑事诉讼法》的规定，一证一质一辩，现在我们根本做不到。我在珠海开庭遇到了连续举证四个半小时，还扣除中午休息，然后让你质证，完全是走过场。

这种情况下，只有你充分熟悉控方证据，你才不用只凭借现场去听他说什么，而可以根据准备好的提纲来应对。这是不得已而为之的办法，要是不非常熟悉，就会陷入极大的被动。

第二，质证成功的基础，是理论功底的深厚。质证中随时会涉及法理问题。你没有功底，一句话说错，就像泼出去的水一样收不回来，对方会抓住你就没完。

第三，质证成功的保证，是精力高度集中。我们在法庭上一定要处于高度戒备状态，甚至闭着眼睛的时候思维也不能停止。有时候我给律师培训时说，律师在法庭上就像一只警犬，蹲在那里伸着舌头喘着气，一旦对方有情况，马上跳出来猛咬一口。再熟悉案情，再懂法理，如果懈怠了，被人家钻了空子，也会很被动。

第四，质证成功的技巧，是才思敏捷、及时应对。质证应对必须是及时的，事后诸葛亮是没有用的。庭审律师这种反应敏捷的训练，一定要有。律师庭下可以深思熟虑，在法庭上必须反应敏捷。

第五，质证的重要性及与辩论的区别。在抗辩式的审判方式当中，一定要处理好辩论和质证的关系；在纠问式的庭审当中，质证时只让你说真实性、合法性和关联性，不能展开辩论。按照现行《刑事诉讼法》对庭审方式的要求，法庭质证的重要性越来越高，有时候比辩论还重要。很多问题要在质证当中解决，一证一质一辩，这样才有针对性。但是，质证的辩论不宜展开，不能长篇大论，只能就一个问题点对点进行论证。过去就听精彩的法庭辩论，质证没人听，现在如果质证不好，辩论的意义就会减弱很多。有些问题在质证当中已经解决，记录在案，所以质证绝不能忽视。辩论是一个总结陈词，有些写在辩护词里面，但庭上发言时不一定面面俱到，质证提到了，你再强调一下就可以了。但辩护词必须是一个完整的内容。

质证与辩论的作用差别很大。前几年陈瑞华教授搞了一个排除非法证据的模拟法庭项目，由香港特别行政区和中国内地两拨真律师、真公诉人、真法官，用同样的案例来搞排除非法证据的模拟审判，请我做点评。我发现一个非常严重也非常明显的问题。香港特别行政区的法庭，控辩双方打破沙锅问到底，问得特别细。问完了，旁听者也基本听明白了，然后是简短的总结陈词。内地的法庭，没话找话，问不到点上，三言两语问完了，谁都听不明白问的是什么，答的是什么，然后双方拿出来事先写好的几页纸念辩论词。

香港特别行政区的法庭是以问为主，以论为辅；内地的法庭是以论为主，以问为辅。人家是在交叉质证，针锋相对把问题搞清楚；我们是平行的论证，两股道跑的车，各执一词，找不到交叉点。

这就暴露出一个非常重要而且非常基本的问题——我们不会交叉讯问。很简单，我们没有这个条件、经验和训练，证人都不出庭，我们问谁去？将来证人出庭的人数会逐渐增多。关于证人出庭问题，这次《刑事诉讼法》修改也强调了，但是，没有救济性条款和保障措施。我当时在会上提出来，应当写上一句话——"关键证人不出庭，证言不能做定案依据"。但是这个建议通不过，因为很多情况不是证人不出庭，而是公诉人不让他出庭，甚至法官也不让。直接言词原则在立法上就没有明确，这是最大的问题。

但这个问题肯定是要逐步解决的。这次制定细则，我们坚决要求对证人出庭问题至少应当明确有适当的法律后果。不管怎么说，证人出庭的趋势是肯定的。所以律师必须有这样的训练，要学会交叉质证。和人家一比，我才知道其实我也不会，我能看出问题，但是让我演示我也不会，这是一个训练与经验的问题。俗话讲，会说的不如会听的，你问到位了，连旁听的人都能听明白了，比什么都重要，单靠自己论证是没有太大意义的。

(三)辩方举证

辩方举证方面，主要应当注意这样的问题：

第一，我们是弱项，要充分准备。

第二，要有应对的预案。举证不是举完证就结束，还要回应对方的质证。举证可以事先准备好，对质证的回应却可能会措手不及。所以在举证的时候我们想到的主要不是举证,更重要的是回应。

第三,就是一定不要忘记,对案卷中有利被告的证据要申请单独出示。

还有一个问题,就是我们要注意坚持辩方在法庭上的平等质证权。有很多法院把举证质证搞成一轮半——控方举证,辩方质证,控方回应,完了就不让辩方说了。这种做法是违背控、辩平等原则的。其实质证和辩论是一样的,应当是你先我后,你回应后我再回应,开始于控方要结束于辩方。我和最高人民法院的人就这个问题达成了共识,但是下面很多人就不知道。我们给最高人民法院起草的《庭审规则建议稿》也把这个问题写上了,希望能引起他们重视。但是至今这个问题还是没有得到解决。但无论如何,我们要坚持平等的质证权,不应放弃这个权利。

(四)询问出庭证人

1. 向出庭证人质证

交叉质证主要是指对出庭证人面对面的质证。这种能力非常重要,将来一定更会有很多证人出庭,那时就动真格的了,证人证言会退居次要地位,主要是在法庭上面对面地问明白。过去有体会,但经验还是少。我们应该多有这样的训练才可以。

2. 交叉询问技巧

交叉询问,一般就是指开放式讯问和诱导式询问两种情况。开放式讯问就是询问本方证人,这种询问一般事前是有沟通的,你给起个头,让他在法庭上陈述,主要是正面的提问和回答。诱导式发问就是反问,是问对方证人,这种询问要求技巧性很高,最基本的要求是一次只提一个问题,步步紧逼对方证人,挑对方的毛病。

3. 向鉴定人质证

按照新《刑事诉讼法》的规定，要求鉴定人出庭。这里面又有一个问题，司法鉴定，控方有单方启动权，辩方没有启动权。这次修法时我一再提出来，但没有被重视。

这种专业性问题我们不可能是专家，所以要学会：第一，请教专家；第二，可以请专家到庭质证。但是质证时，专业问题和法律问题要结合起来，这样才能真正发挥作用。

（五）排除非法证据

排除非法证据是比较难的一个问题。

第一，对出庭侦查人员的质证，基本上是一个自欺欺人的做法。等于我们规定了不得自证其罪，却要求警察出庭自证其罪，这可能吗？

我最近遇到了一个珠海的发回重审案。八个警察出庭，都背好词了，说的完全一样，基本上没有用，但是当然有的时候不排除也会出现破绽，你也得质证。

这有一个理念问题——就是要强调两个方面的无罪推定原则，这很重要。一般来说，如果警察真是那么干了，那就不会承认，若真想承认就不会那么干了。更重要的是，他有顾虑，承认了，追究他刑讯逼供的刑事责任怎么办？所以，在分析这个问题的时候，我们也应当注意强调两个方面的无罪推定原则：我们在排除非法证据的时候，只要有这种可能性，就应当排除，这是一个原则。但是反过来，排除了非法证据，能不能肯定它就是刑讯逼供？这也只是一种可能性。所以，如果给侦查人员定刑讯逼供罪也得按照无罪推定原则，如果只有可能性，但又不能证明他确有非法取证行为也不能定罪。也就是说,非法取证的可能性可以成为排除非法证据的根据。但是,这种可能性却不能成为给侦查人员定罪的根据。对这两个原则,不仅从原理上要有这样的认识,在法律解释上也要落实,更重要的是,在质证时也要特别强调。这样也可能会促使警察出庭时的回答相对客观一些。

第二,要特别注意排除非法证据中对录音录像的质证。这是一个很难的问题。从“两高三部”的《两个证据规则》出台以后,在我经办的一系列案件当中,没有一次出示了全程同步录音录像,几乎根本就做不到。所以首先我们要强调,对全程同步不间断的录音录像才有质证意义,对现在截取式的播放必须坚决抵制。有一种说法是没时间全程播放,这根本不是理由。我们可以庭下看,看完和被告商量哪一段需要播就可以。但控方根本就拿不出来,要不就没有录,要不就录而不交,要不就是播而不全,断章取义,根本没法质证。所以我们必须要求纠正,这一点一定要坚持。

第三,排除后再供述的重复性内容必须排除。北京有一个案子,我们冒着风险调取了十几份证据,证明确实有明显的刑讯逼供。法官当庭宣布对这部分内容予以排除,但是对下一次的重复供述内容却不排除——理由是这次没有逼供。这种做法其实和截取播放如出一辙。如果允许这样的情况可以不排除的话,那所有的排除都没有意义。

还有一种情况,对言词证据合法性质证的时候,证明主体必须到庭。我在北京办一个案子,证人否认当时的证言,强调是被逼供形成的,法庭允许证人出庭,但是在进入排除非法证据程序时,我一再要求播放证人庭前取证录像时证人应当在场观看,结果却被法官明令制止了，说是排除非法证据只能对被告而不能对证人，并告诉我这是常识。大家想一想，在观看对证人庭前取证的录像时不让他本人在场，怎么排除？连北京都尚且如此，这非常可悲。但是我们一定要坚持证明主体出庭参与非法证据排除程序，否则就纯属自欺欺人！

按照《刑事诉讼法》修正案的现有规定，这一系列问题如果不能有效解决，排除非法证据还是会流于形式，做不到，最基本的全程不间断录音录像都没有解决，而警察出庭之类都解决不了根本问题。看看实施细则能落实到什么程度吧，也正因为这个问题是关键，所以在讨论时的阻力也是最大的，很难通过。

另外，现在大家提出，排除非法证据能不能设计一个庭前程序，这个问题在讨论当中。因为我们庭前程序没有先例，可以考虑尝试一下。但是，无论采取何种程序，排除非法证据时，对前面提到的几个问题必须高度重视并且坚持原则，据理力争，否则，排除非法证据就会流于形式，失去意义。

（六）法庭辩论

法庭辩论涉及的内容比较多，前些年我曾经做过一个关于法庭辩论技巧的专题演讲，内容大家应当已经看过了，这次就不再重复。时间关系，只是重点讲几个在法庭辩论中应当注意的基本问题。

第一，在对抗式的庭审方式中，法庭辩论只是总结陈词，要和前面的质证有机结合起来。这是因为在法庭质证中已经包含了一些辩论观点。

第二，辩论理由要对公诉人有针对性。但有的时候，法官能动性太强，参与意识太强，经常越俎代庖，变成辩护人的对立面，我们却无可奈何。这种情况,就要注意策略。比如,有时候法官暴露出他的观点,我们可以把它假设成公诉人的观点来反驳,争取能够说服法官。这是一种策略方法,即以控方作为假定目标。另外,对法官的说服要委婉地表达。法官再不对,但他是主持法庭的,律师可以和控方对抗,但法官不是对抗目标。所以我们很难,但还要委曲求全、尽量委婉地解决问题。有些时候,甚至法官也不是有意的,怎么办?

所以,法官不能太能动是有道理的,法官参与容易先入为主。国外的法官没有那么主动、积极的,中国法官参与性太强。针对这种情况我们得有策略,慢慢把这个问题化解掉。

第三,辩论的理由一定要全面、周延、不留余地。我们辩论当中所提出的针对性观点,绝不仅仅是控方已经提出或者坚持的观点,而是控方和审方都可能会想到的观点。这一点很重要。我们的法庭不是当庭宣判,事后的事还很多。当庭可能控方和审方都想不了那么多,你好像赢了,事后一琢磨,他又想出几个理由,你就弥补不了了。所以,我们的一种做法是,要想的更多、更远、更全面。虽然他没有提出来,但是我想到他可能会提,最好也在辩护词中给堵严了,没有任何余地,这样才能减少遗漏,减少遗憾。

第四,二审辩护要注意两条。

一是二审的开庭顺序是颠倒的。“谁主张,谁先说”。我们有人认识不到,不注意。但有些法庭就不颠倒,法官的水平是随意发挥的,我们得适应人家的方式。他怎么安排你都能应对就可以了。

二是繁简也不定,我们也要适应。有的法官按照一审程序走，当然多数情况下简化了，一审举过的证就不重复说了。但是由于不同法庭的做法不一样，我们就必须做好两手准备，这样才能灵活应对。这都是对应变能力的一种检验。

京都律师事务所律师在美国纽约大学法学院培训时参观美国联邦最高法院后合影

化解法官与律师冲突,共筑法律职业共同体[*]

《中国法律评论》(以下简称《中法评》)特邀京都律师事务所名誉主任、著名刑事辩护律师田文昌,最高人民法院高级法官、司法改革专家蒋惠岭和北京大学法学院教授、著名刑事诉讼法专家陈瑞华,就近期发生的几起法官与辩护律师的冲突事件进行访谈,剖析刑事案件辩护中辩审双方冲突的深层原因,探讨《刑法修正案(九)(草案)》(以下简称《草案》)第36条的利弊,提倡辩审相互尊重,提高法律职业素养,提供冲突解决之道,规范职业行为,加强行业管理,完善司法改革体制设计,提升国家责任,为构建良好司法环境,推进法治中国进程献计献策。

《中法评》:最近,《草案》第36条中关于蔑视法庭罪的相关规定争议较大,律师界担心此条会被法官滥用,而部分法官则为此条的修改叫好。您怎么看待这个问题?法官究竟应该如何对待律师的违规行为?律师又应如何对待法官的不当行为?

田文昌:我也感受到这条规定反响非常强烈,包括律师界和

---

* 载于2015年第3期《中国法律评论》对话栏目,本书只摘录田文昌律师观点。

田文昌与陈瑞华、蒋惠岭在《中国法律评论》访谈现场

学术界。我认为,反响强烈的原因主要不在字面上的表述,而在于整个大环境和大背景,在于立法的指向是什么。从字面上来看,这一条的规定看似没有什么太大的问题,但在我们国家现存环境下,问题就比较大了。

比如,当初1997年修改《刑法》时增加第306条的背景(1997年《刑法》第306条规定:在刑事诉讼中,辩护人、诉讼代理人毁灭、伪造证据,帮助当事人毁灭、伪造证据,威胁、引诱证人违背事实改变证言或者作伪证的,处3年以下有期徒刑或者拘役;情节严重的,处3年以上7年以下有期徒刑——编者注)。由于《刑事诉讼法》修改后将律师介入案件的时间提前到侦查阶段之前,律师只能在审判阶段才能介入案件。由于律师一下子提前了两个阶段介入案件,为防止律师在办案中会妨碍侦查,会唆使或者帮助当事人制造伪证,所以提出了一个防范性的条款。在第306条正式通过之前，我就提出这个条款一旦通过会发生职业报复行为。因为当时侦查机关和律师对立的状况很明显，我们的法治环境又很不成熟，所以会导致侦查机关或者公诉机关利用这个条款对律师进行职业报复。直到今天，我都坚持认为这个条款是有问题的。事实表明，这个条款出台之后所引起的后果是相当严重的，全国有将近几百个律师在侦查和起诉阶段被抓，相关案件的辩护工作受到极大的影响，最主要的后果是从根本上妨碍了被告人（犯罪嫌疑人）的辩护权。针对这个问题，律师界和学术界这么多年一直在呼吁取消第306条。现在虽然没有取消，但是做了比较大的修改，不过条款的负面影响仍然存在。

回到现在的问题上，《草案》的这条规定是对律师在法庭上的一种约束，我认为这个条款一旦正式通过，它的作用会与第306条一样。为什么这么说？因为目前这个背景下，辩审双方的冲突时有发生，甚至有愈演愈烈的趋势。原来控辩冲突出现过这样的问题，造成很多负面影响；但控辩冲突是有一定必然原因的冲突，因为控方和辩方本身就是对立的两方，通过控辩的对立制衡求得司法公正。然而，辩审冲突本身就极不正常，任何一个成熟的法治国家都不应当发生辩审冲突，发生辩审冲突的情况说明这个社会处于病态了，法治环境处于病态了。道理很简单：律师只有通过法官的作用才能实现自己的目标，他是依靠、求助于法官的；辩方和审方原本不存在对立关系，所以出现这种问题本身就是一种病态。在这种情况下，如果对辩方再打压的话，所带来的副作用会导致律师在法庭上不敢说话；如果律师在法庭上不敢说话，辩护就相当于虚设，无疑是削弱了辩护权，对被告人的权利是一种很大的伤害。我们应当从根本上分析辩审对抗发生的深层原因是什么，而不是简单地通过法律规定的制裁去打压律师，这不是解决问题的方法。可以说，这种立法的方向是走偏了。

田文昌：我再补充几句。说到情绪性立法的问题，它产生的原因和背景很重要，如果没有这个背景可能也不会发生目前这种形势；如果没有这个背景，即使发生了，执行起来也不会那么惨烈；如果在当前这种背景下通过这条立法，后面形势就会更严重。现在有律师“闹法庭”，至少其中有一些是由于有的法官素质不高引起的。我没有亲眼目睹过“闹法庭”的情况，我也没有理由否认它完全不存在，但这其中的因果关系不能忽视。没有无因之果，如果抛开原因只看结果就是片面的。就我切身的体会来说，我曾经感受过很多被法庭训斥的情况，我肯定没有跟法官“闹”，也没有跟法官胡搅蛮缠，这都是有法庭记录的，但我照样被训斥、被打断、被制止、被“训诫”，甚至被赶出法庭，而且不止我一个人遇到过这种情况。这些多数都有录音录像为证，目前的大环境就是这样的。在这种大环境下，如果再给予法官这样的权力，会导致什么样的后果？

还有一个问题就是辩审双方的地位。我们从逻辑关系上来想，辩审冲突的发生深层原因主要是在法官。因为律师是求助于法庭的，律师只能依靠法官来实现自己的诉求。说句难听的话，作为一个思维正常的律师，如果主动找法官“闹事”，无异于“耗子找猫闹事”，那是逻辑颠倒，这样的律师谁还会请他？当然任何事情都不否认有个别现象，但如果以个别现象作为一个普遍问题来立法，那就有问题了。我们《刑法》有个第306条，是检察官制裁律师的，如果现在再加上这一条，又是法官制裁律师，那律师就会受到双面夹击。全国律师的情形我很了解，我可以负责任地讲，此条一旦出台，后果会很严重，受害的是法治，是司法公正，是当事人的利益。

《中法评》：第一个问题您谈得特别充分、透彻，谢谢！法官与律师之间的相互不尊重，不仅会损害司法权威，也会损害律师的职业形象。请您就各自的职业，谈谈职业人士获得尊敬的根本。

田文昌：法官对律师尊重和不尊重，确实两种情况都有。就我个人体会而言，多数法官都很尊重我。有的法官就明确要求我多讲，因为兼听则明，他希望多听听我的理由来作为他判断的基础。至于法官不尊重律师的原因，一是有的法官素养不够；二是他已经先入为主，也许是已经受到上面指示了，他只能那样判，就不愿听律师讲。有的法官就公开讲过，“你说的越充分就越是给我出难题”，所以他就不让律师说话。有的法官在法庭上不按法律规定办事，律师一旦提出来，他就训斥律师。

我最近刚刚在 F 省开了一个庭，我们有十几个证人要求出庭，但法官却不许我们的证人出庭，说没必要（这种情况很普遍，在我亲历的案件当中，我申请证人出庭的要求 90% 以上都被拒绝了，不是被检察院拒绝就被法院拒绝，或者两边一起拒绝）。而且，这么大的案子，被告家属只给 5 个旁听名额，我们一再协调都不行；法院说法庭坐不下，事实上法庭能坐 30 人，但法院只给两个被告家属 10 个人出庭。为什么？怕闹事。近年来，我们提出那么多排除非法证据的案子，连 1/10 都没有排除，基本上是走过场。对于这一系列问题，如果律师坚持要求就被斥为扰乱法庭秩序，那么，律师就只能乖乖地配合法庭办案了。辩护就会形同虚设！最高人民法院可能并不了解这些情况，最近出台了一系列的司改方案很好，但是我觉得可能很难推行下去。

在我们现状没有改善的情况下，分析法官律师相互不尊重的原因是很重要的，但如果想用一种法律规定来限制律师，恐怕就会走偏。这种相互不尊重的状态，应该说原因比较复杂，我认为根本的原因在于，一方面是理念，也包括各自的心态不平衡；另一方面是体制，如法官职业的不独立，这要在制度上解决。应该说，我们现在司改的步子迈得是比较快的，比如会见的问题。公安部监管局这次迈的步子很大，而且很坚决，而且跟律师做了约定，发现有阻碍会见的问题随时跟他们沟通，向他们报告，他们来解决。可是直至现在，我仍不断遇到会见受阻的情况。所以，有些问题是体制设计问题。

《中法评》：法官和律师是法律职业共同体中两大重要组成团体。建立法官与律师之间的职业“流动”渠道，即让优秀的律师有机会担任法官，这是否有助于促进法律职业共同体的融合？您对此又有什么建议？

田文昌：律师和法官的这种流动，在国外来讲是个通行的做法，一般都是做完律师才做法官，这个是没问题的；而且它也有换位思考的问题，有职业训练的问题。但是如果我们认为靠这样的流动、流通就能够解决职业共同体形成的问题，我觉得意义并不是很大。还是体制问题，他们同出一个校门放到不同的机构去工作了，立场就变了。我们现在个别的流通也有，但流通之后，位置变了，立场也变了，屁股指挥脑袋。所以关键还是体制的问题。

法律职业共同体的形成和存在，是一个法治社会中诉讼结构的题中应有之义，如果法律职业共同体的良性运转没有形成，可以说这个国家的法治结构是残缺不全的，这也是现在存在这样的冲突的重要原因之一。但是为什么我们这么多年来一直在呼吁、研究法律职业共同体，却至今没有形成，这也是体制的原因。有一个最关键的问题，法律职业共同体是应需求而产生的。如果法官想兼听则明，当他不听律师的意见就拿不定主意的时候，他就需要律师，需要辩护。而当法官已经先入为主，或者已经有一种权力的指示了，这时候就不需要律师的参与，肯定要排斥律师。

从整个架构的角度来看，如果没有产生对律师辩护的需求，法律职业共同体的需求就没有出现。这个时候虽然我们在推动、在呼吁、在研究，但是也很难得到正常的发展和运行。说到根本上，法律职业共同体的形成还是得靠一种内在需求的产生，首先能够做到独立司法，由独立司法产生对律师有效辩护的需求；产生有效辩护的需求以后，还要有制度保证，有体制的完善，这些条件都具备了，那么法律职业共同体自然就形成了。这个时候再出现法官和律师的流通，本身就是很正常的状态。所以，从根上来说，要真正实现法律职业共同体的良性运行，首先必须产生需求。

《中法评》：法官与律师之间的冲突，与律师行业管理体制也有密切关系。对于保护律师合法权益和规范律师职业行为两方面，您有何建议？

田文昌：律师执业权利的保护和约束，是个既重要又非常难办的问题，多年来其实没有解决。为什么呢？因为律师职责定位不清楚，这么多年来律师是什么，究竟干什么，搞不清楚。一个职业群体连定位都不清楚怎么能够发挥作用？我常举的一个例子，最简单的职业是擦皮鞋的，这么简单的职业，但定位绝对清楚，任何擦鞋匠都绝不会把鞋刷子往客人裤腿上擦，这就是职责定位。而律师这么重要、这么高端一个行业，究竟应当干什么都不知道，别说别人不知道，连律师自己都不知道。例如，我们很多律师在法庭上当被告人不认罪的时候，却坚持做罪轻辩护，然后振振有词地讲，我是依法独立行使辩护权；相反的也有，被告人认罪，却坚持做无罪辩护，理由也是依法独立行使辩护权。

律师的辩护权是一种私权利，是因委托而产生的权利，真正的辩护权独立性的含义应当是：独立于当事人意志之外的其他权力和因素的干预、干扰，而要绝对忠实于当事人的意志。可是我们却理解反了，变成了独立于当事人的意志。这样一来，律师把私权利和公权力的作用和性质全部搞混了，某种意义上成了协助司法机关查明案件真相的一种职责了。直到今天，还有很多人，包括律师界的相当一部分人对这个问题还有争论，这就是问题的关键所在。

还有关于律师的保密义务，我们争论了多年，《律师法》终于明确了，《刑事诉讼法》也明确了，但是有人还是不接受，包括公安机关、检察机关多次找到律师，查律师的代理费要作为赃款予以没收。我搬出《律师法》和《刑事诉讼法》，但没有用，他们说你可以保密，但是你不能拒绝作证，不能对抗侦查权。这种说法完全违背法律规定，却依然有人坚持，而律师却无可奈何。

律师的定位不明确，导致一系列问题的产生，也包括律师的管理。现实中律师协会很难发挥作用，一方面律师协会对律师的约束不够，另一方面律师协会支持律师更不够。律师出现了很多问题，律师协会没有发声，也发不出声音来，因为律师协会也没有独立性。国外律师协会都是独立的，而我们律师管理还是“两结合”的管理体制，是非官、非民的状态。律师协会的地位和作用也很尴尬、很微弱。在这种情况下，律师协会对律师的支持和约束作用同样都不够，这也是律师界有时候出现问题难以解决的原因之一。现在我们也正在从律师协会的角度不断地强化对律师职业的规范。如果律师行业内部的规范真正明确了、具体了，可以有效发挥作用了，很多问题就可以通过行业的约束来加以解决，而没有必要采取另外更严厉的方式对待。

田文昌：律师协会对律师的管理面临两个方面的问题：一个是支持律师的工作，维护律师的权利；另一个是约束律师的行为，防止违反规则。按照我们通常的做法，首先，分清哪个是主要矛盾，即我们现在究竟应该以支持维权为主，还是以约束打压为主，这是一个问题。我认为，当前的主要矛盾是需要维护律师的权利，因为中国律师地位太低、作用太弱，需要帮助他们提升地位、维护权利。而现状是约束为主，没有以支持为主。其次，任何一种管理都会产生两种结果：当你支持他，他感到了你支持作用的时候，你的管理约束就更容易发挥作用；相反，当你不支持他，只是侧重约束的时候，他会产生抵触情绪，你的管理就更难发挥作用。所以律师行业组织要加强对律师的管理，首先要在支持律师、维护权利的前提下加强管理，这是要重视的。

《中法评》：下面请您先从客观方面，比如体制和程序方面，分析一下我国法官和律师发生冲突的深层次原因是什么。

田文昌：我简单地概括一下：第一个是独立性。审判没有独立性，法官就没有决定权，所以法官就不需要律师，容易发生冲突。第二个是中立性。最重要的是中立性，很多律师和法官冲突就是因为法官位置坐偏了，如果法官可以保持中立的地位，律师是不会和他发生冲突的；法官没有中立性，律师肯定要有意见的。第三个是责权的一致性。如果一个法官有独立判案的权利，同时他又有被追责的义务，就像我刚才谈到的，他一定要倾听律师的意见以保障他的判决能够经得起检验。现在有些法官既不需要倾听，也做不到倾听。第四个是规则明确。因为现在律师和法官，包括检察官，三方素质都是有限的，在这种情况下，开庭时经常出现千奇百怪的问题。在现实条件下，一个最直接的办法就是明确规则。我们曾经提出要建立庭审规则，并在几年前以全国律协的名义做了一个《刑事案件庭审规则建议稿》，提出了 50 条规则，交给最高人民法院做参考。最高人民法院当时很感兴趣，但是到现在也没有正式出台。如果能尽快制定一个庭审规则，越明确、越具体越好，至少可以在一定程度上缓解冲突，有了规则，大家就按规则办事。

如果独立性解决了，中立性解决了，责权一致性解决了，规则明确了，我想这几个主要问题就可以解决了，辩审冲突基本上就不会存在了；即使有，也是个别问题。如果我们把根本问题解决了，消除了深层次原因，什么冲突就都没有了，所以不必用一种压制、制裁的办法对待律师，那会适得其反。

《中法评》：下面请您从主观的角度分析一下法官和律师为什么会发生这种冲突。

田文昌：我觉得主观原因从根本上分析，可以概括为两个方面：一个是理念有待提升；另一个是规则意识有待加强。现在一个很大的问题是理念问题差别很大，包括在辩审之间的差别，包括个体之间本身的差别都很大。比如前一段我写了一篇关于走出刑事诉讼理念误区的文章，就提到这个问题。到今天为止，法律圈外先不说，我们法律圈内的人，包括学者圈在内，对于这个问题的认识还没有完全统一起来，比如无罪推定原则，没有得到完全正确的理解，甚至没有得到完全的认同；疑罪从无的原则，也没有得到贯彻。我们现在还在提以实事求是代替无罪推定,以不枉不纵代替疑罪从无。我们讲得冠冕堂皇:既不冤枉一个好人,也不放过一个坏人。这毫无疑问是最理想的原则,但是这个原则能不能完全实现呢?这是我们的一种追求,但是有时候实现不了,当出现疑罪的时候,不能做到既不冤枉,也不放过,怎么办?所以才出现了疑罪从无和疑罪从有的争议。可是当我们停留在不枉不纵这个理念上,那就不可能明确做到疑罪从无,如果一定要强调既不枉也不纵,最后出现疑罪的时候,到底是从无还是从有?就会出现双重标准,出现谁有权谁就可以说了算这样的一种结局。

再如打击犯罪与保障人权的关系,也是这个问题,我们原来的《刑事诉讼法》是以打击犯罪为主,现在《刑事诉讼法》有了很大的进步,强调打击犯罪与保障人权并重。但这同样又是个冲突,能不能并重?我们希望并重,但是当出现冲突矛盾的时候怎么办?按照马克思主义哲学得抓主要矛盾,按照毛泽东思想也得抓主要矛盾,不能两个方面并重;当保障人权和打击犯罪两种价值目标发生冲突的时候,并重不了的时候怎么办?能不能强调以保障人权为主呢?我们的证据真实与客观真实并重也存在同样的冲突。原来强调客观真实,现在进步了,发展成了客观真实与证据真实并重,但是并重不了的时候又怎么办?最后又会导致以客观真实为理由得出主观随意性的结果。还可以说,虽然证据不足,但是实际上确实有罪,那么就可以给他定罪。所以,一系列的理念上的混乱到现在没有解决。我遇到很多案件,包括在最高人民法院我都遇到这样的冲突。对一个重大的死刑案件提出十几个,甚至更多重大疑点的时候,我跟法官讨论能不能排除这些怀疑,而法官却跟我说你能不能肯定嫌疑人没有干这个事,我说我不否认你的怀疑是有道理的,但是首先你要排除我的怀疑,不能排除怀疑你就不能定罪,特别是要“杀”这个人的时候;但是我们永远说不到一块儿去,他的理念就是我不能肯定嫌疑人就没有干这个事。这是很普遍的问题,这是疑罪从无和疑罪从有的问题。

同样的,我刚才说的一系列理念,律师本身也没有完全解决,包括前些年最高人民法院收回死刑复核权的时候,我在研讨会上提出死刑复核的目标就是要千方百计找出不“杀”的理由,因为两审都判死刑了,复核时还有必要研究“杀”还是不“杀”的理由吗?所以,只需要找出不“杀”的理由就可以了,找不出来不杀的理由才可以“杀”。当场反对我的人很多,包括我们的律师。

随后我同瑞华教授到美国去考察《美国律师协会死刑案件辩护律师的指派与职责纲要》,得知他们就是千方百计找出不“杀”的理由,只要能找出一点理由就不能“杀”。可是这个问题直到今天我们的认识还很不一致。所以,理念没有解决,一切问题都很难谈起。

另一个就是规则意识。我们的法律人,包括律师在内,普遍缺乏规则意识,当我们都缺乏规则意识的时候,在争相表达自己的诉求的时候,就容易发生冲突。所以我一再强调,明确规则是一个很迫切的问题。多年前我就提出应尽快制定出明确、具体的庭审规则,有规则,才会有标准。

《中法评》:请用比较简洁的话来描述一下法官和律师之间应该是一种怎样的相处状态才是一种良性的、健康的关系。

田文昌:这个问题很简单,就是要有需求,有了需求就正常化了。有需求才能形成法律职业共同体的良性运行。我去加拿大考察,跟当地法官交流的时候,我永远忘不了他们说的这些话:我们依靠律师。任何一个案件,特别是复杂的案件,当事人的律师都是这方面的专家,我们会充分听取律师的意见,律师会把所有的理由、证据和法律依据都讲清楚。我们总结分析律师的意见之后,就会得出一个正确的判断。我们离不开律师,律师是法官最好的助手和朋友。这些话非常打动我,当这种需求产生了,互相依存的作用就很正常了。说到底,控辩审三方发生冲突,不存在谁好谁坏的问题,即使三方互换角色还是这样。所以,根本上还是机制运行的问题要解决。

《中法评》:建立法律职业共同体的理念越来越深入人心,我们呼唤更有力的解决方案。请您谈谈在司法改革视野下如何理顺辩审关系?

田文昌:这些问题是环环相扣的,总结起来说,律师与法官关系的良性运转怎么办?一个是实现法律职业共同体的良性运行。要做到实现法律职业共同体的良性运行,不可回避庭审中心主义的问题,所以现在又提出这个改革的方向。我认为这个改革是一个很大的举措。庭审中心主义本来是法庭审判活动的题中应有之义,但是,我们法治建设三十多年了才提出来,那就是说三十多年来都没有实现庭审中心,实际上就是侦查中心。这是个非常重大的转折,庭审中心就是把幕后的审判活动真正搬到幕前来,真正发挥审判的作用,这是重大的改变。如果真正实现了,恐怕一切冲突问题都容易解决了。

实现庭审中心,是当前改革所面临最重大,也是阻力最多的问题,我简单概括一下:首先,庭审中心主义可以说是实现司法公正的必由之路,没有庭审中心就谈不上司法公正。之所以出现这么多的冤假错案，这是很重要的一个原因。其次，阳光司法又是实现庭审中心的必由之路，因为任何一种权力的扩大和提升都会带来另一种倾向，就是权力的滥用。多年以来，法院审判从来没有充分拥有过真正的权力，庭审中心一旦实现，其权利必然扩大。于是很多人都会担心，法官的能力、素质、品质能不能驾驭这种权力？这个担心并非多余，但是不能因噎废食，而是应当加强对权力的制约。庭审中心不仅是法院独立，而且必须走到真正的法官独立，法官独立地实现则必须以加强制约为前提，而其中最重要的制约就是舆论的监督。但是这又涉及舆论左右司法的问题。这个担心也是很重要的，确实一再地发生过舆论左右司法、舆论“杀”人的这种现象。但是，这种现象产生的原因不在舆论，而是在司法。舆论就是要说话的，你不让他说不行，舆论监督的作用就是揭露司法腐败。当然舆论也有底线，评论是你的权利，但是不能造谣诽谤，所以我们要有规则。但是不管怎么说阳光司法必须做到，否则以庭审为中心就会走偏，就会走向歧途。

实现庭审中心还有几个必须解决的问题，这就涉及体制了，比如刚才提到了独立司法是庭审中心实现的前提，没有独立司法怎么实现庭审中心？实现不了。再接下来，有效辩护是庭审中心主义的需求，直接涉及辩审关系问题，如果实现庭审中心，法官的权力和责任统一了，法官需要律师进行有效的辩护，因为如果没有有效辩护你担不起这个责任，你也没法做到公正判决，所以自然产生了对有效辩护的需求。

再者，完善规则是庭审中心的基础。根据目前控辩审三方的能力和素质，包括各方面因素的影响，没有一个完善明确的庭审规则，法庭审判也会出乱子。我们要尽快确立明确而完善的规则,让控辩审三方都在规则下运行,所以规则是庭审中心主义实现的基础。

最后一个最重要,也是最难解决的、最敏感的问题,那就是侦、控、审三机关的科学定位,这是庭审中心原则实现的制度保障。这个问题说起来可能比较敏感,但是我认为如果不解决,庭审中心很难得到真正的实现。比如公诉机关对审判的监督权,如果检察机关的监督权可以延伸到法庭上,那么庭审中心不可能实现,法官被控诉方看着,没有独立可言。从诉讼规律来讲,真正的监督权不是延伸,而是应当前移到侦查阶段。司法审判的真正良性运转中,有效的监督应当是指导侦查、监督侦查。

接下来是检察机关的侦查权力。检察机关的侦查权力理应分离出去,成为独立的机构,现在侦查权在检察机关,违反了侦控分离的原则。更重要的是,由于检察机关具有侦查权,包括对法官犯罪的侦查权。现在实践中已经出现大量的事实,法官判决如果违背了公诉人或者公诉机关的意志,就会因此而被调查。这种威胁是非常可怕的,这是对司法公正的威胁,这是公诉权对审判权的一种冲击。

再接下来是监管权。刚才也提到了看守所,现在公安部监管局下了这么大的力气,下了这么大的决心,确实对解决问题起了很大的作用,但是从根本上还是不行,因为违反了关押和侦查相分离的原则。今天如果我们真正提出庭审中心原则,或者庭审中心主义的话,这个问题就应该提到议事日程上。

还有一个更重要的问题,这个问题实际上我认为是更要尽快解决的,就是侦、控、审三机关的地位问题。我们在"文革"之前的那段时期,没有强调法治,公安机关一直是处于最高权力的地位。

1979 年提出了法治建设的战略方针，当时一个最重大的体制设计就是提高了法、检两家的规格使其高于公安机关。应该说这属于体制的顶层设计，是体现法治结构的一种根本性的变化，而且确实也发挥了作用。而非常可悲的是，在十几年前公安机关的权力又居于上位。这不是某个机关权力高低的问题，而是破坏了整个法治结构。所以，一个迫切需要解决的问题就是侦、控、审三个机关的权力设置问题。

这些问题真正解决了才能够对庭审中心主义的实现形成一个制度性的保障，它们是实现庭审中心主义的一些回避不掉的问题。而如果这些问题解决了，法律职业共同体的问题也就迎刃而解了。法律职业共同体的良性运行解决了，控辩审三方的关系，特别是辩审关系也就自然理顺了。当然这个问题说起来容易，做起来难，但是我觉得愿景首先要提出来，然后再来想办法实现。

辩护权独立性之内涵辨析*

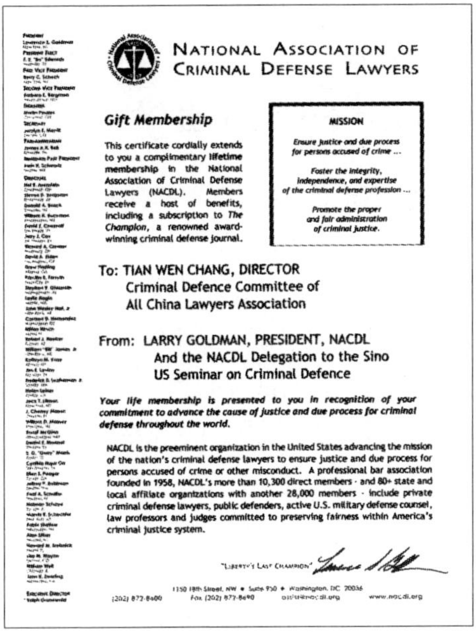

NATIONAL ASSOCIATION OF CRIMINAL DEFENSE LAWYERS

Gift Membership

This certificate cordially extends to you a complimentary **lifetime** membership in the National Association of Criminal Defense Lawyers (NACDL). Members receive a host of benefits, including a subscription to *The Champion*, a renowned award-winning criminal defense journal.

MISSION

Ensure justice and due process for persons accused of crime ...

Foster the integrity, independence, and expertise of the criminal defense profession ...

Promote the proper and fair administration of criminal justice.

To: TIAN WEN CHANG, DIRECTOR
Criminal Defence Committee of
All China Lawyers Association

From: LARRY GOLDMAN, PRESIDENT, NACDL
And the NACDL Delegation to the Sino
US Seminar on Criminal Defence

Your life membership is presented to you in recognition of your commitment to advance the cause of justice and due process for criminal defense throughout the world.

NACDL is the preeminent organization in the United States advancing the mission of the nation's criminal defense lawyers to ensure justice and due process for persons accused of crime or other misconduct. A professional bar association founded in 1958, NACDL's more than 10,300 direct members - and 80+ state and local affiliate organizations with another 28,000 members - include private criminal defense lawyers, public defenders, active U.S. military defense counsel, law professors and judges committed to preserving fairness within America's criminal justice system.

"LIBERTY'S LAST CHAMPION"

1150 18th Street, NW • Suite 950 • Washington, DC 20036
(202) 872-8600 Fax (202) 872-8690 www.nacdl.org

美国刑事辩护律师协会授予田文昌终身荣誉会员证书

---

* 本文作者田文昌、邹佳铭,原文载于2015年6月18日《财新网》。

在我国的刑事审判法庭上不止一次地发生过这样尴尬的场景:被告人坚决不承认自己有罪,辩护律师却坚持对其做以有罪为前提的罪轻辩护,律师坚持的理由是依法“独立行使辩护权”。或者相反,被告人承认自己有罪,律师却坚持无罪辩护,其理由还是依法“独立行使辩护权”。多年来,上述场景时常发生,但是这个问题却没有引起足够的重视。在一些人看来,律师“独立行使辩护权”似乎已成为定论,却很少有人去深究它的真正内涵。今天,在人权保障、程序正当已成为刑事诉讼基本原则的背景下,如何正确解读“辩护权独立性”的内涵,是一个值得深思且无可回避的问题。

一、传统独立辩护论之存在根据

独立辩护论最初源自德国的辩护理论,其产生的理论基础主要有三个方面:“首先,在职权主义的诉讼构造之下,对客观真实的追求和检察官所具有的客观公正的义务决定了辩护律师应有独立的辩护地位;其次,辩护律师与被告人之间的关系兼具公法和私法双重性质,辩护律师对法院的真实义务应当优先于对当事人的忠诚义务;最后,辩护律师基于专业法律素养作出的独立判断有利于维护被告人的最大利益。”

由此可见,支撑独立辩护论的基本前提是:刑事诉讼是以发现真相为目的,在这个目的之下,控、辩双方都负有发现真相的义务,并且辩护人的这一公法义务优先于辩护人忠诚被告的私法义务。其实,辩护权独立性问题不是一个孤立的关于如何辩护的问题,涉及的也不仅仅是当事人与辩护人观点不一致时如何协调,以及不能协调时法官如何采信的问题,而是我们如何处理辩护人在刑事诉讼中与国家和当事人两者关系的问题。所以,这直接关系到辩护制度的价值根基。

二、“发现真相”不是刑事诉讼的最终目的

古往今来,发现真相历来是刑事诉讼追求的主要目的。这是因为,人们一直以为,只有发现真相也就是查明事实,才能准确、公平地认定和惩罚犯罪,实现公平、正义。为了发现真相,不同的历史时期人们尝试过各种手段。从早期的“神断”(神明裁判)到后来的“大刑伺候”(刑讯逼供),直到现代不断创新的技术侦查措施,都是对发现真相手段的不断尝试。毋庸置疑,随着科学技术的进步,现代社会人类发现真相的能力在不断增强。但是,这种能力迄今还无法保证我们能够确凿无误地在所有个案中发现真相,并且也缺乏一个客观可行的标准去判断是否发现了真相。

正是基于发现真相理论在实践中遭遇的困惑,现代刑事诉讼已走出客观真实的幻影。发现真相并不是刑事诉讼的最终目的,这一点已在国内外刑事诉讼法学界达成了广泛的共识。日本松尾浩也教授认为:“实体真实主义这一概念并不是支持美国刑事秩序的积极的构成要素。依照正当程序得出的裁判结果当然被看作正确的结果,其重点是程序的正当性。发现案件的真相只不过是在一般情况下人们所期待的可能结果。”这说明现代刑事诉讼对于客观真实只具有可期待性,裁判结果的正确性是建立在程序正当性上的。

客观真实因其缺乏明确、具体的法定标准,在司法实践中容易为司法者所操纵,沦为权力的工具。“事实真相,如同其他好的事物一样,可能会受到不明智的热爱——可能会被过于热烈的追

逐——因而可能需要付出太大的代价。”这是因为在探求真相的过程中，有时候出于强烈的定罪动机，往往会以刑讯逼供等侵犯人权的方式追查事实。也就是说，在刑事诉讼中，一方面发现真相往往是不可欲的，另一方面侵犯人权的危险却无时不在。在这种情况下，我们的选择是不言而喻的，不可能为了不可求的目标冒切实可能的危险。

“在自由社会的国家，国家的利益不是绝对的，即使实施了令人痛恨的犯罪，也要尊重个人的尊严，辩护权、正当程序、自己负罪拒绝特权等权利是为了防止在追求真实时发生错误所设计的程序上的安全措施。我们所关心的是超过追求真实以上的东西，这是司法体系所赋予我们的宪法权利，这是独立于追求真实的价值。”美国学者将刑事诉讼的目的分为 11 个项目，除“发现真相”之外，还包括“最大限度地防止错误的有罪判决”和“重视尊重个人的权利”等。“发现真相”当然可以惩罚犯罪，但是这并不意味着为了发现真相可以不择手段，尊重和保障被告人的人权，避免冤及无辜等也是不能摒弃的价值，刑事诉讼中的其他目的正是这一价值的体现。

其实，刑事诉讼以发现真相为目的，是建立在发现真相与司法公正同一化的认识之上的，这种认识实际上是将手段和目的混为一谈。实际上我们真正追求的并不仅仅是发现真相，而是为了公正审判寻求真相。无论在欧美，还是在日本，已经有越来越多的学者指出，刑事司法制度不应当仅仅着眼于发现事实真相。德国学者魏根特教授则认为，“查明真实本身并不是目的，而必须以恢复社会平和这一刑事秩序的机能来理解诉讼目的，查明实体真实只不过是诉讼的中间目的而已”。应该认为，以上观点既明确了发现真相与恢复社会平和的关系:发现真相是为恢复社会平和这一基本的刑法功能服务的,从而把刑事诉讼的目的与刑法的功能结合起来。又厘清了发现真相与刑事诉讼目的之间的层次关系,即查明客观真实只是刑事诉讼的中间目的。还有一点必须强调的是,恢复社会平和不仅需要惩治犯罪,还需要通过正当程序惩治犯罪。否则,不仅恢复不了原有的社会平和,还会引发新的社会矛盾。

三、辩护人不负有发现真相的义务

在以发现真相为目的的刑事诉讼中,必会形成一种控辩审三方共同为发现真相服务的诉讼结构。例如,我国 1979 年《刑事诉讼法》确立的是典型的职权主义诉讼模式,各种诉讼角色都被赋予了发现真相的不同功能:检察官应当承担客观公正义务,对有利和不利被告的各种证据和线索都应加以关注和搜集;法官不再消极中立,必须依职权调查核实证据,积极发现案件真相。辩护律师同样服务于发现真相的目的,其履行辩护职责必须依据事实和法律进行,而非被告人的意志,只不过其对发现真相的作用体现在对检察官、法官工作的监督、补充和引导方面。既然检察官和法官都负有客观公正的义务,必须收集对被告人有利和不利的证据,至少在理论上,就不需要为被告人增设一个代理人专门维护其利益,所以辩护人难以成为被告人的完全利益代言人,而是更接近于准司法官员。我国 1979 年《刑事诉讼法》把律师定位为"国家法律工作者",他与其他诉讼主体一样承担发现真相的义务,由此在一定程度上可以脱离被告人,具有一定意义上的独立性。

由此可见,职权主义诉讼模式中,为达到发现真相的目的,控辩审三方实际上都模糊了其本来的定位,看似组成一个多方位的发现真相的共同体,实际上只有理论上的圆满,而不具有实践的可行性。首先,不可否认的一点,检察官的职责是指控犯罪,要其同时承担客观义务,积极主动地收集有利被告的证据,是与其职责相冲突的。德国学者在对客观义务探讨多年之后也承认"赋予检察官客观义务,从心理学的角度来看,与其控诉职能是冲突的"。其次,该义务只是一种应然的义务,并不代表司法实践中的实然状态。即使检察官不有意疏忽或隐瞒对被告人有利的证据,但是在积极追诉的动机之下,也难以对所有的证据予以同样的关注度。如果我们仅赖此防范司法错误,保护无辜,很可能就是竹篮打水一场空。然而,最值得担忧的是,这种思路以检察官虚无的客观真实义务,置换辩护人的真相发现义务,更加拉开了原本悬殊的控辩力量,与辩护制度设置之初衷背道而驰。

按照制约与平衡理论,"社会系统规划或者明智的立法能够减轻对个人良知的一些束缚。在一个设计得很好的制约和平衡系统中的参与者只需要大胆向前履行他的职责,因为他确信他在履行职责的过程中有可能造成的错误或者带来的损害将会被该系统的其他部分矫正。"也就是说,在一个设计科学的诉讼模式中,控、辩、审三方各司其职,自然可以矫正或者防范任何一方可能带来的危险。现代刑事诉讼实际上就是一场控方为有罪进攻,辩方为无罪或罪轻防守,审判方居中裁判的活动。给控方施加公正客观的义务和给辩方施加发现真相的负担一样,不仅在现实中是行不通的,也完全打乱了整个刑事诉讼的基本架构,使其偏离诉讼的基本目的,变得不伦不类。

当然这并不代表控辩双方为达到胜诉的目的可以不择手段，他们都有自己行为的边界，如控方不得隐瞒对被告人有利的证据，辩方不得伪造或销毁证据，也就是说，控辩双方都有不干扰真相发现的消极义务。控方是“勿纵”，辩方则是“勿枉”，而不是在诉讼中背离其角色的积极作为。重要的是，不论是何种诉讼模式，模糊各个诉讼主体之间的分工是极其有害的。把律师定位为发现真相的独立的诉讼角色，将直接摧毁当事人对辩护人的信任，并进而摧毁整个辩护制度。正如美国学者所言：“如果律师成为一名真相发现者，而非委托人的斗士，从经济动机上和职业组织方面来看，可能会导致客户和律师的早期冲突：委托人如何以及为何需要对破碎的忠诚（律师要对事实和他两者忠诚）付费？我们要求律师对他从事的案件真实性负责是否会造成他们对辩护失去动力和不愿投入？我们能否让一名律师英勇地保护他的委托人并对抗全世界一不只是对抗国家。同时，要求他将追求模糊不清、需要深入调查才能发现的事实真相作为自己的崇高目标？总之，这充满争议，单纯追求真相可能与我们那些更基本的理念不一致一尤其是将普遍尊崇个人自由和尊严置于政府的秩序和效率之下的理念。”

辩护权设置的初衷，即是通过对抗公权力，最大限度地维护当事人的合法权益。辩护权的产生，源于当事人的自愿授权。如果我们置这两个基本命题而不顾，在当事人和辩护人的私权关系中镶嵌任何与此相悖的义务，或者将辩护权作为实现其他价值的目的，都将直接动摇辩护乃至整个刑事诉讼制度。所以，辩护权是从属于当事人的私权利的本质是不容撼动的。

四、被告人是其最大利益之最佳判断者

“在职权主义诉讼模式之下，以当事人为中心的诉讼理念不被强调，相反，却更为强调法律专业人士对诉讼进程和结局的操控权，认为辩护律师基于专业法律素养做出的独立判断有利于维护被告人的最大利益。虽然，被告人在事实问题上是当然的最佳辩护者，但在更多案件的审理中，都牵涉到大量复杂的法律适用问题，法律的技术性、复杂性以及难以理解性决定了被告人不可能做出正确的法律决定。只有受过专业训练、拥有特殊技能的辩护律师才知道如何最大限度地维护被告的利益。”以上观点以辩护人具有法律专业知识和技能为由，认为他是被告人最大利益的最佳判断者，并以此作为辩护权独立性的又一根据。这种认识不仅忽略了被告人的主体性，也将实践中的问题简单化了。

首先，我们需要明确的是，什么是被告人的最大利益？所有的被告人都希望自己无罪或罪轻，这也是辩护人的职责，在这一根本利益上两者应该没有冲突，发生分歧的往往是在这一根本利益与其他利益不可兼得情况下的选择。我国台湾地区学者林钰雄教授举了一个例子：涉嫌杀人的被告，案发当晚与情妇在外过夜，有不在犯罪现场的证据。但因顾虑外遇曝光，对声誉带来负面影响，而不愿辩护人出示该证据。这就关乎在人身权和名誉之间，何者是被告人的最大利益？也许对律师和一般人而言，当然是人身权最重要。但是我们不能否认，对不同的人而言，看重的东西是完全不同的。毕竟，所谓的最大利益，没有标准答案，只有个人权衡。更何况，不论如何选择，最终的结果都需被告人承担。如果没有选择的权利为何要承担选择的后果？只有把选择的权

利交给被告人,才能体现权利与义务的一致性,这也是一个文明国家应该给予个人的尊重。当然,辩护人在被告人面临选择时提供充分的法律咨询和意见也是完全必要和必需的,这才能避免被告人由于对法律的误解或无法理解辩护人的策略而做出无法反映其真实意愿的选择,但这种建议与选择权不应混为一谈。

其次,所有被告人与辩护人的分歧,都存在目标和路径的区别。什么是被告人最大利益,这是一个个人决定的目标,应该把权利交给被告人。如何达到这个目标,这是一个路径的选择,需要依仗辩护人的专业法律知识和技能做出选择,决定权可以交给辩护人。我们可以借鉴美国比较成熟的做法:美国律师必须忠实地执行被告人的意见,在所有重大实体问题上必须听从被告的意见(如是否做有罪辩护、不在场辩护、精神病辩护——除非明显症状由法官判断等),而在具体的辩护中技巧性的做法,如质证、收集证据、反驳等一般由律师自己掌握。如果被告人不满意律师,有权利随时解除委托关系。判例一般认为:“属于当事人支配范围内的决策权应当被描述为是涉及‘基本权利’的,而属于律师支配范围内的决策权则被认为主要是那些需要‘一名经验丰富的律师所具有的超强能力’来处理的事项,并以此来评价律师的‘辩护策略’。”最重要的是,一部尊重个人尊严的法律,应该承认被告人才是其最大利益的最佳判断者。

五、辩护权独立性之应然内涵

研究辩护权的独立性,必须解决两个问题:一个是辩护权与当事人之间的内部关系;另一个是辩护权与当事人之外的其他外部因素的关系。简言之,辩护权独立性的含义,究竟是独立于当事人的意志？还是独立于当事人意志之外的其他因素？或者是两者兼而有之？

不同的诉讼目标必然形成不同的诉讼结构。当律师辩护的主要职责是服务于发现真相时，为践行该职责，他可以独立于当事人的意志而坚持自己的主张。然而，当我们承认发现真相只是刑事诉讼的中间目的，衡量司法公正的标准已经不单单是难以确定甚至无法查明的案件真相，而是兼顾到人权保障、程序正当等多重价值时，辩护人的职责就不是与控审双方共同配合去发现真相，而是在制约与对抗的关系中，从维护当事人利益的角度体现程序的正当性。因此，辩护权独立性的意义不能体现为独立于当事人，而只能是独立于当事人意志之外的其他因素。

(一)辩护权独立性的指向是当事人意志之外的因素

在以制约和对抗求公正的司法结构中，各司其职，独立行使职权是实现公正的前提。任何干扰和干预都会导致司法天平的倾斜。为充分保障当事人的诉讼权利，辩护权必须在可能影响当事人权利的各种因素面前保持充分的独立性。

在现实生活中，影响和干扰辩护权的因素表现在很多方面，例如，有时候公权力机关或当权者会对辩护活动提出要求或施加压力；有时候当事人的亲、朋或者上司会向辩护律师提出违背当事人意愿的要求；有时候委托律师的出资人会向辩护律师提出违背当事人意愿的要求等。根据辩护权的从属性和刑事诉讼中控辩抗衡的特性，凡是与当事人意志相违背和影响公正的任何因素，辩护权都应保持对它们的独立性，包括政府和政党的权力在内。正如美国学者 Lieberman 所言：“只有辩护律师独立于国家或执政党，并且他们被允许甚至鼓励不遗余力地、有偏向性地为当事人辩护，我们才能确保国家不会指控那些无辜的人。”尤其在我国律师还没有完全走向市场，容易受到外部力量影响和牵制的情况下，强调辩护权外部独立性的意义更加重大。简言之，辩护权的外部独立性，才是辩护权独立性的真正所指。

（二）辩护权独立性的例外

辩护权独立性的例外，是指辩护权从属于当事人的例外情形。这种例外的前提是保障人权和不得故意妨害司法公正的法律底线。

1. 独立保障被告人人权。刑事诉讼区别于民事诉讼的最主要一点是，诉讼的一方主体是代表国家权力的公诉方，所以刑事诉讼中常态性的危险是国家权力越过界限侵犯个人权利。“刑事辩护只是整个法律体系当中很特殊的一个部分，其目的是保护人们免受国家的侵害，而不是讲求准确的判决结果。”“刑事辩护中的勤勉代理的目的是要限制国家对其公民的权力。我们要对国家的权利甚至是合法惩罚我们的权力进行限制，是因为我们相信，根据政治理论和历史经验，如果国家没有被事先限制或者约束住，我们的政治自由和公民自由都会受到侵犯。”现代刑事诉讼的无罪推定、疑罪从无原则、沉默权制度、非法证据排除规则等都是基于以上考虑的设计。作为被告人权利的最重要维护者，辩护人更应该积极防御国家权力的侵犯，保障被告人人权，即使在被告人怠于行使的情况下，辩护人也可以不经过被告人同意独立行使。比如，被告人畏惧公权的强大，不敢在庭审时提出排除被刑讯逼供取得的证据，辩护人应独立向法庭提出。因为国家对公民人权的侵犯，不仅影响个案的公正，还会从源头上污染一个国家的法治河流。辩护人独立行使保障人权的职责，不仅是对被告人个人权益的维护，更是对法治国家基本原则的捍卫。

2. 通过其法律技能帮助被告人达成其最大利益。被告人和辩护人在诉讼中就有罪或无罪辩护以及辩护策略等问题发生分歧时，决定权在谁，是一个很具体的问题。在辩护制度比较发达的美国，通常认为："根据第六修正案的规定，律师的作用是通过帮助参加审判的人做出应当由自己决定的事项这一方式来维护其尊严和自主权，而不是代替被告人做出决定，即使律师可能更善于决定何种策略会更有效。在实际可行的情况下，进行辩护的权利如果没有被剥掉其被法莱塔一案所承认的'个人特征'的话，那么最终的决定权应当由被告人做出。"其还通过判例确立了如下基本原则：与法律相关的策略性的或战术性的事项，属于律师的排他性决定权范围之内。与被告人"个人选择"相关的事项，辩护人应尊重其自由选择权，由被告人自主决定。这些规则也可以为我们所借鉴，即在与法律相关的策略性或战术性的事项上，辩护人可以有独立的决策权。

例如，在我国司法实践中，时常发生被告人在无罪情况下坚持认罪以企望从宽处罚，或者由于不懂法律而对无罪行为自认有罪等。在此情况下，辩护人如果无法与被告人达成共识，从原则上来讲，自然应该尊重被告人本人的选择。但是，在不妨碍被告人认罪表示的同时，如果辩护人在被告人认可的情况下，从法律上做无罪的分析和论证，则不失为一种可行的策略。

3. 消极地不阻碍真相发现。前文已经阐述，由于认识的有限性和侦查的滞后性，我们不可能发现所有的真相，也不存在一个客观的标准来检验真相。同时，基于辩护人在诉讼中的职责，他不负有发现真相的义务。但是，不可否认的是，刑事诉讼还是一个朝着真相迈进的程序,也许它无法抵达,但是方向是不可更改的。在这场游戏中,即使攻守双方各尽其职,也必须存在基本的竞技规则,否则游戏则无法进行。辩方消极地不阻碍真相发现,控方消极地不隐瞒真相,都是这场游戏的基本规则,也是得到各国法律承认的律师职业准则。所以,辩护人可以拒绝被告人提出的伪造或毁灭证据的要求,也可以在得知被告人隐瞒重要事实的情况下,辞去委托。

六、结语

律师辩护权是由当事人的委托而产生,因此,其本质上从属于当事人。只有在保障人权和违法性限制的特定情形下,存在例外。辩护人的职责是在控辩对抗中充分维护当事人的合法权益,因此他不受当事人意志以外的任何其他因素的干扰和影响。辩护权独立性的内涵,应当是独立于当事人意志以外的其他因素,而不是独立于当事人本人的意志。相反,与当事人的意志保持一致,才是辩护权的基本属性。

编后记

1993 年秋天，我到中国政法大学学习法律之时，田文昌老师正在政法大学任教并兼职从事律师工作。刚刚因控告天津大邱庄庄主禹作敏案而名动九州。那时，我是《法大人》编辑部的学生记者，受命到学院路 41 号政法老校的家属楼采访田老师。从此，开始了与田老师 24 年的学习和交往。

1995 年，田文昌老师辞去中国政法大学教授的工作，创建了京都律师事务所，专职从事律师工作。之后，代理了一起又一起疑难又轰动全国的大案要案，成为中国律师界的领军人物。我考取律师资格之后，怀揣着成为优秀律师的梦想，捧读着《中国大律师辩护词代理词精选田文昌专辑》走进京都，又有机会跟随田文昌老师继续学习，和田老师一起办案，一起开会，一起讨论，一起出庭。

在日复一日，年复一年的交往、学习和沟通中，我越来越留意田文昌老师独特的思维方法和表达方式。当他在分析重大疑难案件时总能体现出扎实的理论功底和缜密的逻辑思维，抽丝拨茧，娓娓道来，令每一个倾听过的人都为之叹服。

此外，我更加关注，他对中国律师行业发展过程中遇到的各种问题和各种困惑所进行的深刻思考与独特分析。大到基本理念，基本原则和基本方法；小到如何质证，如何出庭和修改辩护词。这些思考和分析来源于田文昌老师亲身经历的司法实践，从理论到实践，又从实践回到理论，继续指导我们的实践。对律师行业的发展具有积极的引导作用和借鉴价值。于是，我从田文昌老师从1996年到2017年的数百篇演讲、访谈、发言中整理出这些与律师相关的经典文章，分为何为律师、律师何为、律师与刑辩、律师业、先贤与后辈、造梦工厂、业务杂谈7大部分呈现给读者。

于学生而言，我只想通过编撰此书，献给恩师70岁生日。向为了中国律师事业奋斗了30余年现在仍在一线工作的田文昌大律师致敬。

感谢法学泰斗江平教授为本书赐序。

感谢著名法学家陈光中教授、高铭暄教授、应松年教授、樊崇义教授为本书撰写推荐语。

感谢田文昌老师的助理翁小平博士、徐莹律师和本人助理关却卓玛为本书的编辑与整理提供支持和帮助。

感谢法律出版社杨大康先生为本书的出版所做的努力。

让我们一起来感恩前辈，传播真知，推动法治，为律师事业贡献我们的智与力。

杨大民

2017年8月2日

图书在版编目(CIP)数据

田文昌谈律师 / 田文昌著;杨大民编. —北京:法律出版社,2017(2017.10 重印)
ISBN 978 - 7 - 5197 - 1101 - 6

Ⅰ. ①田… Ⅱ. ①田…②杨… Ⅲ. ①律师业务—中国—文集 Ⅳ. ①D926.5 - 53

中国版本图书馆 CIP 数据核字(2017)第 176867 号

田文昌谈律师
TIANWENCHANG TAN LVSHI

田文昌 著
杨大民 编

策划编辑 杨大康
责任编辑 杨大康
装帧设计 汪奇峰

出版 法律出版社
总发行 中国法律图书有限公司
经销 新华书店
印刷 中煤(北京)印务有限公司
责任校对 王沁陶
责任印制 吕亚莉

编辑统筹 法律应用 · 大众读物出版第二分社
开本 A5
印张 14
字数 313 千
版本 2017 年 10 月第 1 版
印次 2017 年 10 月第 2 次印刷

法律出版社/北京市丰台区莲花池西里 7 号(100073)
网址/www.lawpress.com.cn
投稿邮箱/info@lawpress.com.cn
举报维权邮箱/jbwq@lawpress.com.cn
销售热线/010 - 63939792
咨询电话/010 - 63939796

中国法律图书有限公司/北京市丰台区莲花池西里 7 号(100073)
全国各地中法图分、子公司销售电话:
统一销售客服/400 - 660 - 6393
第一法律书店/010 - 63939781/9782 西安分公司/029 - 85330678 重庆分公司/023 - 67453036
上海分公司/021 - 62071639/1636 深圳分公司/0755 - 83072995

书号:ISBN 978 - 7 - 5197 - 1101 - 6 **定价**:70.00 元
(如有缺页或倒装,中国法律图书有限公司负责退换)